Gerhard Jelinek
# Mutiger, klüger, verrückter

GERHARD JELINEK

# MUTIGER
# KLÜGER
# VERRÜCKTER

## FRAUEN, DIE GESCHICHTE MACHTEN

Mit 26 Abbildungen

Amalthea
Verlag

Besuchen Sie uns im Internet unter: amalthea.at

Umschlaggestaltung: Valence, www.valencestudio.com
Umschlagabbildungen: Lola Montez (oben rechts) © mauritius images/Pictorial
Press Ltd/Alamy, Emmeline Pankhurst (unten links) © mauritius images/David
Cole/Alamy, Lise Meitner (unten rechts) © mauritius images/Science Source
Lektorat: Martin Bruny
Herstellung und Satz: VerlagsService Dietmar Schmitz GmbH, Heimstetten
Gesetzt aus der 11/14,22 pt Chaparral Pro
Designed in Austria, printed in the EU
ISBN 978-3-99050-183-2

# Inhalt

# Vorwort

Sie waren außergewöhnlich. Sie waren erstaunlich mutig. Sie waren klug, und sie waren gelegentlich auch ein wenig verrückt, aber nie dumm. Sie haben die Welt verändert. Sie haben Geschichte geschrieben. Ihr Bild wurde von der Nachwelt gemalt, verschleiert, verzerrt und gelegentlich vergöttlicht. In diesem Buch werden mehr als zwei Dutzend Porträts von Frauen gezeichnet, in denen sich Geschichte spiegelt.

Aus diesen Geschichten sind die Männer, die sie behinderten, die Männer, die sie unterstützten, sie förderten, sie liebten – bis in den Wahnsinn –, nicht wegzudenken.

Am Anfang waren ein Mann und eine Frau. Sie hieß Lilith, nicht Eva. Und sie war ein Vorbild oder ein Schreckgespenst für viele Frauen im Lauf der Menschheitsgeschichte. Lilith – jedenfalls die Figur, die in den diversen Überlieferungen der Jahrtausende geschaffen wurde – war selbstbewusst, selbstbestimmt, mutig, ein Geschöpf Gottes und auch ein bisschen verrückt. Mit ihr beginnt alles. Und alles, was man von ihr weiß, ist eine Erfindung der vergangenen Jahrhunderte. In Lilith wurde – meist von Männern – ein Frauenbild projiziert, das je nach Zeitgeist und Auslegung selten als Vorbild, öfter als Warnung dienen sollte. Gott schuf den Menschen als Mann und als Frau. Ein Geschöpf in zwei Ausformungen. Und er erkannte, es war gut.

Von den Anfängen der Zeit bis heute haben sich Frauen auf so verschiedenen Gebieten wie Politik, Kunst, Literatur oder Wissenschaft erfolgreich behauptet. Dabei mussten sie in den vorwiegend patriarchalisch geprägten Gesellschaften stärker, klüger und erfinderischer als Männer sein, um sich gegen Benachteiligung und Konventionen durchzusetzen – und sie bezahlten nicht selten einen hohen Preis: Die Jüngerin Maria Magdalena wird über Jahrhunderte von der biblischen Begleiterin des Rabbi Jesus zur Sünderin stilisiert, Mythen, Kunst und Überlieferung verdichten mehrere Frauenschicksale zu einer Person. Im Neuen Testament bezeugt sie als Erste und Einzige die Auferstehung »ihres Meisters«. Die anderen Apostel erfahren aus ihrem Mund das Wunder. Sie war mutiger und wagte sich ans Grab des Gekreuzigten, die Männer blieben im Versteck.

Mythen machen Geschichte. Vieles, was als historische Tatsache berichtet wird, erweist sich sehr oft als literarische Erfindung, mehr noch als Mittel der politischen Propaganda im Machtkampf der Zeiten. Geschichte wird geschrieben, die Überlieferung ist Mittel zum politischen Zweck. Die »ägyptische« Königin Kleopatra ist weder Ägypterin noch bloß Geliebte. Sie spielt über Jahrzehnte eine zentrale Rolle im Kampf um die Herrschaft über die Reste des hellenistischen Erbes. Zweimal benützt sie, zweimal lässt sie sich benützen, um ihre Stellung zu festigen. An der Seite der mächtigsten Römer, Julius Cäsar und später Marcus Antonius, verfolgt sie eine wagemutige Strategie, lange ist sie damit erfolgreich, schließlich zahlt sie mit ihrem Leben den Preis der Macht.

Selbstbestimmung und Gleichberechtigung sind kein Verdienst der jüngeren Vergangenheit. Frauen haben sich in all den Jahrtausenden, die wir heute einigermaßen überblicken können, Einfluss erkämpft. Die keltische Stammeskönigin Boudicca führt Hunderttausende Krieger in Schlachten gegen römische Legionen auf der britischen Insel. Mutig, aufrührerisch, vermeintlich im Kampf für ihre weibliche Ehre, aber schließlich wird ihr Heereshaufen besiegt, ihr Volk versklavt.

Olympe de Gouges nimmt im revolutionären Paris des ausgehenden 18. Jahrhunderts die vollmundigen Erklärungen der Jakobiner ernst. Die hehren Prinzipien der Freiheit, der Gleichheit, der Brüderlichkeit gelten nur für Männer, obwohl auch Frauen auf den Barrikaden kämpfen. Sie fordert das Selbstverständliche: Menschenrechte müssen auch für Frauen gelten. Olympe de Gouges fordert mutig und ein wenig naiv-verrückt von den revolutionären Machtpolitikern Gerechtigkeit auch für Königin Marie-Antoinette. Und sie wird ihren Kopf unter der Guillotine verlieren, wie die Königin. Gleichberechtigt im Tod.

Das »Freudenmädchen« (in Wahrheit eine gewaltsam zur Prostitution gezwungene Frau) Ching Shih beherrscht für ein Jahrzehnt mit einer Piratenflotte von Tausenden Dschunken das Südchinesische Meer. Die Freibeuterin führt strenge Regeln zur Disziplinierung der Piraten ein und setzt sie blutig durch. Selbst drakonische Gebote sind ein zivilisatorischer Fortschritt gegenüber rechtloser Willkür.

Die englische Aristokratin Jane Elizabeth Digby wird zur ungekrönten Königin von Damaskus, nachdem sie einen um Jahrzehnte jüngeren Beduinen-Scheich ehelicht. Auf ihrem Lebensweg durch die Jahrzehnte bis in den arabischen Orient wird die Lady von einem indischen Vizekönig, einem k. u. k. Ministerpräsidenten, einem bayerischen Freiherrn, Bayerns König Ludwig II., einem griechischen General, Dichtern und Poeten begleitet.

Mehr zur Weiterentwicklung der Menschheit hat sicherlich die in Wien geborene Forscherin Lise Meitner beigetragen, die die Geheimnisse der Atomspaltung theoretisch erklärt. Wir wundern uns, warum nicht sie, sondern ihr wissenschaftlicher Begleiter Otto Hahn dafür mit dem Nobelpreis geehrt wurde. Augusta Ada King Countess of Lovelace kann als erste Programmiererin der Geschichte gesehen werden. Dorothea Christiane Erxleben darf als erste Frau 100 Jahre vor anderen Geschlechtsgenossinnen zum Doktor der Medizin promovieren, weil es der preußische König Friedrich anordnet. Sophie Blanchard steigt in ihrem Ballon Dutzende Male vor Hunderttausenden in die Lüfte, überquert allein die Westalpen und stürzt über den Straßen von Paris zu Tode. Die amerikanische Redakteurin Nellie Bly erfindet den »investigativen« Journalismus und gewinnt im Auftrag des Verlegers Joseph Pulitzer ein Wettrennen um die Erde auf den fiktiven Spuren von Jules Verne. Während des Ersten Weltkrieges berichtet die Amerikanerin vom Krieg der Habsburger-Armee in Galizien. Da ist die Friedensnobelpreisträgerin Bertha von Suttner schon drei Jahre tot, ihre Prophezeiungen sind wahr geworden, ihr Lebenstraum versinkt in Blut.

Mutiger, klüger, verrückter. Zwei Dutzend Frauen haben Geschichte gemacht, erlebt, erlitten, durch Jahrhunderte, durch Jahrtausende. Jede Auswahl muss – nota bene – eine sehr subjektive sein (und hätte auch ganz anders getroffen werden können). Und einige Frauenporträts sind schon für eine (allfällige) Fortsetzung geschrieben. Jedes Frauenschicksal steht für sich und für unzählige (und ungezählte) andere Schicksale, Epochen und Gesellschaften. Ihre Geschichten werden – mehr oder minder – chronologisch erzählt. Das letzte Kapitel ist dem Kampf einer amerikanischen Näherin gewidmet, die sich weigert, ihren Sitzplatz in einem städtischen Bus in der amerikanischen Südstaaten-Stadt Montgomery einem Weißen zu überlassen. Rosa Parks wird so zum Symbol des Kampfes gegen den Rassismus. Ihr Satz »Wir haben noch einen langen Weg zu gehen« ist anno 2020 bedrückend aktuell.

*Lilith. Mit allen Attributen der Verführung. Adams erste Frau wird in der Geschichte zur Projektionsfläche geheimer Wünsche und Ängste. Die selbstbewusste und gleichberechtigte Frau verlässt das Paradies und Adam. Dieser wird von Gott mit Eva getröstet. Die weitere Geschichte ist bekannt.*

# Lilith

...................

*»Ich will nicht unter dir liegen«*

Als Gott den ersten Menschen geschaffen hatte, sagte er: ›Es ist nicht gut, dass der Mensch allein sei.‹ Und er schuf ihm eine Frau – gleich ihm – aus Erde und nannte sie Lilith.« Adam und Eva. Der erste Mann und die erste Frau. Falsch. In der hebräischen Mythologie heißt die erste Frau Lilith, nicht Eva. Die trifft erst später im Paradies ein. So beginnt die Geschichte der Menschheit in einem Dreiecksverhältnis. Gott erschafft Adam, den Menschen. Weil sich dieser einsam fühlt und das bunte Liebesleben der paarweise erschaffenen Tiere mit sich steigerndem Missvergnügen betrachtet, bittet er Gott, ihm ein Gegenstück zu schaffen. Gott zeigt sich verständnisvoll. Der Herr des Himmels und der Welt geht also nach dem gleichen bewährten Rezept vor. Wie bei Adam nimmt er Erde, Staub, Lehm und formt ein Geschöpf »nach seinem Ebenbild«. Mit Haut und langen Haaren. Adam hat eine Frau. Er kann nun die heißen sumerischen Nächte zu zweit verbringen. Es könnten paradiesische Zustände sein.

15

Aber der erste Mann Adam erweist sich als einfallsloser Liebhaber, seine Lilith hingegen ist eine selbstbewusste Partnerin. Sie pocht auf Gleichberechtigung in allen Lagen. Schließlich habe Gott sie aus dem gleichen Stoff geformt wie das männliche Pendant. Auch in ihrer Sexualität will Lilith gleichberechtigt sein, ihre Wünsche sind denen des Mannes nicht nachgeordnet. Wieder beschreibt die alte Überlieferung die Szene im Garten Eden klar und deutlich. Bald begannen die beiden zu streiten. Lilith sagte zu Adam: »Ich will nicht unter dir liegen.« Und er sagte: »Ich will nicht unter dir liegen, sondern auf dir, weil du verdienst, die Unterlegene zu sein und ich der Überlegene.« Sie sagte zu ihm: »Wir sind beide gleich, weil wir beide aus Erde gemacht sind.«

Der Geschlechterkampf hat also schon im Garten Eden begonnen. Aber Lilith fackelt nicht lange herum. Sie ruft den Namen ihres Schöpfers und erhebt sich in »die Lüfte der Welt«. Lilith scheint also durchaus Engelseigenschaften gehabt zu haben. Sie fliegt. Mit dieser Kunst ist sie aber nicht allein. Das Verlassen des Paradieses bleibt nicht unbemerkt. Nach einem Hinweis von Adam schickt der althebräische Gott der Mythen drei Engel aus, die Adams Frau wieder ins Paradies locken sollen. Lilith weilt derweilen am Roten Meer, heißt es geografisch eher unbestimmt. Da wir uns den Garten Eden irgendwo im Lande der Sumerer vorstellen wollen, wird sich die sagenhafte Lilith irgendwo an der Küste der Arabischen Halbinsel aufgehalten haben. Die ultimative Aufforderung, heim ins Paradies zu wandern, lehnt die selbstbewusste Frau ab. »Wie kann ich wie eine ehrbare Hausfrau leben?« Die Engel drohen damit, sie im Meer zu ertränken. Doch wieder zeigt sich der selbstbestimmte Charakter von Adams erster Frau. Sie denkt gar nicht daran, den Befehlen nachzukommen.

Es wird zwar noch eine Weile verhandelt, aber Gott straft Lilith, indem er täglich 100 ihrer »Dämonenkinder« tötet. Ganz logisch geht die Geschichte also nicht weiter. Wir lassen das aus. Adam, dessen Rolle allen später geborenen Männergenerationen nicht zur Ehre gereicht, ruft wieder einmal Gott an und beklagt sich bitterlich. Die Frau sei ihm davongelaufen.

Gott ist in diesem offenbar hauptsächlich von männlichen Priestern am Lagerfeuer weitererzählten Urmythos gegenüber Adam sehr verständnisvoll. Er rügt seine erste Schöpfung nicht, weil er sich wenig partnerschaftlich benommen hat. Nein, Gott geht neuerlich ans Werk und formt eine weitere Partnerin für Adam. Dieser ist allerdings sehr anspruchsvoll und lehnt Gottes zweiten Versuch empört ab. Wiederum ist der oberste Weltenlenker nachsichtig und macht sich ein drittes Mal ans Werk. Diesmal transplantiert Gott eine Rippe des tief schlafenden Adam und baut um diese Rippe ein schönes Wesen, dem er auch einiges von der Sinnlichkeit und Verführungskraft Liliths mitgibt. Gott nennt sein Geschöpf Eva. Da unsere Geschichte aber unzweifelhaft im heutigen Südirak zu lokalisieren ist, wird Eva wohl einen sumerischen Namen getragen haben.

Das Erste Buch Mose lässt eine geografische Eingrenzung des Paradieses zu. Gesucht wurde es über Jahrhunderte, gefunden bis heute nicht. 80, 100 und mehr Theorien gibt es, wo sich der biblische Garten Eden befunden haben könnte. Er war Ziel von Gelehrten und schwer bewaffneten Kreuzrittern. Sie glaubten tatsächlich, das Paradies mit dem Schwert erobern und besetzen zu können. Seit Jahrhunderten suchen Altertumsforscher das Paradies und finden es immer wieder an anderen Orten.

Für den deutschen Mönch Martin Luther waren die Versuche, das himmlische Paradies geografisch zu verorten, ohnehin lächerlich. »Möglich ist's, dass es zu der Zeit also gewesen ist, dass Gott einen Garten gemacht oder ein Land beschränkt hat, aber nach meinem Dünken wollt ich gern, dass es so verstanden möchte werden, dass es der ganze Erdboden wäre.«

Jeder Mythos dürfte irgendwo eine historische Wurzel haben. So wird in der mesopotamischen Vorlage zur Genesis-Erzählung der Garten Eden als Widerspiegelung des Tempelgartens in Eridu gedeutet. Die kargen Reste der sumerischen Stadt Nun liegen heute unter einem Ruinenhügel im Süden des Irak. Vor gut 8000 Jahren beherbergte Eridu das wichtigste Heiligtum des Gottes Enki. Er galt als Herr der Welt, des Süßwassers, des Todes und des schöpferischen Geistes. Es ist die Stätte und die Stadt, in der Geschichte begann. Hier kann der Garten Eden gewesen sein.

Das Paradies der Sumerer war ein friedlicher Tierpark, eine Kulturlandschaft, wie sie Jean-Jacques Rousseau gemalt haben könnte. »Rein, sauber, hell« soll der Garten Eden sein, seine Bewohner, auch die gewalttätigsten, sind friedlich. Der Löwe tötet nicht, und der Wolf raubt kein Schaf. Es grünt und blüht im Paradies, weil der Sonnengott das Land mit süßem Grundwasser befeuchtet. Im sumerischen Epos *Enki und Nammu* wird die Erschaffung des Menschen so geschildert: Die Göttinnen Nammu und Ninmach formen den Menschen aus der Verbindung von Lehm und dem heiligen Wasser des Urozeans. Immer ist es Staub mit Wasser vermischt, aus dem der Mensch geknetet wird. Die Grundrezeptur bleibt also gleich: in der Bibel, in den sumerischen Epen, in der hebräischen Überlieferung, in der erst später entstandenen Kabbala und auch im Koran.

Die Beschreibung dieser paradiesischen Zustände ist älter als die Schöpfungsgeschichte der Bibel, viel älter. Das Alte Testament ist also abgeschrieben? Nein, vielmehr belegt das heilige Buch der Juden und der Christen die ungebrochene mündliche Tradition uralter Mythen. Die biblische Erzählung gehört zum abendländischen Grundwissen. Selbst wer die Geschichte von Adam, Eva, dem Apfel und der Schlange nicht im Buch Genesis gelesen hat, kennt sie, und sei es nur aus der Kunstgeschichte, in der das Bild von Mann, Frau, Apfelbaum und böser Schlange zu den Stereotypen der Malerei und Bildhauerei zählt.

Adam und Eva – so weit folgt die Genesis den älteren sumerischen Dichtungen – leben im Garten Eden. Es geht ihnen gut, keine Rede von Streit. Lilith, die Vorgängerin Evas, kommt im Alten Testament nur ein Mal als Randbemerkung vor. Im verwüsteten Land Edom treiben dunkle und böse Geister ihr Unwesen. Wilde Katzen und Wüstenhunde streunen durch die zerstörte Landschaft, und eben dort »rastet Lilith und findet einen stillen Ort für sich«. Viel mehr lässt uns die Bibel über Adams erste Frau nicht wissen. Erst sehr viel später, im Mittelalter, wird aus der alttestamentarischen Randfigur ein böser weiblicher Dämon, der sich in so manch feuchten Traum der Männer einschleicht und dort für unsaubere Gedanken verantwortlich gemacht wird.

Vor Evas Verführung beim Apfelbaum scheint das paradiesische Leben eher langweilig gewesen zu sein. Im Gegensatz zum sumerischen Mythos erzählt die Bibel nichts vom Geschlechtsleben. Adam, der aus Erde Gemachte, und seine Eva sind – bis zum »Sündenfall« – kinderlos. Sie kennen keine Lust, keine Scham, sie vermehren sich nicht, sie sind nach Gottes Ebenbild geformt. Sie sind eigentlich noch keine Menschen in unserem heutigen Sinn. Um sich von Gott zu unterscheiden, bedarf es des Fehlers, des Widerspruchs, des Ungehorsams, vor allem der Sterblichkeit.

Der Mensch wird zum Menschen, indem er eigenständigen Willen zeigt. Und es ist die Frau, die den ersten Schritt weg vom Gottähnlichen zum Menschen macht. Sie will vom Baum der Erkenntnis naschen. Die Schlange als Symbol für das Böse, den Teufel, braucht es dazu gar nicht. Sie wird als Ausrede ins Bild gerückt. Michelangelo malt Lilith als Wesen aus Frau und Schlange, die ihrer Nachfolgerin Eva den Apfel reicht. Eva will das Verbotene tun. Sie beißt in eine Feige, denn um einen Feigenbaum wird es sich wohl gehandelt haben. »Malus« – das Böse – steht nur im Lateinischen für »Apfel«. Es ist der Baum des Bösen, an dem die verbotenen Früchte wachsen und es ist – welche Gleichsetzung – auch der Baum der Erkenntnis. Wissen kann zur Auflehnung gegen Gott führen. Wird der Mensch zu klug, zu besserwisserisch, lehnt er sich gegen Gott auf, folgt die Strafe auf den Fuß. Adam und Eva werden aus dem Paradies vertrieben, sie beginnen als Menschen zu leben. Sie lernen Angst und Leiden, Lust und Freude kennen. Sie beginnen sich zu lieben und zu vermehren. Es gibt paradiesische Momente, aber auch teuflisches Leid. Und es gibt den Tod.

Schuld an dem Schlamassel ist die Frau. Adam, der wiederum nicht souverän reagiert, schiebt alles auf Eva – diese bezichtigt die Schlange. Gott reagiert empört und vertreibt die zwei aus dem Garten Eden. Adam muss fortan als Bauer den kargen Boden bearbeiten und Feldfrüchte fürs Überleben der Menschheit anbauen. Eva erlebt in der Sünde Lust, muss aber unter Schmerzen Kinder auf die Welt bringen. Das erste Paar zeugt drei Söhne, Kain, Abel und Set, außerdem eine nicht genau bezifferte Zahl an Töchtern und einige unbekannte Söhne. Da Adam das fürwahr »biblische« Alter von 930 Jahren erreicht, kann er die Weltbevölkerung schon in erster Generation deutlich steigern.

Lilith erlebt – geschätzte 6000 Jahre nach ihrer Schöpfung – eine Wiedergeburt. Die sumerische Figur der ersten Frau, die von Adam gleichberechtigt und selbstbewusst ihre Rechte einfordert, wird in den 1960er-Jahren zu einer Ikone des Feminismus. Während die biblische Eva in einer patriarchalischen Tradition steht, symbolisiert Lilith die Selbstständigkeit der Frau und ihren Widerstand gegen männliche Unterdrückung. Sie verweigert den Druck, sich im Namen einer höheren Autorität zu fügen, und wird dafür bestraft. Gleichzeitig beflügelt sie Männerfantasien über Jahrhunderte. Johann Wolfgang von Goethe lässt sie in der Walpurgisnacht tanzen. Mephisto weiß, wer die Schöne ist: »Lilith ist das. Adams erste Frau. Nimm dich in Acht vor ihren schönen Haaren, vor diesem Schmuck, mit dem sie einzig prangt. Wenn sie damit den jungen Mann erlangt, so lässt sie ihn so bald nicht wieder fahren.« Goethe greift für seinen *Faust* alte Quellen aus dem Talmud auf, in dem Lilith schon im 5. Jahrhundert nach Christus als nächtlicher Dämon herumfliegt. Zu Adams erster Frau wird sie in den Überlieferungen erst ein paar Jahrhunderte später. Die Frauen, die in diesem Buche porträtiert werden, stammen alle irgendwie von der sagenumwobenen Lilith ab oder entsprechen jedenfalls dem Frauenbild, das rund um die Figur der Lilith in den Jahrhunderten gezeichnet wurde.

So ist auch diese Frau irgendwie ein Geschöpf der Männer, aber sie ist ihnen entflogen.

# Kleopatra

..........................

*»Von allen meinen unzählbaren Schmerzen ist keiner
so groß und furchtbar wie die kurze Zeit, die ich von
Dir getrennt war«*

Eine Frau wird Opfer der politischen Propaganda und dadurch
zur unsterblichen Legende. 2000 Jahre nach ihrem Tod ist Kleopatra VII. noch immer eine der berühmtesten Frauen der Menschheitsgeschichte. Sie hat das antike Ägypten 22 Jahre regiert, in
einer extrem unsicheren Zeit zwei der mächtigsten Männer des
damaligen Erdkreises zu ihren Geliebten gemacht, vier Kinder
geboren und den östlichen Teil des Mittelmeers kontrolliert.
Nebenbei hat die Königin noch ihre Schwester verfolgen und ihre
Brüder ermorden lassen. Nach heutigem Maßstab gelten diese
Gewalttaten als eher unfeine politische Methoden. Vier Jahrzehnte vor Beginn unserer Zeitenrechnung legten Herrscher und
Beherrschte andere Richtschnüre an – die Durchsetzung von
Machtinteressen mit Gift und Schwert war übliche Praxis.

Kleopatra beflügelte überdies die sexuellen Fantasien vieler
Generationen und inspirierte William Shakespeare zu seinem Drama *Antonius und Cleopatra*.

Eine gute Nachrede hatte Kleopatra in der literarischen Welt
nicht. So schrieb Heinrich Heine: »Dieses launische, lustsüchtige,
wetterwendische, fieberhaft kokette Weib, diese antike Pariserin,
diese Göttin des Lebens gaukelt und herrscht über Ägypten, dem
schweigsam starren Totenland ... Überall Tod, Stein und Geheim-
nis ... Und über dieses Land herrschte als Königin die schöne Kleopatra. Wie witzig ist Gott!«

Königin Kleopatra ist eine der Hauptfiguren des historischen
Boulevards. Sie ist Projektionsfläche erotischer Wünsche, eine
Frau, die durch ihre Liebeskünste tapfere römische Helden ver-
führt, sie durch orientalische Sinnesfreuden verwirrt, den mächti-

*Kleopatra. Die ägyptische Königin, die eine hellenistische Herrscherin war. Zur Sicherung ihrer Macht und ihres Reichs verbündet sich Kleopatra mit den jeweils mächtigsten Römern: Julius Cäsar und seinem Nachfolger Marcus Antonius.*

gen Gaius Julius Cäsar von der planmäßigen Erfüllung seiner Kriegsgeschäfte abbringt, seine Rückkehr nach Rom verzögert, ihn durch ausschweifende sexuelle Erlebnisse von seiner rechtmäßigen Ehefrau entfremdet, in unvorstellbarem Luxus lebt, den antiken Rechthabern wie Cicero mit Überheblichkeit begegnet und Konventionen bricht, weil eine junge Frau über größeren Reichtum verfügt als die Weltmacht der Römischen Republik. Kleopatra ist eine einzige Provokation für die schlichten Republikaner in Rom. Das glanzvolle Rom ist vier Jahrzehnte vor der Geburt von Jesus Christus ein höchst bescheidenes Provinzstädtchen an einem eher unbedeutenden Fluss. Jedenfalls aus der Sicht einer Königin, die sich in einer direkten Ahnenlinie zu Alexander dem Großen wähnen kann.

Das Colosseum ist noch längst nicht errichtet, das Pantheon nicht einmal eine Idee, die Caracalla-Thermen bleiben späteren Jahrhunderten vorbehalten, und die Kaiserpaläste werden erst in gut 100 Jahren gebaut. Roms Straßen sind eng, verwinkelt, schmutzig, laut und stinkend. Das Forum erinnert noch immer an die Kuhweide, die es war. Dabei betrachten sich die Römische Republik und die Stadt auf den sieben Hügeln als Nabel der Welt. Dank des erfolgreichen Kriegshandwerks der römischen Legionen hat sich Rom zur Zeit Cäsars die militärische Oberhoheit im Mittelmeerraum erkämpft. Kulturelle Hervorbringungen zeichnen die Römische Republik nicht aus.

Wichtige Technologien haben die römischen Stämme von den geheimnisvollen Etruskern übernommen. Die Stärke des jungen Gemeinwesens, das sich da von Mittelitalien aus anschickt, die Welt (zumindest jenen Teil, den sie damals gekannt haben) zu erobern, liegt in der Organisationskraft, in der praktischen Anwendung von Erfindungen anderer und in einer militärischen Disziplin, die nicht besonders sympathisch, aber erfolgreich ist.

Kulturell spielt die Stadt am Tiber eine Nebenrolle. Alexandria ist das Paris der Antike. Größer, schöner, kosmopolitischer und viel reicher als Rom. Und in und über Alexandria herrschen die

Abkommen jener Feldherren, die Alexander den Großen beerben durften: die Ptolemäer.

Kleopatra stammt aus altem makedonischen, also griechischem Adel. Die ägyptische Herrscherin ist daher Griechin, sie spricht Griechisch und lebt eine griechische Kultur, die im 1. Jahrhundert vor der Geburt eines jüdischen Sektenführers ihren klassischen Höhepunkt längst überschritten hat. Ein paar Jahrhunderte lässt es sich auch in einer langsam in Dekadenz versumpfenden Kultur ganz angenehm leben (wer denkt da ans Heute?). Im »griechischen Zeitalter« spielen die alten Griechen keine Rolle mehr. Athen ist ein Schatten seiner selbst, längst unter der Kontrolle Roms. Die Zeiten, in denen griechische Städte wie Athen, Korinth oder Sparta zumindest die östlichen Mittelmeerküsten beherrschten, sind längst in mythologischer Erinnerung versunken. Das komplizierte Gefüge des Hellenismus zerbröselte vor dem Ansturm der römischen Legionen. Es brauchte damals erstaunlich wenige Männer, um die Welt zu erobern, wenn sie nur in Reih und Glied marschieren konnten.

Kleopatra war eine der letzten hellenistischen Herrscherinnen, die im Strategiespiel einen Einsatz leistete, um eine ptolemäische Vormacht in einem ägyptischen Großreich zu sichern. Den Preis dafür zahlte sie an die Schutzmacht Rom.

Kleopatra wurde etwa 69 vor Christus als dritte Tochter des Ptolemaios XII. Auletes geboren. Sie hatte auch zwei Halbschwestern, die über Ägypten herrschten, Berenike IV. und Arsinoë IV. Letztere war nach einem Staatsstreich gegen ihren Vater an die Macht gekommen. Familienmitglieder wurden in diesen Kreisen als Konkurrenten um Macht und Geld, als potenzielle Mörder oder zu Ermordende eingestuft. Es ging drunter und drüber.

Als Julius Cäsar Ägypten im Jahr 47 vor Christus eroberte, versuchte Kleopatra ihre Machtstellung unter seiner Protektion zu erhalten – oder vielmehr wiederzuerlangen. Dafür war der 21-Jährigen jedes Mittel recht, denn ihre Chancen standen schlecht. Sie war vor ihrem Bruder und seiner Armee in die Syrische Wüste geflüchtet, lebte in einem schäbigen Zelt, unterstützt von einer

Söldnerbande, weit weg vom Luxusleben eines Palastes. Sie hatte die Regentschaft mit ihrem gerade erst 13-jährigen Bruder teilen müssen, mit dem Kleopatra auch noch verheiratet worden war. Die Familienverhältnisse in diesen fernen Zeiten sind etwas eigentümlich.

Die doppelten Bande verhinderten aber keineswegs, dass die Berater ihres Ehemann-Bruders – er hieß praktischerweise auch Ptolemaios, genauer der Dreizehnte – Kleopatra als überflüssige Mitregentin einstuften und sie sich der Ermordung nur durch Flucht bis nach Syrien entziehen konnte. Ihre Versuche, sich mit einem Haufen von Bewaffneten nach Alexandria durchzukämpfen, scheiterten an den Festungsmauern von Pelusium. Kleopatras Lage war dementsprechend hoffnungslos.

Die Stadt lag im Altertum am östlichsten Nilarm und wird durch eine Erwähnung im Alten Testament »geadelt«. Und ausgerechnet an diesem Ort sollte in diesen Tagen ein entscheidendes Kapitel des römischen Bürgerkrieges enden. Am Strand vor Pelusium landet der große Gnaeus Pompejus Magnus, erbitterter Gegner Cäsars im Bürgerkrieg. Geschlagen und ohne Schutz bewährter Legionen, erhofft er sich vom ptolemäischen König Unterstützung gegen Julius Cäsar.

Eine Fehlkalkulation. Der ägyptische König – vielmehr seine Berater – wägen die Erfolgsaussichten ab und setzen ihre Karten auf den siegreichen Gaius Julius Cäsar. Kaum an den Strand gewatet, ermorden sie den großen Pompejus, schlagen ihm sein Haupt ab und präsentierten die schauerliche Trophäe drei Tage später dem Cäsar in Alexandria. Dieser soll darob nicht eben begeistert gewesen sein. Immerhin war Pompejus ein Römer, wenn auch ein erbittert bekämpfter Todfeind, aber immerhin ein großer General. Die nach Rom gesendeten Kuriere berichteten, Cäsar habe sich mit Schrecken abgewandt und angesichts des schon leicht verwesten Hauptes bittere Tränen geweint. Ein solch menschliches Rühren kam propagandistisch bei den Anhängern des Pompejus recht gut an, immerhin war ja der General und Konsul auch Cäsars Partner und Schwiegersohn gewesen. Auch bei den Römern sind die Macht- und Familienverhältnisse verwoben, aber selten amikal.

Traurig, aber doch zufrieden zieht sich Cäsar in einen strategisch günstigen Teil des Palastviertels zurück. Den Bewohnern Alexandrias ist ja nicht zu trauen. Denn Cäsar ist in diesen Tagen weniger Eroberer als Gefangener seiner gepriesenen Schnelligkeit. Er hat sich mit relativ wenigen Truppen zu weit vorgewagt, ist von militärischem Nachschub abgeschnitten und wird im gewaltigen Palast von Alexandria von den Einheimischen monatelang belagert, ehe es seinen Legionen gelingt, aus Syrien bis ins Land am Nil zu marschieren und Cäsar aus seiner misslichen Lage zu befreien.

Für die rivalisierenden Parteien in der ägyptischen Hauptstadt beginnt ein Rennen um die Gunst des verhassten Römers. Die 21-jährige Kleopatra ist dabei strategisch im Nachteil. Sie sitzt im Zelt vor Pelusium, kann nicht vor oder zurück. Die Hauptstadt scheint unendlich weit entfernt. Doch dann hat ihr Vertrauter Apollodoros aus Sizilien eine brillante Idee. Sie wird die Truppen ihres Bruders austricksen. Ein Boot bringt sie den Nil aufwärts bis nach Memphis, das heutige Luxor. In acht weiteren Tagen segelt sie einen anderen Nilarm abwärts nach Alexandria. Um nicht erkannt zu werden, lässt sich die junge Königin in einen Ledersack (oder Teppich – die Überlieferung nimmt es nicht so genau) einrollen. Im Schutz der Dämmerung legt ein kleines Ruderboot an den Palastmauern an. Apollodoros nimmt seine Königin huckepack auf die Schulter und trägt sie in den Palast. So will es die Legende wissen.

In Cäsars Gemächern wird Kleopatra aus dem Ledersack gebeutelt. Daraus lässt sich schließen: Kleopatra war relativ klein und ziemlich schlank. Viel mehr wissen wir nicht über ihr Äußeres. Statuen und Bildnisse auf Münzen stellen sie mit einer ausgeprägten Nase dar, nicht unbedingt eine Schönheit nach klassischen Idealen. Ihr ein wenig pathetisches Auftreten verfehlt die Wirkung nicht. Gehen wir davon aus, dass sich die junge Königin nach ihrem Reiseabenteuer für den Römer frisch gemacht hat. Cäsar ist jedenfalls beeindruckt. Die 21-Jährige hat ein paar Argumente, die den alten Soldaten überzeugen. Julius Cäsar galt schon unter seinen antiken Zeitgenossen als Weiberheld. Und männliche Macht wurde damals auch durch die körperliche Unterwerfung von Frauen demonstriert. Von Liebe war keine Rede. Cäsar selbst war vier Mal verheiratet, opferte seine Ehen und seine Töchter für politische Allianzen. Mit der jungen Königin besiegelt Cäsar eine Allianz. Der Westen – Rom – übernimmt auch den Osten – Alexandria. Die junge Ptolemäerin hat nur eine Option. Um gegen die militärische Übermacht und den Expansionsdrang Roms zu kämpfen, fehlen Kleopatra alle Mittel. So nutzt sie die eine Chance und unterwirft sich dem um Jahrzehnte älteren Feldherrn.

Kleopatra lebte während Cäsars letzten Jahren in Rom. Von ihrem Palast am Esquilin hatte sie einen guten Überblick über die Intrigen in der Hauptstadt des Römischen Reiches. Ihre Anwesenheit und ihr durchaus nicht bescheidenes Auftreten wurden von alteingesessenen Polit-Clans als zusätzliche Bedrohung ihrer Macht empfunden. Sie war eine orientalische Königin in einer noch immer nach republikanischen Grundsätzen regierten Stadt. Sie war eine selbstbewusste Frau in einem Gemeinwesen, wo Männer dominierten. Sie war die exotische Geliebte eines römischen Diktators. Daheim eine Königin, in Rom eine Kurtisane. Kleopatra war reich, reicher als jeder Mann in der Tiber-Stadt. Und sie zeigte den Reichtum. Sie trug Schmuck, wie ihn noch keine Frau in Rom gesehen hatte (die besten Stücke ließ sie ohnehin in Alexandria). Plinius bezifferte den Wert der Perlen, die sie als Ohrgehänge vorzugsweise trug, mit 420 Talenten pro Stück. Bei den römischen Immobilienpreisen konnte man mit einer Perle eine fashionable Villa am Mittelmeer erstehen.

Kleopatra fiel aus allen Ordnungsrahmen. Sie war eine sichtbare Provokation. Sie war unter Cäsars Schutz unantastbar. So musste Cäsar selbst sterben.

Im Senat wird der Diktator auf seinem erhöhten Stuhl von Bittstellern umringt. Ein Dutzend Senatoren drängen zu Cäsar, ziehen Messer aus der Toga und stechen zu. Er schreit auf, wehrt sich, brüllt wie ein wildes Tier. Ins Gesicht, in die Brust, in den ganzen

Körper dringen die Messerspitzen ein. Der Feldherr kann sich losreißen, stürzt auf den Marmorboden des Senats, seine Toga blutig, zerfetzt. An den Iden des Märzes im Jahr 44 vor Christus wird der Diktator Julius Cäsar Opfer einer Verschwörung innerhalb seines engsten Kreises von Vertrauten.

Für Kleopatra ist der Tod ihres Geliebten und politischen Beschützers eine Katastrophe. Sie verdankt ihr Reich und ihre Herrschaft über Ägypten Cäsars Legionen. Sie muss rasch handeln. Bei der Eröffnung von Cäsars Testament erlebt sie eine Enttäuschung. Der tote Herrscher Roms erwähnt sie mit keinem Wort, erwähnt auch den gemeinsamen Sohn Caesarion nicht. Cäsar setzt seinen Neffen Gaius Octavius zum Erben seines ungeheuren Vermögens ein.

Die Ägypterin verlässt Rom, sie fühlt sich nicht mehr sicher. Sie muss mit ihrem acht Jahre jüngeren Bruder und Ehemann Ptolemaios heim in ihr Reich, nach Alexandria. Ptolemaios überlebt den Ortswechsel nur kurz. Er stirbt unter ungeklärten Umständen. Der jüdische Historiker Flavius Josephus, bei dem Kleopatra aber immer besonders schlecht beschrieben wird, bezichtigt die Königin des Brudermords. Angesichts ihrer Vita und der landestypischen Verhaltensweisen ist Kleopatra ein Bruder- und Gattenmord durchaus zuzutrauen. Da nach ägyptischer Tradition eine Frau immer einen Mitregenten braucht, setzt die Königin praktischerweise ihren dreijährigen Sohn, den kleinen Caesarion, auf den goldenen Thron und erhebt ihn gleich in den Rang eines »vater- und mutterliebenden« Gottes. Mit der Erwähnung des »Vaters« Cäsar ist ein gewaltiger Machtanspruch verbunden.

Kleopatra regiert nun weit vom eigentlichen Zentrum des Geschehens das reiche Land am Nil. In Rom tobt der finale Machtkampf zwischen den Cäsarenmördern und dem politischen Erben Marcus Antonius und dem tatsächlichen Erben, Cäsars 18-jährigem Neffen Octavius. Während der eine als erfolgreicher und beliebter Feldherr von seinen Soldaten und von vielen Frauen geliebt wird, verdankt der so viel Jüngere seine Machtposition nur dem Testament des ermordeten Onkels. Die beiden höchst unterschiedlichen Rivalen um Cäsars Erbe, die Macht über Rom und das Weltreich, müssen sich verbünden. Antonius amtiert als Konsul nach Cäsar wie ein Alleinherrscher in Rom. Octavius verbündet sich mit mächtigen Senatoren und wird so zum Gegenspieler. Mit einem de facto Militärputsch schaltet Antonius den Senat, vor allem aber die alte römische Nobilität aus. Er bindet seinen Rivalen um die Macht mit einem bedeutungslosen Dritten in ein »Triumvirat« ein. Sie erhalten, wohl nicht ganz freiwillig, weitgehende Vollmachten, die sie auch nützen. Die drei Männer erklären Tausende Mitglieder der alten Machtelite, Ritter und Senatoren, für vogelfrei. Überall werden Proskriptionslisten angeschlagen. Es ist das Todesurteil für viele, die sich nicht rechtzeitig aus Rom absetzen können. Antonius & Co. kassieren die Vermögen der republikanisch gesinnten Cäsarenmörder und finanzieren so den Bürgerkrieg gegen Brutus und Cassius, denen die Flucht nach Kleinasien gelungen ist und die dort römische Legionen sammeln, um sie gegen die Herren Roms in Stellung zu bringen.

Von Kleopatra – ausgerechnet – verlangen die Mörder ihres Geliebten die Auslieferung von Schiffen und Proviant für die Truppen. Die Ptolemäerin liefert nicht. Im Oktober des Jahres 42 vor Christus kommt es zur Entscheidungsschlacht. Die verfeindeten Herren sehen einander – wie angekündigt – bei Philippi in Makedonien wieder. Es wird das Ende von Brutus und Cassius.

Das Römische Imperium kann nun zwischen Marcus Antonius und Octavius aufgeteilt werden. Marcus Antonius hat die erste Wahl, und er entscheidet sich für den weit attraktiveren – östlichen – Teil des Römischen Reichs. Ägypten inklusive.

Der Herr über den reichen Osten zitiert bald die ägyptische Königin in sein Lager bei Tarsos in Kilikien. Von dort ist es nicht mehr ganz so weit über Syrien, Palästina nach Ägypten. Für solche Reisen zog man damals allerdings ein Schiff vor. Also lässt Kleopatra ihre Prunkgaleere zu Wasser. Die Segel sind purpurfarben, der Rumpf ist vergoldet. Das macht Eindruck. Was dann passiert, könnte in einem Drehbuch für einen Hollywoodschinken der 1960er-Jahre stehen. Beim Einlaufen in den Hafen stehen als

Meerjungfrauen kostümierte Mädchen und Lustknaben an der Reling. Die Königin selbst hat sich als irdische Personifikation der griechischen Liebesgöttin Aphrodite verkleidet, wobei der Mehrwert des Kostüms im Weglassen besteht. Antonius, der sinnlichen Reizen nicht ungern erliegt, wird aufs schaukelnde Schiff gebeten und von der erfahrenen Kleopatra bezirzt. Die erotisierende Fantasie der antiken Geschichtsschreiber galoppiert davon. Mit einer Serie üppiger Festgelage habe die Orientalin den Herrn des Imperiums verführt und so zu ihrem Verbündeten gemacht. Die Politik mit persönlichem Körpereinsatz war schon beim großen Cäsar erfolgreich. Noch einmal wird sie Leib und Seele einem Mann unterwerfen, um ihre Macht zu sichern. Cäsars Epigone wird auch sein Nachfolger in Kleopatras Bett. Das war dann rückblickend betrachtet eine falsche Entscheidung.

Wie groß tatsächlich die sexuelle Anziehung zwischen den beiden Machtmenschen war, lässt sich schwer feststellen, alle Geschichtsschreibung aus der Zeit, die in Wahrheit drei Generationen später erfolgt, dient jedenfalls politischen Zielsetzungen und auch der Unterhaltung der Leser. Das im Bett besiegelte Bündnis zwischen (Ost-)Roms Herrscher und einer hellenistischen Königin ergibt für beide Teile Sinn und wird den Menschen im Orient als Vermählung von Aphrodite und Dionysos erklärt. Es ist die heilige Vereinigung zweier Götter, zweier Welten und Religionen. Isis und Osiris, Aphrodite und Dionysos, Kleopatra und Marcus Antonius.

Immerhin zieht der Römer im Winter des Jahres 41 vor Christus mit seiner neuen Geliebten nach Alexandria. Das Leben an der Mittelmeerküste gestaltet sich für absolute Herrscher durchaus angenehm. Fast ein Jahr genießt das Paar die Früchte der neuen Partnerschaft. Doch dann verlangt die politische Lage ein Eingreifen des Marcus Antonius. Seine Frau Fulvia und sein Bruder Lucius haben in Italien versucht, die Unzufriedenheit der aus dem Kriegsdienst entlassenen Legionäre (es ging um die Verteilung von Land an die Veteranen) zu nutzen, und mobilisieren in Rom und in anderen italischen Städten gegen den (Drittel-)Mitregenten Octavius. Diesen Perusinischen Krieg kann Octavius gewinnen. Dennoch ist die Lage äußerst volatil. Marcus Antonius muss schleunigst aus dem Osten, wo er eigentlich gegen die Parther Krieg führen wollte, nach Rom zurückkehren und nach der Niederlage seines Bruders und seiner Frau den Streit mit Cäsars Erben planieren. Dabei hilft der Tod. Die Ehefrau von Marcus Antonius, Fulvia, stirbt so überraschend, dass ihr mäßig trauernder Witwer gleich die Schwester von Octavius, Octavia, heiraten kann. Auch sie war überraschend Witwe geworden.

Die Nachricht von der neuen Ehe ihres Geliebten erreicht Kleopatra im Wochenbett. Die Königin brachte Zwillinge zur Welt, die sie Alexander Helios (»Sonne«) und Kleopatra Selene (»Mond«) taufte. Marcus Antonius ist an seinen Kindern, trotz der so poetischen Namensgebung, vorläufig nicht weiter interessiert. Politisch und ehelich hat er jetzt andere Interessen. Er verlegt seinen Wohnsitz mit Octavia nach Athen und regiert von dort aus den Osten der Welt. Ungeachtet des Bündnischarakters der Ehe mit Octavia zeugt Antonius auch mit ihr drei Kinder. Aber auch dieses Eheglück währt nicht sehr lange. Weil der zugesagte Nachschub von 20 000 Legionären aus Rom für den Krieg gegen die Parther ausbleibt, segelt Antonius nach Alexandria, um seine zwischenzeitlich ignorierte, aber nicht vergessene Geliebte Kleopatra zur Überlassung von ptolemäischen Truppen zu überreden. Alte Liebe rostet nicht. Der Römer muss das Zwillingspärchen offiziell als seine Kinder anerkennen, zeugt einen weiteren Sohn, zieht in den Kampf gegen die Parther, siegt und ordnet die ganze Levante neu. Seine Geliebte bekommt dabei die schönsten Teile, etwa alle reichen Städte an der phönizischen Küste, die Dattelhaine um Jericho und die Bitumenvorräte im Reich der Nabatäer. Schon damals brachte der Besitz von Erdölquellen schöne Gewinne.

Kleopatra kann zufrieden sein. Octavius in Rom ist es weniger. Er wirft seinem Rivalen Antonius vor, römisches Vermögen an seine Geliebte zu verschleudern. Dieser Vorwurf sorgt naturgemäß beim römischen Publikum für die erwünschte Empörung. Das Volk von Rom ließ sich leicht für die Machtspiele der Patrizier-

31

familien benutzen. Der römische Staat ist schon längst keine republikanische Demokratie mehr, die den hehren Ansprüchen genügen würde. Der »Plephs« lässt sich regelmäßig seine Stimmen bei den Wahlen zu den vielen Ämtern mit barer Münze oder Getreidespenden abkaufen, eine Art antike Mindestsicherung. Es regiert Populismus pur. Antonius ignoriert die aufgestachelten Proteste daheim und lebt mit seiner Königin fernab der römischen Kuhweide. Er lässt Silberdrachmen mit einem Doppelporträt prägen. So kommt Kleopatra zur Ehre, als erste Nichtrömerin auf römischen Münzen mit Diadem und der Inschrift »Kleopatra, Königin der Könige und ihrer königlichen Söhne« abgebildet zu werden.

Die Missachtung der Stimmung in Rom erweist sich als gefährlicher Fehler. Bei zwei Herrschern ist einer zu viel. Und immer bereitet die Propaganda den Krieg vor. Gerüchte über das sagenhaft luxuriöse und dekadente Leben des Antonius werden breit gestreut. Schuld trage die Fremde, die exotische Frau mit ihren Tricks und Täuschungen. Und in Rom machen Gerüchte die Runde: Bei einer Wette, wer die teuerste und kostbarste Mahlzeit verspeisen könne, soll Kleopatra eine Perle in Essigsäure aufgelöst und getrunken haben. Diese Geschichte, wahrscheinlich frei erfunden, prägt das Bild der Königin und überlagert die historische Person bis zur Unkenntlichkeit. Antonius war mit seiner PR-Offensive in Rom viel weniger erfolgreich.

Nach einem siegreichen Feldzug gegen einen armenischen König zieht sich Antonius ins prächtige Ephesos zurück. 16 Legionen und die Flotte werden an der anatolischen Küste versammelt. Kleopatra finanziert den Heeresaufmarsch und übernimmt mit ihrer Flotte den Nachschub. Aus Rom fliehen zahlreiche Senatoren vor Octavius nach Ephesos. Sie berichten Antonius vom Machtrausch des Octavius und beschwören ihn, Kleopatra heim nach Alexandria zu schicken. Ein zweites Mal ist die Königin zum Feindbild geworden. Doch Antonius schätzt die Lage abermals falsch ein. Statt sich von Kleopatra zu trennen und damit Octavius seine Propagandabasis zu entziehen, schickt er dessen Schwester Octavia den offiziellen Scheidebrief. Damit stößt er die römische

Nomenklatura vor den Kopf. Eine Römerin für eine Ptolemäerin verlassen? Empörung rund um die sieben Hügel.

Es kommt, wie es eben kommen musste. Antonius marschiert mit seinen Truppen nach Westgriechenland und erwartet dort das Heer des Octavius. Dessen Feldherren sind schneller, dessen Flotte erfolgreicher. Antonius wird vom Nachschub abgeschnitten und eingeschlossen. Ein Durchbruchversuch der Flotte scheitert, nur die ägyptischen Kampfgaleeren sprengen den maritimen Belagerungsring. Kleopatra und Antonius können nach Alexandria entkommen. Ihr letztes Jahr beginnt. Nach rascher Abwägung der langfristigen Erfolgsaussichten fallen Verbündete und Bundesgenossen ab. Die Macht erodiert. Die Truppen des Octavius marschieren bis nach Alexandria, dort verliert Antonius seine letzte Schlacht und tut das, was von einem glücklosen Feldherrn erwartet wird. Er stürzt sich ins eigene Schwert. Wohl nicht nur aus Gram, weil ihm das falsche Gerücht von einem Selbstmord Kleopatras zugetragen wird.

Die Königin hat sich schon einmal mit all ihren kostbaren Schätzen in ihr Grabmal zurückgezogen. Der sterbende Antonius wird zu ihr gebracht und haucht dort sein Leben aus. So wird es berichtet. Für Kleopatra geht es nur noch um einen ehrenvollen Nachruf. Sie will nicht zum Prunkstück eines Triumphzugs übers Forum Romanum werden. Sie droht Octavius, sich selbst zu töten. Damit würde sie seinem Triumphmarsch die Hauptattraktion rauben. Das ist ihr letzter Trumpf, aber sie hat ein schwaches Blatt. Eine orientalische Königin in Ketten – genau das ist es, was der römische Pöbel liebt.

Der Historiker Plutarch berichtet von einer zwölftägigen Haft im Mausoleum unter römischer Bewachung und den letzten Versuchen Kleopatras, doch noch mit Octavius einen Handel zu schließen. Sie will den Thron wenigstens für ihre Kinder retten, dafür wäre sie sogar bereit, die Erniedrigung auf sich zu nehmen, Stargast eines Triumphzugs in Rom zu sein. Octavius lässt diese »Drohung« kalt. Einmal noch darf sie ins Mausoleum, den Tod ihres Geliebten Antonius beweinen. Sie tut das in wohlgesetzten

Reimen, die der Dichter Plutarch gut 100 Jahre nach Kleopatras Tod der Nachwelt aufzeichnet – also mit Sicherheit erfindet. Über der Urne mit der Asche des Antonius klagt sie ihr Leid: »Verstecke mich und begrabe mich hier mit Dir, von allen meinen unzählbaren Schmerzen ist keiner so groß und furchtbar wie die kurze Zeit, die ich von Dir getrennt war.«

In der ägyptischen Sommerhitze des Jahres 30 vor Christus schließt sich Kleopatra mit ihren treuen Dienerinnen Iras und Charmion im Mausoleum ein. Ein letztes Mahl will sie halten, ehe sie sich Octavius ausliefert. Ein Bauer bringt einen Korb Feigen. Die Bewacher schöpfen keinen Verdacht. Unter den Feigen ist eine Kobra verborgen. Sie wird Kleopatra in den Oberarm beißen, ihr Gift versprühen und die Königin in Purpur bekleidet auf ihrer goldenen Liegestatt standesgemäß sterben lassen.

Damit findet diese unglaubliche Geschichte ein ebenso unglaubliches Ende. Die Kobra ward nie gesehen, daher gilt alternativ eine vergiftete Salbe oder eine vergiftete Haarnadel als Selbstmordinstrument. Die Schlangenvariante wird von Octavius, der nach diesem Sieg über seine Rivalen zum Kaiser Augustus aufsteigt und weitere 44 Jahre über Rom herrschen wird, gleichsam amtlich bestätigt. Er lässt beim Triumphzug in Rom ein Bild mittragen. Kleopatras Porträt, umkränzt von zwei Giftschlangen. Immerhin noch eine letzte respektvolle Geste. Die ägyptische Uräusschlange gilt als Zeichen pharaonischer Herrschaft, ein heiliges Tier. Durch den Biss einer solchen Kobra zu sterben, wäre für Kleopatra ein würdiger Tod gewesen.

# Maria Magdalena

*»Die Frau, die vollständig verstanden hatte«*

Sie heißt Maria und ist die wichtigste Frau im Neuen Testament. Das jüdische Mädchen Maria stammt aus Magdala, einer vor 2000 Jahren beachtlichen Stadt von rund 30 000 Einwohnern am Westufer des Sees Genezareth. Der Ort wird ein knappes Dutzend Mal in den vier Evangelien erwähnt, immer im Zusammenhang mit Maria. Dieser Vorname ist zu jener Zeit in Palästina sehr häufig. Es ist die latinisierte Form von Mirjam.

Es ist sehr wahrscheinlich, dass Jesus einst auch in Magdala gelehrt und gepredigt hat. Eine Synagoge aus dem 1. Jahrhundert konnte unter einer dicken Schuttschicht ausgegraben werden. Der antike Ort war für seine gesalzenen Fische berühmt. Viele Jünger Jesu waren Fischer am See Genezareth. Matthäus schreibt im Evangelium: »Als Jesus am See von Galiläa entlangging, sah er zwei Brüder, Simon, genannt Petrus, und seinen Bruder Andreas; sie warfen gerade ihr Netz in den See, denn sie waren Fischer. Da sagte er zu ihnen: ›Kommt her, mir nach! Ich werde euch zu Menschenfischern machen.‹«

Die ersten und später wichtigsten Jünger waren also Fischer. Und auch der Prediger selbst kann mit Booten umgehen. Nach dem Wunder der Speisung der 4000 besteigt Jesus ein Schiff und segelt in die Gegend von Magadan. Leicht möglich, dass bei der Übersetzung aus dem ursprünglichen aramäischen Text ins Hebräische aus »Magdala« »Magadan« geworden ist.

Die wahrscheinlich unverheiratete Maria – hätte sie einen Ehemann gehabt, wäre sie als »Frau des XY« bezeichnet worden, so ersetzt der Herkunftsort den Familiennamen – aus Magdala trifft den jüdischen Prediger, den sie selbst Rabbi (»mein Meister«) nennt, in diesen biblischen Tagen und ist von ihm und seinem bunten Gefolge fasziniert. Jedenfalls zieht Maria mit dem kleinen

*Maria Magdalena. Die Jüngerin und Vertraute von Jesus verkündet den Aposteln die Auferstehung ihres Herrn. In der Geschichte wird das Bild der Begleiterin des jüdischen Predigers mit anderen Frauengeschichten überblendet. So wird aus Maria eine Sünderin, eine Erleuchtete, gar eine Geliebte. Dabei war sie »die Frau, die vollständig verstanden hatte«.*

Trupp von Männern durchs Land. Sie dürfte nicht die einzige Frau in der Apostelgesellschaft gewesen sein. Lukas überliefert uns zumindest drei Namen: »Die Zwölf begleiteten ihn, außerdem einige Frauen, die er von bösen Geistern und von Krankheiten geheilt hatte: Maria Magdalena, aus der sieben Dämonen ausgefahren waren, Johanna, die Frau des Chuzas, eines Beamten des Herodes, Susanna und viele andere.«

Unterschiedlichste Bibelstellen und vor allem die nicht »offiziell« anerkannten apokryphen Evangelien nennen die Namen von sieben Frauen, die im Gefolge von Jesus ihrem Idol folgen und ihn unterstützen. Im Lukas-Evangelium heilt Jesus die Maria aus Magdala von »bösen Geistern und Krankheiten«. Die bildhaft beschriebenen »sieben Dämonen«, die Marias Körper nach der Segnung durch Jesus entfleuchen, dürften – die Bibel nicht wörtlich genommen – einfach die Schwere einer Erkrankung unterstreichen. In allen anderen Evangelien, die mangels gesicherter Quellen als zeitgeschichtliche Dokumente dienen müssen, findet sich kein Hinweis auf diese (Wunder-)Heilung. Die Frauen waren einfach da, sie folgten dem charismatischen Prediger, kümmerten sich ums Essen und unterstützten die »Jesusbewegung« nach Möglichkeit, dafür werden sie in der männlichen Überlieferung der Ereignisse gerne vergessen.

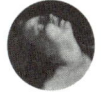

Aber diese Maria aus der Stadt Magdala genießt schon in den vier Evangelien eine Sonderstellung. Ihr Name wird immer an erster Stelle genannt. In den Mittelpunkt der Erzählungen rückt Magdalena nach der Kreuzigung von Jesus vor dem Pessachfest in Jerusalem. Sie und die anderen Frauen beobachten aus gebührender Entfernung die brutale Hinrichtung des Predigers, den die jüdische Obrigkeit bei der römischen Besatzungsmacht angeschwärzt hat. Es gilt, die Leichen noch am Freitagabend vor Sonnenuntergang, also vor Beginn des Sabbats, wenn auch nur provisorisch, zu bestatten. So will es das religiöse Gebot der Juden. So geschieht es.

Der Leichnam Jesu wird vom Kreuz genommen, in ein Tuch gewickelt und in eine Höhle gelegt. Notdürftig wird ein Stein vors

Grab gerollt. Zwei römische Legionäre müssen Wache schieben. Petrus und die anderen Jünger finden in Jerusalem Unterschlupf in Wohnungen von Sympathisanten. Sie haben Angst, womöglich droht ihnen ein ähnliches Schicksal wie ihrem Meister. Sie begehen den Sabbat in bedrückter Stimmung. Der Hinrichtung am Golgatha-Felsen sind sie sicherheitshalber ferngeblieben, nur die Frauen bleiben bei Jesus – bis ans Ende. Ihre Namen sind als Zeuginnen wichtig. Drei von vier Evangelien nennen sie. Nur Lukas liefert drei Jahrzehnte nach dem Tod Jesu eine alternative Version des welthistorischen Ereignisses in seinem Evangelium. Er überlässt Maria Magdalena nicht die alleinige Zeugenschaft des Todes und später der Auferstehung Christi: »Es waren aber Maria Magdalena und Johanna und Maria, die Mutter des Jakobus, die dies den Aposteln sagten, sie und die übrigen mit ihnen.« Nach Johannes ist Maria aus Magdala die Erste, die eine Begegnung mit dem auferstandenen Jesus erlebt: Nachdem Petrus und der Lieblingsjünger von der Szene abgetreten sind, befindet sich Maria aus Magdala wieder allein am Grab. Sie sieht zwei Erscheinungen, die sie fragen, warum sie weine. Im Anschluss an Marias Antwort verkündigen aber nun nicht die Engel die Auferstehungsbotschaft, Jesus tritt selbst auf; sie hält ihn für den Gärtner. Die junge Frau erkennt Jesus erst, als er sie bei ihrem Namen ruft, und antwortet ihm mit »Rabbuni!« (»mein Rabbi!«). Der nächste Satz des Jesus wird zumeist mit »Rühre mich nicht an!« oder lateinisch »Noli me tangere!« übersetzt. Da Jesus wohl Aramäisch, aber mit Sicherheit weder Griechisch noch Lateinisch gesprochen hat, sind solche überlieferten Sätze beliebig zu deuten. In der knapp 2000 Jahre alten Rezeptionsgeschichte der biblischen Texte, die Jahrzehnte nach den Ereignissen auf Golgotha niedergeschrieben wurden, gibt es manche Wandlung und Umdeutung. Der von Maria Magdalena als »Gärtner« verkannte Jesus mag wohl gesagt haben: »Halte mich nicht fest!«, oder anders: »Lass mich gehen.«

Es muss eine kurze Erscheinung gewesen sein. Denn als Simon Petrus und Johannes, der Jünger, den Jesus liebte, aus dem leeren Grab kommen, da ist der Auferstandene schon nicht mehr sichtbar. Maria aus Magdala jedenfalls übernimmt die Führungsrolle. Sie geht zu den verunsichert wartenden Aposteln zurück und verkündet: »Ich habe den Kyrios gesehen.« Die jetzt führungslosen Anhänger des Predigers haben sich in ein »Obergemach«, also in einen luftigen Raum mit Fenstern im Obergeschoß eines Hauses, zurückgezogen. Es ist wahrscheinlich das gleiche Haus, derselbe Raum, in dem die Jünger das »letzte Abendmahl« gemeinsam eingenommen haben. In den bildlichen Darstellungen, die Jahrhunderte später gemalt werden, fehlen die Frauen. Leonardo da Vinci, immerhin, gibt Johannes, dem Lieblingsjünger an Jesu Seite, ein weibliches Antlitz. Als einen der wenigen Apostel malt ihn Leonardo bartlos mit langem, wallendem Haar. Es soll Johannes, es könnte aber auch Maria Magdalena sein.

Wer war nun diese Verkünderin und Zeugin der Auferstehung, der zentralen Botschaft der sich entwickelnden christlichen Religion? Wir wissen es nicht. Eine Sünderin? Eine Prostituierte? Ihre Person wird im Laufe der christlichen Geschichte zu einer Kunstfigur. Die Formung der »biblischen« Figur passiert Jahrhunderte nach Jesu Tod, der wahrscheinlich um das Jahr 30 hingerichtet wird. Die katholische Bibelwissenschaft hat sich auf den 7. April des Jahres 30, einen Freitag vor Beginn des jüdischen Pessach-Festes, geeinigt. Die historische Person Jesus dürfte jedenfalls zwischen dem Jahr 30 und 33 getötet worden und zu diesem Zeitpunkt fast 40 Jahre alt gewesen sein.

Über Maria Magdalena weiß man nach ihrer Zeugenschaft für die Auferstehung nichts. Die Sünderin wird sie erst Jahrhunderte später. Denn die »Sünderin« des Neuen Testaments, der von Jesus verziehen wird, ist namenlos. Diese Frau lädt sich selbst ins Haus des Pharisäers Simon ein und bringt als Gastgeschenk ein Alabastergefäß mit wohlriechendem Öl mit. Sie hat von Jesus gehört und will ihn kennenlernen. Sie setzt sich zu seinen Füßen und weint so sehr, dass ihre Tränen »seine Füße benetzen«. Diese trocknet sie mit den Haaren ihres Hauptes, küsst sie und salbt sie mit dem mitgebrachten Öl. Die Proteste des Simon, dem der ungebetene Gast als »Sünderin«, was immer das auch sein mag, nicht als die würdige Tischbegleitung gilt, entkräftet Jesus mit einem spontanen Gleichnis und einer Rüge für den Gastgeber. »Siehst du diese Frau? Als ich in dein Haus kam, hast du mir kein Wasser für die Füße gegeben; sie aber hat meine Füße mit ihren Tränen benetzt und sie mit ihren Haaren abgetrocknet. Du hast mir keinen Kuss gegeben; sie aber hat, seit ich hier bin, unaufhörlich meine Füße geküsst. Du hast mir nicht das Haupt mit Öl gesalbt; sie aber hat mit Balsam meine Füße gesalbt. Deshalb sage ich dir: Ihr sind ihre vielen Sünden vergeben, weil sie mir so viel Liebe gezeigt hat.«

Nirgendwo in den vier »offiziellen« Evangelien steht, dass diese reuige Frau mit Maria Magdalena ident ist. In der jahrhundertelangen Überlieferungszeit werden unterschiedliche Frauenschicksale auf Maria Magdalena projiziert. Die von der Kunst willig aufgenommene und damit vorherrschende Darstellung der Maria aus Magdala etablierte sich erst Hunderte Jahre später, verbreitet vor allem durch den ersten Mönchspapst Gregor I., der die Kirche um das Jahr 600 durch die turbulente Übergangsperiode zwischen der verblassenden Antike und dem frühen Mittelalter führte. Gregor predigt über Maria Magdalena und erfindet das Bild der reuigen Sünderin.

Damit ist es nur ein kleiner Gedankensprung, und die »Sünderin«, die junge Frau aus Magdala, wird von der Gefährtin Jesu zur Geliebten. Bestsellerautor Dan Brown stilisiert einen nur bruchstückhaft überlieferten Satz aus dem – nicht kirchenamtlichen – Evangelium des Philippus als Beleg. Darin wird berichtet, Jesus habe seine Gefährtin Maria von Magdala »oft auf ihren Mund geküsst«. Leider ist gerade der Begriff »Mund« eine Textergänzung der Wissenschaft im 20. Jahrhundert. In den erhaltenen Textbruchstücken fehlen wichtige Worte. Das Wort »Kuss« in einer aus dem Griechischen ins Koptische übersetzten Schrift aus dem 3. Jahrhundert und das, was wir heute gemeiniglich mit einem »Kuss« verbinden, muss, kann oder wird aufgrund der doch ganz unterschiedlichen gesellschaftlichen Traditionen zwischen dem Leben frühchristlicher Gemeinden im Hellenismus und heute nicht dieselbe gesellschaftliche Bedeutung haben.

Ein wenig aussagekräftiger ist das Thomas-Evangelium, das ebenfalls zu den apokryphen Schriften zählt. Diese Sammlung von 114 Sprüchen wurde im Weltkriegsjahr 1945 ein paar Kilometer vom ägyptischen Dorf Nag Hammadi am Oberlauf des Nils entfernt in einem Erdloch von lokalen Bauern ausgegraben. In einem roten Tonkrug waren 13 in Leder gebundene Codices verschlossen, darunter auch das sogenannte Thomas-Evangelium. An diesem historischen Fund waren die Bauern aus Nag Hammadi anfangs nur mäßig interessiert, sie hatten auf Gold gehofft und sich vor bösen Geistern im Krug gefürchtet. Einer der Bauern, ein gewisser Muhammed Ali, nahm die alten Schriften mit in sein Dorf al-Qasr. Dort lagerte er sie in die Nähe des Ofens, was wiederum Alis Mutter ganz praktisch fand, weil sie damit trockenes Papyrus zum Unterzünden des Herdfeuers hatte. So verheizte sie den größten Teil des Codex XII und einige weitere lose Blätter. Gott sei Dank brachte Muhammed den verbliebenen Rest des Altpapyrus zu einem koptischen Priester, dessen Bruder wiederum den möglichen Wert erkannte und die Lederbände nach Kairo transportierte. Für 300 Pfund kaufte sie der ägyptische Staat. So blieben das ab dem 2. Jahrhundert verfasste Thomas-Evangelium, das Petrus-Evangelium, das Judas-Evangelium, das Evangelium der Wahrheit und das Philippus-Evangelium erhalten.

Und die Rolle der Männer? Die wichtigste Frau im Umfeld von Jesus, die ihn über Jahre begleitet, die in den Evangelien die Auferstehung des Gekreuzigten bezeugt und damit die zentrale Glaubensbotschaft des Christentums überhaupt erst möglich macht, diese Frau aus Magdala wird von der männlichen Geschichtsschreibung über mehrere Jahrhunderte zur »Sünderin« und »Büßerin« stilisiert. Die Mythen machen aus zumindest drei Frauengestalten des Neuen Testaments eine Maria Magdalena.

Der Bedeutung von Maria aus Magdala entspricht so ein konstruiertes Bild nicht. Der jüdische Sektenführer Jesus, der in Galiläa predigt, schart Männer und wahrscheinlich auch viele Frauen um sich. Er behandelt sie mit Respekt. Sie wird seine Gefährtin, wie andere Frauen auch. Maria Magdalena wird im Neuen Testament ein gutes Dutzend Mal erwähnt, öfter als die meisten Jünger. Die männlichen Begleiter reagieren mit Eifersucht, sie wollen das angeblich nur ihr Anvertraute erfahren. In dem apokryphen »Evangelium nach Maria« kommt es sogar zur Konfrontation zwischen dem männlichen »Apostel-Anführer« Simon Petrus und ihr, als Sprecherin der Frauen. Petrus greift sie, unterstützt von seinem Bruder Andreas, an. »Schwester, wir wissen, dass der Erlöser dich mehr liebte als die übrigen Frauen. Sage uns die Worte des Erlösers, die du erinnerst, die du kennst, nicht wir, und die wir auch nicht gehört haben.« Er muss sich aber im intellektuellen Duell mit Maria Magdalena geschlagen geben – auch weil andere Apostel Petrus »einbremsen«, ihn zur Mäßigung zwingen. Der Apostel Levi geht in Konfrontation zu Petrus: »Wenn aber der Erlöser sie würdig gemacht hat, wer bist denn du selbst, sie zu verwerfen? Sicherlich kennt der Erlöser sie genau. Deswegen hat er sie mehr als uns geliebt.« In diesen Texten spiegeln sich Auseinandersetzungen und Diskussionen der kleinen christlichen Gemeinden im 2. Jahrhundert wider. Maria Magdalena ist in manchen Texten Gesprächspartnerin von Jesus. Er erhöht sie als »Frau, die vollständig verstanden hatte«.

# Boudicca

.....................................

*»Sofern wir Menschen, die in warmen Wassern baden,
als Männer bezeichnen dürfen«*

Aus dem nebelumwaberten Dunkel der britischen Vergangenheit schimmert ein Bild ins Heute. Auf einem Streitwagen
steht eine große Frau mit langen, leuchtend roten Haaren. Wir
gehen nicht fehl, wenn wir uns einen Windstoß vorstellen, der ihre
strähnigen Locken beutelt. Ihr buntes langes Gewand verhüllt
eine kräftige Figur. Um den Hals trägt sie eine schimmernde goldene Kette, das Symbol ihres Ranges. Sie stützt sich auf ein kelti-
sches Langschwert, das in Hibernia (Irland) geschmiedet worden
ist, und spricht mit rauer Stimme zu den Anführern der Krieger,
die sich an diesem Tag zur Entscheidungsschlacht versammelt
haben.

Boudicca, Königin des Stammes der Icener, der im heutigen
East Anglia (Norfolk und Suffolk) beheimatet ist, erinnert an die
Schmach, die die Römer ihr selbst und ihren beiden Töchtern
zugefügt haben. Boudicca spricht von Ehre und von Rache an den
fremden Invasoren. Ihre Ansprache ist eine einzige Schmähung
des Kaisers in Rom, eine Verhöhnung der aus ihrer Sicht verderb-
ten römischen Gesellschaft, einer verweichlichten Kultur. Ihre
Soldaten stellt sie vor die Wahl: Freiheit oder Sklaverei. Für sich
sieht sie nur eine Alternative: Sieg oder Tod. Zur Sklavin sei sie
nicht geboren. Und außerdem, die römischen Soldaten könnten
»Hunger und Durst, Kälte und Hitze nicht so ertragen wie wir;
vielmehr brauchen sie Schatten und Obdach, geknetetes Brot,
Wein und Olivenöl, und wenn eines davon fehlt, sind sie des
Todes.«

Die Rede, die Tacitus der Königin zuschreibt, hat mehr mit
römischer Politik als mit historischer Wahrheit zu tun. Der Politiker übt aus dem Mund der »Barbarin« Boudicca Kritik an den

*Boudicca. Eine vergessene keltische Königin wird zum Symbol des Widerstands gegen die römischen Besatzer. Ihre Siege gegen die Legionen des Kaisers werden im 19. Jahrhundert heroisiert, aber sie sind letztlich bedeutungslos geblieben.*

gesellschaftlichen Zuständen im »alten Rom«, das für Tacitus verderbt ist. Tacitus lässt Boudicca lästern: »Sofern wir Menschen, die in warmen Wassern baden, die künstlich zubereitete Leckerbissen verspeisen und ungemischten Wein trinken, als Männer bezeichnen dürfen, Menschen, die sich mit Myrrhen einsalben und auf weichen Polstern mit Knaben liegen und als Sklaven einem schlechten Leierspieler dienen.«

Mit dem Hinweis auf einen »Leierspieler« macht sich der römische Geschichtsschreiber posthum über Kaiser Nero lustig, dessen historisches Andenken in der Zeit der Nachfolger mit kräftigen (Ab-)Strichen zur Karikatur verkommt. Kaiser Nero Claudius Caesar, mit dem Beinamen Germanicus, soll ja den – angeblich von ihm gelegten – Brand Roms vom Turm des Maecenas aus beobachtet und mit Versen zum Fall Trojas zur von ihm gespielten Leier begleitet haben. So wird Nero von der Nachwelt dargestellt, eine lächerliche Karikatur eines grausamen Herrschers.

Alles nicht wahr. Bei allen Eigenarten des knollennasigen Kaisers, der sich mehr als Künstler denn als Staatsmann sah – zu der Zeit, als der verheerende Brand ausbricht, weilt Nero eine Tagesreise entfernt in seiner Sommerresidenz. Er eilt ins brennende Rom, öffnet seine Häuser für die Obdachlosen und senkt den Getreidepreis. Seinem Nachruf wird das nichts nützen. Geschichtsschreiber Tacitus macht Geschichte, auch über den Umweg einer keltischen Königin. Nachdem Boudicca auf ihrem Streitwagen, dekorativ von ihren geschändeten Töchtern flankiert, von Clan zu Clan gefahren ist und die Männer mit Hohn und Spott über den schwulen Kaiser Nero kampfeslustig gestimmt hat, gibt sie ihren Clan-Führern den Befehl zum Angriff.

Die Vorzeichen stehen gut. Ein von der Königin unter ihrem Wallegewand verborgener Hase wird freigelassen und läuft just in die von Druiden als günstig bezeichnete Richtung. Boudicca hätte sich besser nicht auf den Nager verlassen sollen. Es wird ihre letzte Schlacht, ihr letzter Tag. Der Hase hat geirrt.

Die Niederlage der zahlenmäßig weit überlegenen keltischen Krieger gegen gut organisierte vier Legionen beendet den Aufstand gegen die Besatzungsmacht. Königin Boudicca wird nicht in der Schlacht getötet, sie kann fliehen, stirbt aber. Die Vermutung, dass sie sich selbst opfert, opfern muss, liegt nahe. In die Hände der Feinde will sie nicht fallen.

Die wahre Geschichte der keltischen Königin, die es mit Rom aufnahm, über Monate die Besatzer der britischen Insel in Furcht und Schrecken versetzte und ihre Stammeskrieger gegen römische Legionen in eine Schlacht führte, wird »always remain in the grey shadow of history«. Denn die zwei historischen Berichte über den Aufstand der keltischen Königin gegen das Römische Imperium wurden von ihren Gegnern verfasst. Der Politiker und Historienschreiber Publius Cornelius Tacitus hat immerhin einen privaten Zugang zu einem Zeitzeugen. Sein Schwiegervater Gnarus Julius Agricola diente zur Zeit des Aufstandes in einer der römischen Legionen in der Provinz, er übernahm später das Kommando der XX. Legion und den Oberbefehl in der Provinz Britannien.

Eine andere Version der Geschichte wird in der *Historia Romana* des Lucius Cassius Dio Cocceianus 150 Jahre nach den Ereignissen in der englischen Provinz verfasst. Bei aller Unschärfe der römischen Zeitgeschichte-Erzählung, die sich weniger an der historischen Wahrheit denn an der propagandistischen Wirkung für den römischen Hausgebrauch orientiert, ist der Aufstand zweier mächtiger keltischer Stämme gegen die Römer historisch belegt. Archäologen können die Brandspuren in den Erdschichten der von Boudiccas Heerscharen abgefackelten Siedlungen, etwa dem heutigen Colchester (Camulodunum), analysieren und ziemlich exakt auf die Jahre 60/61 nach Christus datieren. Auch Ausgrabungen in London und St. Albans (Verulamium) liefern Beweise für größere Brände in der Zeit. Alles, was von Boudicca blieb, ist Asche.

Seit Monaten schon hat Boudicca, die Witwe des Königs der Icener Prasutagus, mit ihren keltischen Kriegern die von den römischen Besatzern gegründeten südenglischen Städte überrannt, die Häuser geplündert, ihre Bewohner erschlagen und Feuer gelegt. In der jungen römischen Provinz Britannien kommt der Warenverkehr zum Erliegen, das damals schon wohlhabende Londinium wird buchstäblich dem Erdboden gleichgemacht. Heute, fast 2000 Jahre später, identifizieren Archäologen anhand einer Brandschicht unter der Erde den Zeitpunkt der Zerstörung des römischen Londons. Rund 70 000 Menschen fallen dem Rachefeldzug der zwei keltischen Stämme Icener und Trinovanten zum Opfer. Im fernen Rom nimmt die Nobilitas unter Kaiser Nero von den Unruhen im fernen Britannien nur beiläufig Notiz. An den Rändern dieses Weltreichs müssen immer wieder römische Legionäre aufständische Stammesfürsten bekriegen. Die raue Gegend auf der britischen Insel spielt im römischen Machtkalkül nur eine Nebenrolle. Immerhin schafft es der Aufstand der Kelten-Königin in die Annalen Roms. Eine Zeit lang war sogar befürchtet worden, die Provinz im Westen könnte wieder verloren gehen.

Schon der große Julius Cäsar hatte ja seinerzeit nach seinem Gallien-Feldzug zwei Legionen, darunter seine getreue X. Legion, im Spätsommer des Jahres 55 vor Christus über den Ärmelkanal verschifft, um die wilden Stämme der Insel zu unterjochen. Gerüchte über reiche Gold- und Silbervorkommen beflügelten das Interesse des Feldherrn. Die dort ansässigen Britonen empfingen Cäsar eher unfreundlich. Nur mühsam konnte sich der spätere Diktator ans Land kämpfen und dort festsetzen. Die ständigen Kämpfe mit den störrischen Briten, die keine Neigung zeigten, irgendeinem fernen Kaiser in Rom Tribut zu zahlen, überforderten Cäsars Legionen. Die fehlende Willkommenskultur der Einheimischen, raue Winde, hohe Wellen und ausbleibender Nachschub veranlassten Cäsar, nach ein paar Wochen wieder nach Gallien zurückzusegeln. Das militärische Abenteuer hatte zwar einige Siege über schlecht organisierte und intern zerstrittene Stammeskrieger in kleineren Scharmützeln gebracht, aber sonst wenig. Im fernen Rom ließ sich das insulare Abenteuer aber dennoch mächtig in Szene setzen. Der Senat bewilligte Cäsar ein 20-tägiges Dankesfest, das zur innenpolitischen Popularitätssteigerung des Kriegshelden beitragen konnte.

Noch ein zweites Mal, ein Jahr später, versuchte Cäsar, diesmal mit vier Legionen, die Insel zu unterwerfen, aber auch dieses

Unternehmen blieb nicht nachhaltig. Es sollte gut 100 Jahre dauern, ehe Britannien tatsächlich unter Kaiser Claudius zur römischen Provinz wurde, wirklich friedlich wurde es nie. Das bewährte römische System, lokale Stämme mit Gewalt und/oder finanziellen Zuwendungen als Verbündete gegen andere noch aufsässige Stämme zu gewinnen, funktionierte auch auf der Insel.

Der König des mächtigen keltischen Stamms der Icener schloss mit den Invasoren einen Vertrag, der die kulturelle Unabhängigkeit seines Volkes und ihm die Macht sichern sollte. Mit der römischen Lebensart konnten sich die Kelten nicht anfreunden. Warme Bäder, opulente Festmahle und Männer, die sich wie Frauen kleideten, waren nicht nach dem Geschmack der Männer und Frauen des britischen Nordens. Der ehrgeizige Statthalter Publius Ostorius Scapula provozierte durch den Bau von römischen Militärlagern im Gebiet der Icener einen Aufstand, der durch andere mit Rom verbündete Stämme niedergeworfen werden konnte. Ein neuer Stammeskönig mit dem schönen Namen Prasutagus wurde zum Vasallen Roms, seine Ehefrau Boudicca regierte an seiner Seite und übernahm nach dem Tod ihres Gemahls um das Jahr 60 nach Christus die Führung des Stammes. Die Existenz des Königs ist immerhin durch Münzfunde belegt. Die Rolle seiner Gattin durch römische Schriftquellen. Prasutagus hat sich während der Eroberung Britanniens durch Kaiser Claudius friedlich unterworfen und so seinen Status als König mit der Zustimmung Roms bewahrt.

Warum Boudicca und ihr Stamm zum Aufstand gegen die Römer gedrängt werden, bleibt im Nebel der Geschichte verschwommen. Es gibt immerhin eine Version, die eine gewisse Wahrscheinlichkeit hat. Prasutagus versuchte, in seinem Testament der Familie den Thron zu erhalten, und setzte seine beiden Töchter als Erbinnen und schlauerweise Roms Kaiser Nero als Miterben ein. Ein Drittel des Besitzes sollte also an die Römer gehen, womöglich als Rückzahlung bedeutender Unterstützungen Roms für die Treue des Vasallenkönigs. Der Plan scheiterte. Eine weibliche Erbfolge passte einfach nicht ins römische Weltbild, und das Drittel Erbe für Kaiser Nero schien zu gering, wenn man sich doch mit Gewalt alles holen konnte. Die umfangreichen Besitztümer des verstorbenen Königs Prasutagus wurden beschlagnahmt. Der letzte Wille des Vasallenkönigs landete im Staub East Anglias. Römische Legionärssandalen trampelten drüber hinweg. Die ehrwürdigen Mitglieder der aristokratischen Oberschicht des stolzen Stammes wurden wie Sklaven behandelt. Boudicca dürfte auch die Rückzahlung der römischen Kredite für nachrangig gehalten haben. Bei den Sesterzen verstanden die Römer aber keinen Spaß. Die Witwe von König Prasutagus wird öffentlich ausgepeitscht, ihre beiden jungfräulichen Töchter geschändet, also von Legionären vergewaltigt. Ein Frevel. Diese Form der Bestrafung mag zeit- und lokaltypisch gewesen sein, dem Ethos einer Kulturnation entsprechen die Taten der Veteranen nicht. In der Schilderung der britischen Ereignisse durch den Historiker und Politiker Dio bleiben diese unrühmlichen Vorfälle schamvoll unerwähnt.

Eine Frau, eine keltische Königin gar, kann die erlittene Schmach nicht erdulden. Boudicca wird zur Feindin Roms. Es gelingt ihr, den benachbarten Stamm der Trinobantianer zum Aufstand gegen die Besatzer aufzuwiegeln. Unter ihrer Führung zieht eine staatliche Streitmacht der Britonen gen Süden ins Herzland der Provinz. Sie wollen an den dort angesiedelten römischen Veteranen, die für ihre Militärdienstzeit mit bäuerlichem Grund und Boden entlohnt werden, Rache üben.

Als Erstes erreichen die Aufständischen Camulodunum (das heutige Colchester), eine römische Kolonie entlassener römischer Soldaten. Sie haben mit dem Geld der unterjochten Trinobantianer ein Heiligtum für Kaiser Claudius erbaut. Die Kelten empfinden das als Provokation ihrer Götter. Der Tempel zur Vergöttlichung des römischen Kaisers wird zum Symbol für die Versklavung der Stämme.

Camulodunum wird überrannt und bis auf die Grundmauern niedergebrannt, alle römischen Einwohner sterben. Zwei Tage lang kann sich eine kleine Truppe noch im Tempel verschanzen, ehe auch er fällt. Die Figur des Kaisers Claudius stürzt. Boudiccas

Truppen ziehen weiter nach Londinium (London) und Verulamium (St. Albans). Der Erfolg der keltischen Königin spricht sich
auf der Insel herum. Ihr Heer erhält Zulauf von anderen Stämmen.
Bis zu 100 000 Kämpfer wagen den Aufstand gegen das allmächti-
ge Rom. In Londinium bricht Panik aus, die Stadt wird evakuiert.
Boudicca und ihre Truppen verwüsten auch den erst vor wenigen
Jahren gegründeten Handelsposten an der Themse und ziehen
weiter gegen Westen.

Roms Provinzstatthalter Suetonius Paulinus ist gerade anderweitig beschäftigt. Seine Legionen versuchen, Aufstände wali-
scher Stämme im Westen der Insel zu bekämpfen. Nur mit Mühe
kann er Soldaten gegen Boudiccas Kämpfer aufbringen. Die
Legio IX Hispana, einer der ältesten Truppenteile des Römischen
Weltreichs, scheitert mit einem Gegenschlag und wird von der
Übermacht der Kelten schwer geschlagen, aber nicht vernichtet.

Die Stämme marschieren weiter gegen Westen. Schon fürchtet
Suetonius Paulinus den Verlust Britanniens. Seiner Karriere in
Rom wäre eine peinliche Niederlage nicht gerade förderlich. Kaiser
Nero erwägt gar, die widerspenstige Provinz aufzugeben.

Bei Wroxeter, einem heute unbedeutenden Dorf in der Graf-
schaft Shropshire, befindet sich damals die viertgrößte Stadt der
römischen Provinz. Viroconium Cornoviorum markiert einen
Endpunkt der römischen Hauptverkehrsachse, die einst von Dover
quer durch Mittelengland bis nach Wales führte. Es ist ein strategisch bedeutsamer Ort. Dort kommt es anno 61 zur Schlacht.

Die kriegerische Königswitwe kommandiert ein für damalige
Verhältnisse stattliches Heer. Zwischen 150 000 und 200 000 Kelten sollen sich versammelt haben. Die Zahlen sind freilich mit großer Skepsis zu behandeln. Denn die Krieger zogen mit der ganzen
Familie in die Schlacht. Jedenfalls waren die beiden Stämme den
vier römischen Legionen, darunter die Legio II Augusta und die
Legio II Hispana, mit ihren knapp 13 000 Mann zahlenmäßig weit
überlegen. Die professionelle Kriegsmaschinerie der Römer versteht jedoch ihr Handwerk. Suetonius Paulinus positioniert die
Legionen so, dass er einen dichten Wald im Rücken hat. Er fürch-

tet einen Hinterhalt. Vor den Römern liegt ein freies Feld, begrenzt durch eine Schlucht. Das engt den Operationsraum für die keltischen Massen ein. Über den Verlauf der Schlacht ist wenig bekannt. Sie endet nach mehreren Stunden mit einer vernichtenden Niederlage der Kelten, die für ungestümes Vorrücken, weniger aber für strategische Schlachtenführung bekannt sind. Die Römer metzeln die Angreifer blutig nieder, die ihr Heil nur noch in heilloser Flucht suchen können. Angeblich sterben nur 400 Römer, aber Zehntausende Kelten.

Römische Kriegsberichte, auch wenn sie von Tacitus Jahrzehnte später auf Pergament geschrieben werden, sind selten akkurat. Tatsächlich dürften rund 4000 römische Soldaten am Schlachtfeld bleiben, so viele Legionäre beordert Nero aus den germanischen Provinzen zur Stärkung der Legionen über den Kanal.

Am Sieg in der Schlacht besteht freilich kein Zweifel. Mehr keltische Opfer als die Kampfhandlungen selbst fordert die Hungersnot nach dem Aufstand. Da praktisch der gesamte Stamm brennend, mordend und plündernd durch Südengland gezogen ist, bleiben die heimatlichen Felder in East Anglia unbeackert. Ohne Aussaat keine Ernte. Es wird anderthalb Jahrzehnte bitterste Not bedeuten, ehe die römische Militärherrschaft über die Reste des geschlagenen Stammes wieder durch eine eigene Verwaltung abgelöst wird.

Königin Boudicca verschwindet im historischen Nebel, gelegentlich taucht sie im Mittelalter als sagenumwobene Figur wieder auf, nur um gleich wieder ins Mystische zurückzutreten. Die kriegerische Königswitwe wird erst im Zeitalter von Queen Victoria wieder in der englischen Geschichte etabliert. Der Name Boudicca lässt sich irgendwie vom keltischen Wort »Sieg« ableiten. Für Königin Victoria wird die Keltenkönigin damit zur Namensverwandten. Die Verehrung der längst vergessenen Königin gipfelt in einer mächtigen Statuengruppe, die Prinz Albert beim Bildhauer Thomas Thornycroft beauftragt. Die streitbare Dame thront seit 1907 auf einem Wagen mit ihren Töchtern und kontrolliert heute die Westminster Bridge beim Parlamentsgebäude. So huldigt ausgerechnet jene Stadt der Frau, die sie einst verwüstete.

*Mathilde von Quedlinburg. Eine fromme Frau regiert als Stellvertreterin des Königs das römisch-deutsche Reich. Streitende Fürsten müssen ihre Autorität anerkennen.*

# Mathilde von Quedlinburg

*»Ein Edelstein aus dem Stamm des Königshauses«*

Markgraf Ekkehard I. von Meißen ist ein mächtiger Mann. Der Herzog von Thüringen hat eine Tochter. Liutgard. Sie ist ein Kind, vielleicht sechs, vielleicht acht Jahre alt. Ekkehard gehört zu den einflussreichen Fürsten im Umfeld von König Otto III. Er ist ein Heerführer, der blumig »Zierde des Reichs« genannt wird. Graf Lothar von Walbeck wiederum herrscht über die Nordmark. Er ist vielleicht nicht ganz so reich und so einflussreich wie Ekkehard, aber das soll sich eben ändern. Sein erstgeborener Sohn heißt Werner. Er ist vermutlich fünf Jahre älter als Liutgard, sie ein Kind, er ein Jüngling.

Der Markgraf und der Graf verhandeln über die Zukunft ihrer Kinder. Das ist in der Zeit und in diesen Kreisen so üblich. Heiraten hat mit Liebe gar nichts, mit Machterwerb alles zu tun. Eine Ehe besiegelt mit dem Segen der Kirche ein Bündnis, mehr nicht. Ums Jahr 997 geben die beiden angesehenen Familien offiziell die Verlobung von Liutgard und Werner bekannt. Damit hofft Lothar, die Ranggleichheit der Familie Walbeck gegenüber dem Markgrafen Ekkehard zu besiegeln. Die Verlobung wird feierlich verkündet, als fester und unlösbarer Pakt.

Liutgard wäre eine mehr als standesgemäße Braut für den Grafen der Nordmark. Doch der Brautvater überlegt es sich noch einmal. Vielleicht hat er ein lukrativeres Angebot für seine Tochter bekommen, vielleicht zweifelt er am aufbrausenden Charakter des Nordmärkers. Ekkehard I. ist ein enger Vertrauter und Weggefährte von Otto III. Die Vermutung liegt nahe, er hätte seine Tochter gern als Kaiserin gesehen. Vermutung ja, aber der Kaiser wandelt in dieser Zeit auf Freiersfüßen. Statt die Kinderbraut in die Obhut der Familie des Bräutigams zu übergeben, bringt Ekkehard die kleine Liutgard ins noble Damenstift nach Quedlinburg. Die dortige Äbtissin Mathilde soll auf die Herzogstochter aufpassen, sie erziehen und vor allem vor der Ehe mit Werner bewahren. Ekkehard will seine Tochter für einen höheren Herrn aufsparen. Das ist ein glatter Rechtsbruch.

Das gebrochene Heiratsversprechen erzürnt Graf Lothar, er muss das Verhalten des Doch-nicht-Schwiegervaters Ekkehard als Demütigung seiner Familie werten, eine Schande. So gehen Grafen und Herzöge im Mittelalter nicht miteinander um. Der halbwüchsige Sohn Werner besteigt sein Streitross und reitet mit einigen Rittern nach Quedlinburg. Die aufgebrachten Herren stürmen das wehrlose Damenstift und rauben die kleine Liutgard. Diese dreiste Aktion wird von Äbtissin Mathilde als Affront betrachtet. Immerhin ist Mathilde nicht nur eine fromme Ordensfrau. Sie ist seit dem Jahr 997 offizielle Stellvertreterin des deutschen Königs Otto III., der sich in Italien mit diversen Feinden herumbalgen muss. Und da der König Jahre fern der deutschen Lande weilt, regiert Mathilde das Reich.

Die Entführung einer ihrer Schutzbefohlenen ist ein direkter Angriff auf die Autorität des Königs und kann so nicht hingenommen werden. Die Tochter von Kaiser Otto dem Großen und Adelheid von Burgund hat schon mit zarten elf Jahren die Führung des reichen Damenstifts übernommen. Sie wird als Äbtissin direkte Nachfolgerin ihrer ebenso tüchtigen wie bestimmten und (was die Unterscheidung schwierig macht) gleichnamigen Großmutter. Die steile Karriere der hochadeligen Jungfrau ist in diesen mittelalterlichen Zeiten nichts Aufsehenerregendes. Die Umstände ihrer Kür zur Äbtissin schon. Denn Mathilde wird nicht nur von einem Erzbischof, nein, sie wird von allen Erzbischöfen des Reiches geweiht. Damit soll die Unterstützung der kaiserlichen Familie durch den gesamten Klerus öffentlich dokumentiert werden.

In Quedlinburg leben Dutzende wohlhabende Frauen, die in der Sicherheit dicker Mauern darauf warten, passend verheiratet zu werden oder als Witwe unbelästigt im Stift leben dürfen. Viele dieser Frauen haben in dem dem heiligen Servatius geweihten Stift eine eigene Dienerschaft, müssen weder Keuschheit noch

Armut geloben. Die Damen werden Sanktimonialen genannt und verfügen über persönlichen Besitz. Die Stifte sind eben keine Klöster mit Klausur. Die vornehmen Frauen dürfen selbstverständlich das Stift verlassen und reisen. Wobei Reisen um die Jahrtausendwende ohnehin nicht das reine Vergnügen, sondern ein mühsames und gefährliches Abenteuer sind. Die Stellung der Stifte ist durch ihre Immunität gegenüber der Macht- und Gerichtsbarkeit von Herzögen, Grafen oder Bischöfen massiv gestärkt. Sie sind auch wirtschaftlich privilegiert, weil sie das Zoll-, Münz- und Marktrecht haben.

Quedlinburg besitzt viele Ländereien im Harzvorland, unter anderem in Ditfurt, Duderstadt oder Nienburg an der Saale. Es ist ein reiches Land. Die fruchtbaren Schwarzerde-Böden ermöglichen den Bauern zwei Ernten pro Jahr. Die Güter des Stiftes Quedlinburg gelten als die Kornkammer des Reiches. Mathilde hat aus dem Damenstift und der Pfalz Quedlinburg innerhalb weniger Jahre eine wohlhabende Stadt gemacht. Das Stift und der mächtige romanische Dom thronen auf einem Felsen oberhalb der Stadt am Rande des Harzes. Quedlinburg wird zur Hauptstadt der Ottonen, zum Mittelpunkt eines Reichs, ein »heiliger« Ort des Kaisergeschlechts, nach damaliger Vorstellung zu einem Zentrum der Welt. Das Stift, der Dom, der Ort haben für die Familie der Ottonen auch eine spirituelle Bedeutung. Sie feiern in Quedlinburg das Osterfest in aller Pracht, in der damaligen christlichen Tradition bedeutender als Weihnachten. Nach der prunkvollen Hochzeit seines Sohnes Otto II. mit der byzantinischen Prinzessin Theophanu zieht Kaiser Otto I. nach Quedlinburg. Der sächsische Chronist Widukind von Corvey überliefert das Ereignis des Jahres 978: »Mit den siegreichen Truppen zog der Kaiser, aus Gallien kommend, nach Germanien, um das nächste Osterfest im berühmten Ort Quedlinburg zu feiern.« Im Stift treffen Delegationen aus der gesamten damaligen Welt ein: Gesandte der Griechen, Beneventer, Ungarn, Bulgaren, Dänen, Slawen, die polnischen Herzöge Mieszko und Bolesław, sogar der Gesandte des Kalifen von Córdoba Ibrāhīm ibn Yaʿqūb müht sich von der Iberischen Halbinsel ins

heutige Thüringen. Es ist ein mittelalterliches Großereignis mit kulturpolitischen Folgen. Eine Frau ist Gastgeberin. Die Gäste bringen kostbare Geschenke, kunstvolle Bücher und damit neues Wissen nach Quedlinburg.

Mathilde wird bereits anno 966 als Nachfolgerin ihrer Groß-mutter und als einzige Tochter von Kaiser Otto, dem Großen, zur Äbtissin geweiht. Im Alter von elf Jahren ist man vor Beginn der ersten Jahrtausendwende kein Kind mehr. Die Karriere der Kai-sertochter und späteren Kaisertante ist vorbestimmt. Von Qued-linburg aus wird sie nicht nur mehr als 30 Jahre lang adelige Damen gottesfürchtig begleiten, sie regiert auch das ganze Reich. Die für die kurzen Lebensspannen des Mittelalters lange Stabilität sichert allein schon Macht und Einfluss. Ihre machtpolitische Bedeutung wird in zeitgenössischen Schriften mit der Bezeich-nung »domina imperialis« hervorgehoben. Und sie dominiert nicht nur im Stift. Mathilde begleitet im Jahr 980 ihren Bruder Otto II. auf seinem Italienzug. Der Sachsen- und Frankenkönig soll den aus Rom vertriebenen Papst Benedikt VII. wieder in seine Rechte einsetzen. Das gelingt mit der militärischen Macht der Panzerreiterei. Mathilde bewährt sich als politische Ratgeberin. In Ravenna feiern König, Familie und Heer zusammen mit dem Papst das Weihnachtsfest. Nach diesem Erfolg ist ein noch größerer Machtanspruch für die ottonische Familie in Reichweite. Mit der byzantinischen Ehegattin Theophanu an seiner Seite nimmt Otto II. den Titel Romanorum Imperator Augustus an. Er will die islamischen Sarazenen aus Süditalien vertreiben und das eigent-lich verlorene byzantinische Gebiet für das Kaiserreich erobern. Doch das Vorhaben scheitert. Otto erleidet mit seinen sächsischen Panzerreitern im Kampf gegen die Sarazenen eine schwere Nie-derlage, er selbst kann sich gerade noch verwundet retten, stirbt aber auf dem Weg Richtung Norden.

Schnell wird sein erst dreijähriger Sohn zum König gekrönt, nur mit großer Mühe kann die Familie ihren Herrschaftsanspruch gegen den rivalisierenden bayerischen Herzog Heinrich retten. Die zeitgenössische Geschichtsschreibung hängt dem Bayern den Beinamen »der Zänker« an: Message Control, schon anno dazumal. Der kleine Otto III. bleibt in der Obhut von Frauen. Während seiner Unmündigkeit verwalten die beiden Kaiserinnen Theophanu, Witwe von Otto II., und Adelheid von Burgund, Witwe von Kaiser Otto dem Großen, das Ostfränkisch-Römische Reich mehr als ein Jahrzehnt lang. Schwester Mathilde gewinnt politisch immer stärkeren Einfluss. Das weibliche Triumvirat harmoniert gut. De jure und de facto bestimmen also erfahrene Frauen das Schicksal des Reiches nördlich der Alpen. Der König darf inzwischen mal spielen.

Die Äbtissin beherbergt Gesandtschaften und leitet Reichstage. Kein Ritter bezweifelt ihre Autorität. Im Jahr 998 ruft Mathilde die wichtigsten Männer des Reichs zu einem Hoftag in die Pfalz Derenburg. Sie leitet die Versammlung als Vertreterin des ottonischen Königs, hört Bitten, besetzt Ämter neu und spricht Recht. Unbestritten. Das 10. Jahrhundert ist eine erstaunlich moderne Zeit, in der starke Frauen und Königinnen Macht besitzen und ausüben. Der sächsische Chronist Widukind von Corvey widmete Äbtissin Mathilde von Quedlinburg seine auf drei Bände angelegte Sachsengeschichte und charakterisiert sie durchaus schmeichlerisch »als strahlendste Herrlichkeit und funkelnder Edelstein«.

Ihr Neffe Otto III. ist zwar Kaiser des Römisch-Deutschen Reichs, aber er verlagert während seiner kurzen Regierungszeit den Schwerpunkt seiner Herrschaft nach Italien, nach Rom. In der verfallenen Tiberstadt muss er sich mit den lokalen Stadtadeligen um die Vorherrschaft in der Kirche zanken und buchstäblich prügeln. Gegen die rebellischen Adelsfamilien setzt er seinen Verwandten Bruno von Kärnten als Papst Gregor V. auf den Stuhl des heiligen Petrus. Bruno aus dem Geschlecht der Salier, ein Urenkel von Kaiser Otto, stammt – vermutlich – aus Stainach-Pürgg im Ennstal (seine Mutter ist Judith von Kärnten), und er ist damit nicht der erste deutsche Papst, sondern irgendwie der einzige »österreichische Papst«. Ist es Zufall, dass gerade in seiner päpstlichen Amtszeit, anno 996, in einer Urkunde das erste Mal der Begriff »Ostarrichi« auftaucht? Natürlich ist es Zufall, aber doch irgendwie auch symbolhaft.

Der Papst aus der Obersteiermark krönt Otto 996, da ist er gerade 16 Jahre alt, zum römischen Kaiser. Der Kirchenmann ist nur ein paar Jahre älter. Im frühen Mittelalter müssen Karrieren im Kindesalter beginnen, der Tod ist immer nahe. Nur vier Jahre amtiert Gregor V. Er wird die Jahrtausendwende nicht erleben. Kaum 27 Jahre alt, stirbt das Oberhaupt der Christenheit.

Frauen, so sie nicht im Kindbett sterben, haben ein längeres Leben, weil sie sich nicht in kriegerische Händel einlassen müssen, die definitionsgemäß für die männlichen Ritter lebensgefährlich sind. Schon als junges Mädchen ist Äbtissin Mathilde fürs Stift, seine Ländereien und ihre Mitschwestern verantwortlich. Im Jahr 999 muss sich die Stellvertreterin des Kaisers um den Brautraub kümmern. Monatelang reiten Boten zwischen den verfeindeten Familien und Quedlinburg hin und her. Dann spricht die Äbtissin ein Machtwort. Werner von Walbeck hat sich auf dem Hoftag zu Magdeburg mit der geraubten (Kinds-)Braut einzufinden, sich dort öffentlich schuldig zu bekennen, widrigenfalls er das Land zu verlassen hat. Ein Ultimatum. Mathilde setzt die Macht des Königs durch und sichert den Rechtsfrieden des Reichs. Sie tut es, weil sie die Autorität dazu hat. Tatsächlich erscheint der junge Ritter und bezeugt der Äbtissin (und damit dem Kaiser) seinen Gehorsam. Das junge Mädchen Liutgard wird wieder ihrer Familie übergeben. Geheiratet wird dennoch. Drei Jahre nach dem Hoftag von Magdeburg kann die Hochzeit nach dem Tode des Brautvaters Herzog Ekkehard stattfinden.

Werner von Walbeck hat seine öffentliche Niederlage am Reichstag nie verwunden. Rache ist freilich kein guter Ratgeber. Er verzettelt sich und sein Vermögen in weitgehend sinn- und erfolglosen Ritterfehden. Zehn Jahre nach der Hochzeit stirbt die umkämpfte Braut. Luitgards Ehemann wird geächtet (er verliert jeden Schutz und seine Vermögensrechte), weil er einen Rivalen ermordet. Er kann seinen Kopf nur durch die Bezahlung vieler Silbermünzen und durch die Preisgabe geerbten Vermögens retten. Noch einmal versucht der von Walbeck eine Sachsenbraut zu rauben. Diesmal ist es die Tochter des Herzogs Hermann Billung,

Reinhilde. Das Unternehmen geht schief. Der rabiate Brautwerber erliegt, kaum 30 Jahre alt, den schweren Verwundungen, die ihm im Kampf um Reinhilde zugefügt werden.

Äbtissin Mathilde ist da schon lange tot. Wenige Wochen nach dem Reichstag von Magdeburg erkrankt die 44-Jährige an einem mysteriösen Fieber und stirbt. Kaiser Otto III. weilt in Rom. Er lässt auf die Grabplatte seiner getreuen Stellvertreterin ein Loblied gravieren: »Dem Irdischen, oh Schmerz! Enthoben« Das Jahrbuch des Quedlinburger Stiftes notiert: »Der Tod raubte einen Edelstein aus dem Stamm des Königshauses.« Viel schöner kann ein Nachruf kaum sein.

Und Otto III.? Auch dem kinderlosen Kaiser ist kein langes Leben beschieden. Er stirbt zwei Jahre nach Mathildes Tod. Bei einem Festmahl ist er noch bester Dinge, plötzlich wird dem Kaiser übel, er muss sich übergeben, verliert das Bewusstsein und stirbt, mutmaßlich an einer Pilzvergiftung. War es Mord? Wahrscheinlich, doch an Beweisen fehlt es. Nach gut 1000 Jahren sind die Spuren verwischt.

*Artemisia Gentileschi. Eine junge Frau klagt den Gehilfen ihres Vaters wegen Vergewaltigung vorm päpstlichen Gericht in Rom. Auch unter der Folter bleibt sie standhaft. Die Gerichtsprotokolle belegen ihren Kampf gegen die Erniedrigung der Frauen im barocken Rom. Artemisia wird zur bedeutendsten Malerin der Zeit von Caravaggio – und erst heute neu entdeckt.*

# Artemisia Gentileschi

*»Bevor er noch einmal in mich eindrang, riss ich ihm ein Stück Fleisch aus«*

Artemisia Gentileschi kennt Caravaggio und seine Bilder gut. Wer in Rom am Beginn des 17. Jahrhunderts kennt Michelangelo Merisi da Caravaggio nicht? Das Maler-Genie ist das Stadtgespräch einer Metropole im Bau- und Kunstrausch. Das päpstliche Rom hat sich aus der schweren Krise der Reformation in einen barocken Taumel geflüchtet. Päpste, Kardinäle, die reichen römischen Adelsfamilien wetteifern mit Pracht, Glanz und Gloria.

Die Ideen dieses deutschen Mönchs aus Wittenberg scheinen überwunden, zumindest in Rom sind sie nicht angekommen. Der Katholizismus feiert seinen Triumph in neuen Palästen für jenen Gott, der seinen Sohn in Armut, jedenfalls aber in Bescheidenheit, auf die Welt geschickt hat, um ebendiese zu retten.

Rom zelebriert den Prunk, den Hochmut, die Lust, die Leidenschaft, das Gold, das Laster. Diese Stadt, in der die Trümmer der antiken Größe überall herumstehen, fiebert, taumelt im Rausch künstlerischer Schaffenskraft. Und die kirchlichen Würdenträger wetteifern mit den adeligen Familien in Prunksucht, aber auch Intrige, Wollust, Niedertracht, Gewalt, Korruption und Mord. Die sieben Todsünden. Rom lebt sie alle.

In fanatischen Familienfehden wird mit blankem Säbel oder heimtückisch gezogenem Dolch gekämpft, Giftmischer lösen Eheprobleme. Gedungene Mörder (»bravi« genannt) töten für vergleichsweise wenige »scudi«. Das Leben außerhalb der Paläste ist dreckig, gewalttätig und frömmlerisch. Der Papst ist weltliches und geistliches Oberhaupt dieser Stadt, die aus und auf und mit den Trümmern des römischen Roms Paläste und Kirchen baut.

Hunderte Maler und Kunsthandwerker sind aus vielen Städten des italienischen Stiefels nach Rom gezogen. Sie balgen sich um die Aufträge der Kirchen, der Klöster, der Adelsfamilien. Maler, Bildhauer, Dekorateure haben Hochkonjunktur. Es entwickelt sich eine Hierarchie der Maler, die einander kopieren, hochloben oder geringschätzen. Verleumdungen sind ein Mittel des Wettbewerbs, Pamphlete sind die Social Media der Barockzeit, Spottgedichte erheitern und können ihre Schöpfer oder ihre Opfer in den Kerker bringen. Übeltäter werden enthauptet, wenn sie Glück haben, erschlagen und gevierteilt, wenn sie niederen Standes sind. Gewalt und Blut sind allgegenwärtig. Die Maler wissen, wie ein abgeschlagenes Haupt aussieht, sie hören die Schreie der Gefolterten, sie schwelgen förmlich in den barocken Formen der nackten Körperlichkeit. Das Alte Testament bietet unzählige Vorlagen und Vorwände für dramatische Geschichten: Sex, Gewalt und Tod. Judith, die Holofernes das Haupt abschneidet, der gewalttätige Raub der Sabinerinnen, Susanna und die lüsternen Alten, der Mord an den unschuldigen Kindern, David, der Goliath erschlägt. Michelangelo Merisi da Caravaggio überstrahlt die Menge der Künstler, die als Handwerker wahrgenommen und so besoldet werden.

Mit seinem Genie hat er die Malerei auf eine neue Ebene gehoben. Wie er mit dem Licht umgeht, wie er Heilige und andere biblische Figuren zu Menschen mit allen ihren Leidenschaften, Qualen, Ängsten erhöht oder in den Augen der Frömmler herabzieht, das ist neu. Das ist gut, das ist eine Sensation. Das sichert dem Künstler eine Ausnahmestellung in diesem römischen Tollhaus. Caravaggios brutaler Realismus schockiert und wird abgelehnt, seine sexuellen Bezüge in großformatigen Bildern lassen sich durch die dargestellten Heiligengeschichten kaum überdecken. Da werden Knaben, fast Kinder noch, zu Lustobjekten.

Er selbst lebt ein exzentrisches Leben, geht in Rom mit einem schwarzen Hund spazieren, trägt einen Degen und unterm Wams einen Dolch. Später wird er bei einem Raufhandel zustechen, seinen Rivalen töten. Er wird aus Rom fliehen müssen, aber mächtige Gönner halten die schützende Hand über den Mörder. Das Genie Caravaggio bleibt ungestraft. Seine Kunst überstrahlt das wilde Leben.

Die junge Römerin Artemisia Gentileschi studiert die Werke Caravaggios. In der Cerasi-Kapelle der Kirche Santa Maria del Popolo hängen zwei neue Bilder des Meisters. Petrus bei seiner Kreuzigung und Paulus, der vom Pferd gefallene Saulus. Der grelle Lichtstrahl der Erleuchtung hat den Römer vom hohen Ross geworfen. Sehr eindrucksvoll. Artemisia muss ihre Nachbarin Tuzia Medaglia fast täglich in die Kirche Santa Maria del Popolo begleiten, in der Kapelle beten, warten, bis der Beichtvater Tuzia die Absolution erteilt hat. Der Kirchgang der hübschen Artemisia in Begleitung, eigentlich Bewachung, durch die weibliche Gouvernante, ist so ziemlich das einzige Vergnügen, das einem geschlechtsreifen Mädchen gewährt wird.

Sie nützt die Zeit zum Studium der Caravaggios. Der Schatzmeister des Papstes, also kein armer Mann, hat den wichtigsten Künstler der Zeit für die Ausgestaltung seiner Kapelle engagiert. Das steigert das Prestige des Malers. Aber: Caravaggios moderne Darstellung entspricht nicht dem Geschmack des päpstlichen Finanzministers. Um das ausbedungene Honorar zu bekommen, muss das Genie nachbessern.

63

Auch der Vater von Artemisia, Orazio Gentileschi, ist Maler. Auch er ist nach Rom zugewandert. Auch er eifert Caravaggio nach, gehört zur Gruppe um den »jungen Wilden«. Er reicht aber nicht an sein Vorbild heran. Immerhin kann Orazio gut und bald immer besser von seiner Kunst leben. Er kann sich die Miete in einem Haus jenseits des Tibers leisten. Die Via della Croce führt durch kein vornehmes Viertel, aber viele Künstler und Handwerker wohnen hier. Orazios Frau ist früh im Kindbett verstorben. Die junge Artemisia übernimmt die Aufgaben der Mutter, mit zwölf oder gar 14 Jahren sind Mädchen im 17. Jahrhundert keine Kinder mehr. Artemisia lebt in diesem Künstlerhaushalt, sie ist hübsch und nicht eben schüchtern. Ihr Vater lässt sie für sich und andere Kollegen nackt posieren. Das spart Geld für Prostituierte, die sonst als Modelle infrage kämen und teuer sind.

Orazio Gentileschi sorgt sich um die Keuschheit seiner Tochter. Die Jungfernschaft eines Mädchens ist ein hohes Gut, keineswegs nur ein moralischer Anspruch. Eine hübsche und körperlich »reine« Heiratskandidatin bedeutet für den Vater Mitgift und damit Wohlstand. Die Tochter ist Eigentum des Vaters. Frauen sind in jenen Tagen des frühen Barocks nicht geschäftsfähig. Sie sollen möglichst einträglich unter die Haube gebracht werden, sich künftig um das Wohl des Ehemanns kümmern und seine Affären erdulden. Artemisia wächst im Atelier ihres Vaters auf und beginnt mit Kohlestiften zu zeichnen. Sehr zum Ärger Orazios, aber auf Dauer bleibt ihr Talent nicht verborgen. Lesen und Schreiben lernt sie nicht. Im Atelier und auf den Baustellen wird Meister Gentileschi von seinem Freund und Malerkollegen Agostino Tassi unterstützt. Maler leiten damals kleine Kunst-Manufakturen. Agostino ist Spezialist für Landschaften, und er wird Artemisia auf Geheiß ihres Vaters in die Kunst der Perspektive einweisen. Dabei bleibt es nicht.

Agostino Tassi bedrängt die 17-Jährige und tut ihr Gewalt an. Artemisia schildert Monate später unter Eid und mit Folter bedroht die Geschehnisse vor einem Gerichtsnotar so: »Nachdem er das Zimmer abgeschlossen hatte, warf er mich auf die Bettkante. Die eine Hand auf meiner Brust, schob er mir ein Knie zwischen die Schenkel, sodass ich sie nicht schließen konnte, und zog meine Wäsche hoch, womit er große Mühe hatte; er griff nach meinem Hals und stopfte mir ein Taschentuch in den Mund, damit ich nicht schrie, meine Hände, die er zuvor mit seiner anderen Hand festhielt, ließ er frei, nachdem er seine beiden Knie zwischen meine Beine geschoben hatte; richtete sein Glied auf meinen Schoß und begann in mich hineinzustoßen, was fürchterlich brannte. Aber ich zerkratzte ihm das Gesicht und riss ihm die Haare aus, und bevor er noch einmal in mich eindrang, riss ich ihm ein Stück Fleisch aus.«

Nachdem er von Artemisia ablassen musste, stürzt sich das Mädchen mit einem Messer auf Tassi. »Ich will dich töten, denn du hast mich geschändet.« Agostino bleibt offenbar unbeeindruckt. Bei einem Gerangel ritzt das Mädchen bloß ihren Peiniger, ein paar Tropfen Blut fließen. Immerhin verspricht Tassi der 17-Jährigen, er werde sie heiraten und so die Schande wieder ungeschehen machen. Dieses vage Versprechen besänftigt das Opfer. Artemisia und Tassi werden in den nächsten Monaten ein Liebespaar. Der Treulose fordert Treue ein. Eine Vergewaltigung mit einem nachfolgenden Eheversprechen gilt gleichsam schon als Eheschließung mit vorgezogener Erfüllung. Es geht ja nicht um die Gefühle der Frau, sondern um die Wiederherstellung eines von der kirchlichen Moral postulierten Zustandes. Gewalt an Frauen ist dann rechtens, wenn es im Rahmen einer Ehe passiert.

Artemisia akzeptiert dieses scheinbar eherne Gesetz. Sie rebelliert erst, als sie Monate nach der Tat erfährt, dass ihr Liebhaber verheiratet ist und demnach sein Eheversprechen keineswegs wahr machen kann. Dann erst klagt der Vater den Missbrauch seiner Tochter an. Agostino Tassi versucht, während der Beziehung zur Tochter seines Meisters seine Ehe zu beenden. Er hat seine Ehefrau Maria nicht ungern in der Toskana zurückgelassen, als er nach Rom gezogen ist.

Warum Vater Gentileschi ausgerechnet Agostino Tassi in die Nähe seiner Tochter lässt, wo er doch sonst so auf ihren Ruf bedacht ist, bleibt rätselhaft. Immerhin ist Tassi schon einschlägig gerichtsbekannt. Im Jahr vor der Vergewaltigung der Artemisia – für ihn gilt keine Unschuldsvermutung – wird er wegen Blutschande mit seiner Schwägerin Constanza vor Gericht gezerrt.

Die Prozessakten aus dem Jahr 1612 sind in der römischen Kurie erhalten geblieben und konnten in den 1980er-Jahren veröffentlicht werden.

Die päpstliche Justiz arbeitet langsam, aber gründlich und befragt mit großem Interesse an Details gut ein Dutzend Zeugen. Zwei Hebammen führen im Gerichtssaal gynäkologische Untersuchungen durch und bezeugen, dass Artemisia keine Jungfrau mehr sei. Die junge Frau willigt sogar ein, unter der »sibyllinischen« Folter ihre Aussagen zu wiederholen. Ihre Hände werden vor der Brust gefesselt und an den Fingergelenken Daumenschrauben angesetzt. Auch unter Schmerzen bleibt die 17-Jährige bei ihrer Darstellung der Vergewaltigung.

Der nicht als Angeklagter, sondern nur als Zeuge befragte Agostino Tassi wird aus dem Gefängnis Corte Savella vorgeführt. Er leugnet die Tat und beschuldigt Artemisia eines unziemlichen Umgangs mit anderen Männern. Nicht er, sondern der für die Versorgung des päpstlichen Hofstaats zuständige Furier Cosimo Quorli habe die Jungfrau entehrt. Aussage steht gegen Aussage. Die Tatsache, dass Cosimo Quorli praktischerweise kurz vor dem Prozess stirbt, macht die Wahrheitsfindung nicht einfacher. Das Mädchen wird im Prozess bald vom Opfer zur unsittlichen Angeklagten. Zahlreiche andere Liebhaber werden ihr vorgehalten. Rom hat einen pikanten Skandal.

Artemisia bestreitet gar nicht, mit ihrem Perspektivenlehrer Agostino auch nach der von ihr beschriebenen Vergewaltigung über mehrere Monate im Hause ihres Vaters fleischlichen Verkehr gehabt zu haben. Tassi ist in Rom kein Unbekannter. Er pflegt einen exzessiven Lebensstil, kleidet sich geckenhaft und maßt sich das Tragen eines Degens an. Die goldene Kette um den Hals soll den Eindruck eines Edelmanns erwecken, dabei ist Tassi doch nur ein Maler, ein Raufbold, ein Aufschneider, ein Galan, der sich für unwiderstehlich hält, Caravaggio nacheifert und den ein Künstlerbiograf und Zeitgenosse als »Prahlhans« beschreibt. So ein Mannsbild verkehrt im Hause Orazio Gentileschi.

Artemisia malt während des lang andauernden Prozesses. Ihr bekanntestes Werk entsteht: *Judith enthauptet Holofernes*. Ein Bild als Racheakt an den gewalttätigen Männern? Zwei Frauen töten einen Feldherrn. Der Mord wird von Fräulein Gentileschi in aller Grausamkeit sehr drastisch dargestellt. Das Blut des Holofernes spritzt auf das Bettlaken. Judiths Magd Abra beobachtet die Gewalttat in einem roten Mantel nicht aus der Ferne, sie greift ein – und wie mit starken Armen hält sie den betrunkenen Holofernes fest, als Judith das Schwert ansetzt. Magd und Herrin, beide töten den Mann. In der Gewalt am Manne verschwinden, natürlich nur bildlich, die sonst unüberwindlichen Klassenschranken. Die enorme Anstrengung, mit einem Schwert den Kopf vom Rumpf zu trennen, sogar das Keuchen der Frauen drängen sich

den Betrachtern auf. Feministinnen deuten dieses Werk als Beleg
für Gentileschis Trauma und ihre Rachegelüste. In der Kunstgeschichte ist diese vordergründige Bildbetrachtung akzeptiert.

Vater Gentileschi betrachtet seine junge Tochter jedenfalls als
künstlerisch gleichwertig. Er fördert die ungewöhnliche Karriere
und preist ihr Können in Briefen an die Großherzogin der Toskana
an. Über den Apennin wird Artemisia auch nach dem Prozess »aus-
wandern«. In Rom kann sie nicht bleiben. Wenige Wochen nach
dem Gerichtsverfahren wird die junge Frau mit dem Florentiner
Maler Pierantonio Stiattesi verheiratet. Damit ist der Makel der
fehlenden Jungfräulichkeit bereinigt. Stiattesi ist ein Freund ihres
Vaters und steht bei ihm tief in der Schuld und zwar im eigentlichen Sinn. Vermutlich verzichtet Orazio Gentileschi auf die Ein-
treibung der Schulden, dafür bekommt er die Tochter. Beide ziehen nach Florenz. Dort malt Artemisia, bringt sechs Kinder zur
Welt, die alle früh sterben. Sie lernt schreiben und lesen und wird
schon vier Jahre nach dem Prozess in Rom als erste Frau über-
haupt in die Florentiner Kunstakademie aufgenommen. Als Mit-
glied der zunftartigen Akademie kann Artemisa im eigenen Namen
Honorarnoten ausstellen und damit wie ein Mann selbstbestimmt
Geschäfte machen. Sie ist quasi mit Brief und Siegel Malerin. Die
Medicis werden zu ihren Auftraggebern. Das Motiv des Mordes
von Judith an Holofernes malt Artemisia noch mehrfach, nicht
mehr ganz so brutal wie im Jahr 1612. Sie passt ihren Stil an die
unterschiedlichen Geschmäcker der Nobilitäten in Rom, Florenz
und später Neapel an. Artemisia Gentileschi macht als Frau und
als Malerin Karriere und kann gut von ihrer Kunst leben. 1638
wird sie sogar vom englischen König Charles I. nach London geladen, wo sie ihrem Vater bei der Bemalung der Decke im Queen's
House von Greenwich zur Hand geht. England ist ihr allerdings zu
grau und zu kalt. Und die Krone zahlt zu schlecht. Nach zwei Jahren kehrt sie nach Italien zurück, arbeitet in Venedig, flieht vor der
Pest und kommt wieder nach Neapel.

In der damals reichen Hafenstadt malt sie ein Bildnis der Maria
Magdalena. Die Jüngerin von Jesus sonnt sich in göttlicher Eksta-

se. Der Titel des Bildes täuscht. Die durchaus dralle Frau, der die Bluse von der rechten Schulter rutscht und den Blick auf den weichen Busenansatz freigibt, träumt von erlebter Ekstase. Das Lächeln verrät alles. Es ist eine echte Frau, die Artemisia lustvoll porträtiert. Warum nicht sie selbst? Als Sünderin, der verziehen wird? Und die sich doch selbstbewusst daran erinnert, wie sich körperliche Liebe anfühlt.

Artemisias künstlerische Leistungen werden von der Exzentrik ihrer malenden Zeitgenossen in den Schatten gestellt. Erst in den vergangenen Jahrzehnten taucht sie und ihre große Kunst wieder aus dem Schatten der Geschichte auf. Die malenden Männer ihres Lebens verblassen neben ihrem Nachruhm. Ihr Vergewaltiger (und Liebhaber) Agostino Tassi wird zwar schuldig gesprochen, aber eine Gefängnisstrafe tritt er nicht an. Er verlässt Rom und arbeitet weiter als gefragter Landschaftspinsler. Gelegentlich erhält er auch Aufträge von Artemisias Vater Orazio.

Artemisia wird nach ihrem Tod im Jahre 1654 in Neapel auf dem Friedhof San Giovanni di Fiorentini beigesetzt. Überliefert ist nur die Inschrift auf ihrer Grabplatte: »Heic artimisia«.

# Dorothea Christiane Erxleben

*»Gelehrsamkeit trägt sehr vieles bei zu der Menschen Glückseligkeit«*

Der wichtigste Mann im Leben der Dorothea Christiane Leporin ist ihr Vater. Er bringt ihre Schrift mit dem doch etwas sperrigen Titel *Gründliche Untersuchung der Ursachen, die das weibliche Geschlecht vom Studiren abhalten, darin deren Unerheblichkeit gezeiget, und wie möglich, nöthig und nützlich es sey, daß dieses Geschlecht der Gelahrheit sich befleisse* im Winter des Jahres 1741 in die Druckerei des Johannes Andreas Rüdiger in der preußischen Hauptstadt Berlin. Vater Polycarpi Leporin setzt dem Pamphlet seiner Tochter eine Vorrede hinzu, die der Interpellation mehr Gewicht geben soll. Das gedruckte Heftchen wird zu einem Manifest für das Recht aller Frauen auf Bildung und universitäre Ausbildung: »Die Verachtung der Gelehrsamkeit zeigt sich besonders darin, dass das weibliche Geschlecht vom Studieren abgehalten wird.«

Und unter Paragraf 83 ihrer Streitschrift schreibt Erxleben: »Meine Absicht ist nicht, dem weiblichen Geschlecht ein ungebührliches Lob zu bereiten, noch mein eigen Geschlecht zu verachten, aber sagen: du bist klug und weise, weil du ein Mann bist, aber kannst keinen großen Verstand haben, dieweil du eine Frau bist, solches halte ich für das einfältigste Urteil unter allen.«

Dorothea selbst ist über die Drucklegung ihres Plädoyers für das weibliche Recht zum Studieren – und gegen die »blinden Vorurteile« – nicht besonders glücklich. Sie fürchtet weitere Anfeindungen. Denn die Tochter des Arztes Christian Polycarpi Leporin aus der mittelalterlichen Kleinstadt Quedlinburg behandelt schon seit Jahren Patienten in der Praxis ihres Vaters, durchaus zur Zufriedenheit der Erkrankten. Stadtphysikus Dr. Christian Leporin hat seine Tochter schon als junges Mädchen in die Geheimnisse der Heilkunst eingewiesen. Sie geht bei ihm in eine Art Lehrpraxis. Christian Leporin ist ein praktischer Arzt im Wortsinn und veröffentlicht selbst medizinische Artikel, in denen er die Theorielastigkeit des Medizinstudiums kritisiert. Im 17. und 18. Jahrhundert ist es eine Selbstverständlichkeit, die »wissenschaftliche« Lehre an den medizinischen Fakultäten strikt vom praktischen Umgang mit den Patienten zu trennen. Christian Leporin hingegen hält die Verbindung von Lehre und Praxis am Krankenbett für notwendig. Eine Selbstverständlichkeit, die durchaus revolutionär ist.

Der Vater nimmt die Tochter zu Patienten mit, lässt sie in einschlägigen Heilbüchern lesen, bringt ihr das damalige Wissen der Naturwissenschaften bei. Das junge Mädchen wird perfekt auf die Fortführung der ärztlichen Familientradition vorbereitet, aber ein Studium an einer Universität ist Frauen im preußischen Königreich wie auch in allen anderen europäischen Fürstentümern per se versperrt. Sie darf keine offizielle Approbation ablegen.

Christian Leporin mag die ungleiche Behandlung seiner Tochter nicht verstehen. Der Stadtphysikus von Quedlinburg schreibt an den preußischen König Friedrich II., der noch lange nicht der »alte Fritz«, sondern ein gerade erst zum König in Preußen gekürter jugendlicher Herrscher von gerade einmal 29 Jahren ist. Der in bescheidener Selbstdefinition »erste Diener des Staates« beginnt im Stil des aufgeklärten Absolutismus das ehemalige Kurfürstentum zu einem modernen Staat umzubauen. Gesellschaftliche Reformen sollen die Reste des geistigen Mittelalters überwinden. Der junge König schafft nicht nur die Folter als Mittel zur Erzwingung von Geständnissen ab. Er forciert den Ausbau des Bildungssystems.

Der Brief des Arztes aus Quedlinburg bietet dem König eine Möglichkeit, wider die Konvention zu entscheiden. Er erteilt eine Ausnahmegenehmigung. Die damals 26-jährige Dorothea Leporin möge von der Universität Halle zur Promotion zugelassen werden, dekretiert der Preußenkönig. Doch die Ärztin ohne Diplom bereitet sich auf andere Aufgaben vor. Sie soll den verwitweten Diakon

*Dorothea Christiane Erxleben. Eine Frau in Preußen will nicht verstehen, warum ihr ihr Geschlecht den Zugang zu Wissenschaft und Bildung verhindern soll. Die Tochter eines Arztes wird durch einen Gnadenakt des preußischen Königs Friedrich II. zur ersten promovierten Medizinerin Europas. Sie bleibt für ein Jahrhundert die Ausnahme von der Regel.*

Johann Christian Erxleben ehelichen. Der Mann bringt fünf Kinder in die Ehe mit. Die Arbeit bei ihrem Vater und die Rolle als Hausfrau und neunfache (!) Mutter – sie wird vier eigene Kinder auf die Welt bringen – lassen kaum Zeit für wissenschaftliche Weiterbildung. Mehr als alle akademische Heilkunst lernt die Tochter in der Alltagspraxis und in der Arbeit für ihre Patienten. Der Vater bildet so seine Tochter zu einer durchaus geschätzten Ärztin aus. Er lässt sich von ihr häufig in der Ordination vertreten.

Das Privileg des Königs befördert zunächst einmal Neid und Missgunst. Nach dem Tod einer ihrer Patientinnen versuchen andere Mediziner der Kleinstadt, den Ruf der Heilerin zu ruinieren. Kurpfuscherei ist dabei noch ein geringer Vorwurf. Die Frau des Pastors Erxleben reicht schließlich 14 Jahre nach der königlichen Erlaubnis ihre lateinische Dissertation unter dem ein wenig sperrigen Titel *Academische Abhandlung von der gar zu geschwinden und angenehmen, aber deswegen öfters unsichern Heilung der Krankheiten* ein. Ihre Doktorarbeit ist nach heutigen Kriterien mehr ein Ratgeber und Erfahrungsbericht als eine wissenschaftliche Arbeit. Die Medizinerin formuliert drei Pflichten des Arztes: celeriter, iucunde, tuto. Er oder in ihrem Fall sie müsse »schnell, angenehm und sicher« heilen. Wobei die letztgenannte »Sicherheit« von der ersten promovierten Ärztin an die erste Stelle gereiht wird. »Wer nicht warten kann, kann auch nicht heilen.« Sie »predigt« Gelassenheit und Verlässlichkeit im Umgang mit Patienten. Ein Wechsel des Medikaments, auch wenn es nach Meinung des Patienten nicht rasch genug wirken würde, möge unterlassen werden. Sie rät in ihrer Dissertation, »nur wenige, ausgewählte und nach allen Regeln der Kunst verstandene Arzneien einzusetzen«.

Wenige Monate nach Abfassung ihrer Doktorarbeit tritt Dorothea Erxleben zur Prüfung im Rahmen des Doktorexamens an der Universität Halle an. Die akademischen Würdenträger haben sich ein zweites Mal beim preußischen König erkundigt, ob dessen Ausnahmeregelung noch aufrecht sei. Friedrich II. steht zu seinem Wort. Frau Erxleben legt die Prüfungen mit großem Erfolg ab. Und wird im Juni 1754 von Professor Johann Juncker feierlich mit

39 Jahren als erste Frau in den deutschen Landen zum »Doktor der Arzeneygelahrtheit« erklärt. Für Dorothea ändert dieser Triumph wenig. Dorotheas Promotion bleibt eine Ausnahme. Auch der aufgeklärte Absolutismus des »alten Fritz« vermag die Hochschulen nicht für den weiblichen Teil der Gesellschaft zu öffnen. Es wird noch weitere 150 Jahre dauern, bis 1899 ohne königliche Dispens Frauen im Deutschen Reich offiziell zu den Staatsprüfungen der Medizin zugelassen werden. In Preußen müssen Frauen noch ein paar Jahre länger warten.

Während Dorothea Erxleben von vier Männern, darunter der König, gefördert und ermutigt wird, sind es Dutzende andere Männer an den Hochschulen, die über weitere Generationen jede akademische Lehre von Frauen blockieren. Der Anatom Theodor Ludwig Wilhelm von Bischof bestimmt mit seinem Buch *Das Studium und die Ausübung der Medicin durch Frauen* die Debatte: »Die Überladung mit weiblichen ärztlichen Handwerkern, unter gleichzeitig unausbleiblicher Verdrängung männlicher Ärzte, gefährdet das sanitäre Wohl des Staates im Frieden und im Krieg auf die bedenklichste Art.« Und der Berliner Ordinarius Ernst von Bergmann bleibt ein entschiedener Feind von Frauen an den medizinischen Universitäten: »Die Frage der Ausbildung von Ärztinnen hat genau denselben praktischen Werth, wie die Frage, welche Temperatur auf dem Mond herrscht.«

Selbst im habsburgischen Wien tickten die Uhren geringfügig schneller als im preußischen Berlin. Die in Ofen geborene Tochter des Benjamin Freiherr Possanner von Ehrenthal, einem Sektionschef im Finanzministerium, konnte im Dezember 1887 – freilich nur als Externe – die Matura am Akademischen Gymnasium in Wien ablegen. Der Vater erlaubte seiner Tochter, in die Schweiz zu gehen, um dort an der Universität Zürich Medizin zu studieren. Fräulein Possanner musste dort vor einer eidgenössischen Prüfungskommission neuerlich ihre Hochschulreife beweisen, ehe sie die Erste Staatsprüfung ablegen konnte. Nach ihrer Promotion 1894 kehrte sie nach Wien zurück, wo sie freilich nicht als Ärztin arbeiten durfte. Erst nachdem Kaiser Franz Joseph höchstderoselbst ein Bittschreiben positiv beantwortet hatte, erlaubte das k. k. Innenministerium die Nostrifizierung des Schweizer Diploms. Sie musste dafür aber alle Rigorosen noch einmal ablegen. Danach wurde Freiin Gabriele Possanner von Ehrenthal am 2. April 1897 schließlich als erste Frau an einer Universität der österreichisch-ungarischen Monarchie – an der Universität Wien – zum Doktor der gesamten Heilkunde promoviert. Als Promotor machte sich Professor Exner zum Fürsprecher der Frauen: »Da nun Frauen an Intelligenz und Willenskraft den Männern nicht nachstehen, so ist nicht einzusehen, weshalb den Frauen höhere Berufskreise verschlossen bleiben sollen.«

Von der Promotion der Quedlinburger Arzttochter Dorothea Christiane Erxleben bis zur generellen Erlaubnis für Frauen, an der Hochschule Medizin studieren zu dürfen, vergehen 160 Jahre. Ihr selbst können die ärztliche Kunst und das medizinische Wissen des 18. Jahrhunderts nicht helfen. Mit 47 Jahren erkrankt sie an Brustkrebs. Sie stirbt dort, wo sie gewirkt hat, in der Kleinstadt Quedlinburg.

# Olympe de Gouges

*»Von Paris bis Peru und von Rom bis nach Japan –
ist das allerdümmste Tier, meiner Meinung nach,
der Mann«*

Zwei Männer und eine Frau werden am 20. Juli 1793 auf der
Pariser Brücke Saint-Michel beim Wildplakatieren erwischt.
Es ist das vierte Jahr nach dem Beginn der Französischen Revolution, die sich immer weiter radikalisiert hat und anno 1793 schon
die Fratze einer diktatorischen Terrorherrschaft trägt.
Die alte Steinbrücke führt über einen Arm der Seine von der Île
de la Cité an das linke Seine-Ufer. Zwischen den eher windschiefen
Häusern auf der Brücke gibt es nur einen engen Weg über den
Fluss. Dort wird das verdächtige Trio festgenommen: der Buch-
händler-Verleger Costard und der Plakatierer Trottier. Die Frau in
ihrer Begleitung ist stadtbekannt: Olympe de Gouges. Die bewaffneten Revolutionsgardisten beschlagnahmen bei den dreien eine
Reihe von Plakaten mit dem spröden Titel *Les trois urnes ou le salut
de la patrie, par un voyager aérien*. Der neue revolutionäre französische Zentralstaat unter der Führung von Robespierre & Co. fürchtet sich vor einer Pariser Feministin, wobei es diesen Begriff noch
gar nicht gibt. Olympe de Gouges fordert auf ihrem Plakat eine
demokratische Entscheidung über die Staatsform Frankreichs.
Jeder Mann, aber auch jede Frau soll über die Verfassung abstim-
men dürfen. Diese politische Forderung wird später als Hochverrat unter Anklage gestellt.

Olympe de Gouges musste sich des Risikos einer drohenden
Verhaftung und der unvermeidlichen Todesstrafe bewusst gewesen sein, andernfalls hätte sie nicht versucht, ihre Autorenschaft
zu verschleiern. In ihren politischen Pamphleten, Briefen, Petitio-
nen und Manifesten zeichnete sie sonst durchaus selbstbewusst
mit Olympe de Gouges. Ihr Name ist in Paris bekannt.

*Olympe de Gouges. Wer die Prinzipien der Französischen Revolution ein-fordert, verliert seinen Kopf unter der Guillotine. Die Kämpferin erweitert die 1789 verfasste* Erklärung der Menschenrechte *um selbstverständliche Rechte auch für alle Frauen. Dafür wird Olympe verhaftet, verurteilt, geköpft. Ihr Urteil:* »Das allerdümmste Tier ist, meiner Meinung nach, der Mann.«

Die 45-jährige Madame de Gouges protestiert gegen ihre Festnahme, wird aber dennoch abgeführt und ins Gefängnis geworfen, was in diesen revolutionären Zeiten wörtlich genommen werden kann. Madame de Gouges hat die Schrift *zum Wohl des Vaterlandes* unter dem Pseudonym einer »Reisenden der Lüfte« verfasst. Schon im ersten Verhör bekennt sich Madame de Gouges zu ihrer Autorenschaft. Durch die Propagierung einer freien Wahl über die Staatsform habe sie einen blutigen Bürgerkrieg abwenden wollen.

Olympe de Gouges wusste wohl, dass durch ein Gesetz vom 29. März 1793 jeder, der sich in Rede oder Schrift für die Wiedereinführung des Königtums und gegen die am 20. September 1792 von der verfassungsgebenden Versammlung proklamierte französische »Republik, eins und unteilbar« aussprach, hingerichtet werden konnte. Für einen solchen Fall von »Hochverrat« an der Revolution hatten die rechtskundigen Revolutionäre vom Schlage eines Robespierre, immerhin Advokat aus dem nordfranzösischen Arras, einen politischen Kriminalgerichtshof eingerichtet. Das Revolutionstribunal kannte nur eine Strafe: die Enthauptung.

Die Anklage lautet: »Anschlag auf die Volkssouveränität«. Während ihrer mehrmonatigen Gefangenschaft ist sie zunächst in einer Einzelzelle des Rathauses, dann im Gefängnis der Abtei in Saint-Germain-des-Prés und später in einem Irrenhaus eingekerkert. Olympe ist von ihrer Freilassung überzeugt, selbst aus dem Kerker publiziert sie politische Schriften und greift Robespierre weiter an. Dabei schreibt sie unermüdlich, kann Papiere aus der Zelle schmuggeln, die in hundertfacher Ausfertigung in Paris affichiert werden. Sie beruft sich auf den Artikel 7 der neuen Verfassung, der Meinungs- und Pressefreiheit garantiert. Die Verfassung ist freilich schon von der Terrorherrschaft der Jakobiner ausgehebelt.

Olympe de Gouges wird im Oktober 1793 in die Conciergerie verlegt. Von dort führt der Weg nur noch auf einem Leiterwagen zum Schafott. Die Wärter haben ihr ein rotes Hemd übergeworfen. Für alle sichtbar soll die Verurteilte sein.

In einem Brief an ihren Sohn berichtet die Gefangene von ihren letzten Tagen und ihrem Prozess vor dem Revolutionstribunal, das im »Saal der Gleichheit« vor Publikum amtiert. (Dort hat auch der Prozess gegen Charlotte Corday stattgefunden. Die Mörderin des Revolutionärs Jean Paul Marat starb ebenfalls unter der Guillotine.) »Man hat mir selbst einen Verteidiger untersagt. Man sagte mir, dass ich genug Geist hätte, mich selbst zu verteidigen.« Das tut sie auch, mit Verve. Ihr Tod ist aber längst bestimmt: »An die zwanzig Mal habe ich meine Henker erbleichen sehen. Da sie nicht wussten, was sie auf jeden meiner Sätze, die meine Unschuld und ihre Böswilligkeit zum Ausdruck brachten, entgegnen sollten, so haben sie das Todesurteil verhängt, aus Angst, das Volk könnte das beispiellose, nie da gewesene Unrecht entdecken.«

Seit Jahren schon hat sie sich politisch engagiert, Dutzende Broschüren, politische Bücher, Pamphlete geschrieben und an die 45 Dramen fürs Theater verfasst. Sie schrieb unter anderem mit *Le Mariage inattendu de Chérubin* eine Art Fortsetzung der *Hochzeit des Figaro* ihres Zeitgenossen Beaumarchais. Dutzende Manuskripte dürften nach ihrer Enthauptung verbrannt worden sein. Sie waren als »gefährlich« eingestuft worden.

Olympe de Gouges war das, was man in Paris als eine »femmes de lettre« bezeichnete. In der Seine-Hauptstadt kannte man die laute Aktivistin als Verfasserin der *Déclaration des Droits de la Femme et de la Citoyenne*, der *Erklärung der Rechte der Frau und Bürgerin*. Als sie erkennt, dass die Revolutionäre den Frauen, die in der ersten Reihe für die Revolution gekämpft haben, das Bürgerrecht verweigern und die angeblich allgemeingültigen Menschenrechte nur für die knappe Hälfte der Bevölkerung, also die Männer, gelten sollen, steigt sie auf die Barrikaden. Nicht barbusig und mit der Trikolore in der Hand, wie die Inkarnation »der Freiheit, die das Volk führt«, im berühmten Bild von Ferdinand Victor Eugène Delacroix, dafür aber mit der spitzen Feder: »Ihr habt erklärt, dass alle Personen gleich sind. Ihr habt bewirkt, dass einfache Hüttenbewohner gleichberechtigt neben Prinzen gehen. Und doch duldet ihr alle Tage, dass 13 Millionen Sklavinnen die Ketten von 13 Millionen Tyrannen tragen.« Dabei werden von der revolutionären Propaganda die »Marktweiber« des Arbeiterviertels Faubourg Saint-Antoine kräftig herausgestrichen, bei den politischen Entscheidungen sollen die Frauen aber schweigen.

Eine Frau begehrt gegen die Heuchler der Revolution auf. Eine Frau nimmt die Jakobiner beim Wort. Eine Frau nimmt deren pathetische Deklamationen ernst und wendet sie gegen die satten und machthungrigen Revolutionäre, die zunehmend zu mordenden Tyrannen mutieren: »Die Legitimität jeder Herrschaft ruht wesentlich in der Nation, die nichts anderes darstellt als die Vereinigung von Frauen und Männern.«

In 17 glasklaren Artikeln formuliert sie die Frauenrechtsdeklaration als Antwort auf die *Déclaration des Droits de l'Homme et du Citoyen (Erklärung der Menschen- und Bürgerrechte),* die der Konvent in mehreren Sitzungen bis zum 26. August 1789 beschlossen hat und die Frankreich zunächst noch in eine konstitutionelle Monarchie umwandelt. Die Menschenrechtsdeklaration wird auch noch formell am 3. November des Revolutionsjahres von »Gottes Gnaden König« Ludwig verordnet. Die Verfassung setzt zunächst die Ideale der Aufklärung, insbesondere von Rousseau und Montesquieu, in ein Grundlagengesetz um. Es ist – noch – keine radikale und auch nur in Ansätzen eine demokratische Verfassung.

Das Wahlrecht soll nur für männliche Franzosen gelten, die mindestens 25 Jahre alt sind und ein Steueraufkommen von drei Livre haben. Mit drei Livre kann ein Pariser damals keine großen Sprünge machen. Der Lohn einer käuflichen Dame in der Nähe des Palais Royal – immerhin eine damals gängige »Dienstleistung« – beträgt sieben bis 20 Livre.

Madame de Gouges widmet ihre Schrift der französischen Königin Marie-Antoinette und fordert die Gemahlin von Ludwig XVI. auf, »dem Vorwärtskommen der Rechte der Frau Gewicht zu verleihen und ihren Erfolg voranzutreiben«. Sie hofft, die jugendliche Königin aus dem Hause Habsburg werde sich an die Spitze der weiblichen Revolution stellen: »Unterstützen Sie, Madame, eine so schöne Sache; verteidigen Sie dieses unglückliche Geschlecht, und Sie gewinnen mit einem Schlag die Hälfte des Königreichs und ein Drittel von der anderen.« Die Widmung ihrer

Kampfschrift an Marie-Antoinette ist eine noble, eine mutige, aber auch eine naive Ansage. Die Königin wird in wenigen Monaten ebenso ein Opfer der revolutionären Terrorherrschaft werden wie die Feministin Olympe de Gouges. Beide wissen es noch nicht. Die Schriftstellerin aus der südfranzösischen Provinz schickt ihre Erklärung der Rechte an die Nationalversammlung. Sie folgt im Aufbau der offiziellen Deklaration. Mit einem kleinen Unterschied. Dort, wo das französische Wort »homme« steht, setzt sie den Begriff »femme« oder auch »femme et homme«. Der Kernsatz ist heute so aktuell, wie er damals offenbar zu radikal für männliche Revolutionäre ist: »Die Frau wird frei geboren und bleibt dem Manne gleich in allen Rechten.« Und in Artikel XVII ihrer Deklaration entzieht sie der revolutionären Verfassung und damit dem Staate selbst die Legitimation: »Die Verfassung ist nichtig, wenn die Mehrheit der Individuen, die die Nation ausmachen, an seiner Erstellung nicht mitgewirkt hat.« Die Mehrheit sind die Frauen, auch damals schon.

Die in der Nationalversammlung versammelten Männer ignorieren die kühne Schrift der Olympe de Gouges einfach. Dabei ist die streitbare Dame längst keine Unbekannte mehr. Im Verlauf der Revolution und der sich stetig selbst radikalisierenden Revolutionäre tritt de Gouges tollkühn gegen Gewalttätigkeit und Blutvergießen auf. Sie warnt vor den Demagogen, kritisiert die Hetzer und prophezeit die gewalttätige Entartung der Revolution. Nur ein Jahr vor ihrer Verhaftung warnt sie in der Schrift *Le bon sens françois*: »Mir graut vor meinen Vorhersagen, alle haben sich verwirklicht.«

Wahrscheinlich ahnt Olympe de Gouges, was ihr Schicksal sein wird. Denn die Revolution in der Revolution wird den Männern um Robespierre lästig. Sie attackiert sogar Maximilien de Robespierre persönlich: »Oh Maximilien, du rufst den Frieden für jedermann aus und erklärst dem Menschengeschlecht den Krieg. Mittelmäßig und anmaßend im Umgang mit jenen, die dir an Verdiensten und Talenten überlegen sind; kriecherisch und betrügerisch dem Volk gegenüber – dies dein Porträt.«

Die politisch mit Argumenten Angegriffenen reagieren nach altbewährtem Muster. Olympe wird persönlich verunglimpft. Die Verwitwete sei eine Prostituierte, dekadent und gar dem Wahnsinn verfallen. »Verrückt« ist sie vielleicht – aber eines vor allem: mutig.

Verrückt, weil sie an die revolutionäre Proklamation der Meinungs- und Gewissensfreiheit glaubt, verrückt, weil sie humanistisch und mit Vernunft argumentiert. In dieser Logik verfügt der Nationalkonvent im Frühjahr 1793: »Kinder, Irre, Minderjährige, Frauen und Kriminelle genießen kein Bürgerrecht.« Das lässt Olympe nicht gelten, sie lehnt sich auch gegen den allmächtigen Nationalkonvent auf. »Hat die Frau das Recht, das Schafott zu besteigen, so muss sie auch das Recht haben, die Tribüne zu besteigen!« Die Tribüne wird ihr verwehrt bleiben, das Schafott nicht.

Olympe de Gouges wird als Marie Gouze in Montauban, einer Kleinstadt nördlich von Toulouse, als Tochter eines Fleischhauers geboren. Noblesse wird ihr demnach nicht in die Wiege gelegt. Aber die kleine Marie dürfte einen illegitimen, dafür auch etwas prominenteren Vater gehabt haben. Jedenfalls gilt ein Marquis Lefranc de Pompignan als ihr leiblicher Vater. Der Herr Generaladvokat von Montauban zieht später nach Paris und bringt es als Literat immerhin zur Ehre, in die Académie française aufgenommen zu werden.

Seine Marie verleugnet er, dafür wird sie schon mit 17 Jahren mit Louis-Yves Aubry, einem wenig bedeutenden, aber viel älteren Mann verheiratet. Dieser spielt im Leben der Marie eine bestenfalls zu vernachlässigende, wenn nicht verachtenswerte Rolle. Immerhin stirbt der Ehemann nach Zeugung eines Sohnes, Pierre, alsbald und hinterlässt Marie Aubry als nur wenig trauernder Witwe etwas Geld. Diese verlässt 1766 ihre kleine Heimatstadt, legt sich einen aristokratischen Namen zu und sucht ihre Zukunft in der Metropole Paris.

Witwe Olympe de Gouges, wie sie sich jetzt nennt, stürzt sich ins kulturelle und gesellschaftliche Leben der zahlreichen Salons und Frauenclubs in der Hauptstadt. Sie hat Erfolg und offenbar genügend äußere Reize, denn sie galt bald als umschwärmte »Femme galante«. Im Paris dieser vorrevolutionären Tage ist das eine durchaus anerkannte Berufsbezeichnung. Dass Olympe sich von Liebhabern aushalten lässt, gar eine Prostituierte – etwas nobler »Kurtisane« – gewesen sei, ist eine nach ihrem Tod bewusst gestreute Verleumdung. In den vom Pariser Adel geführten Haushaltsbüchern werden auch die Ausgaben für Mätressen sehr ordentlich addiert. Der Name Olympe de Gouges scheint nirgendwo auf. In Wahrheit lebte sie 17 Jahre lang in einer Beziehung mit einem durchaus wohlhabenden Transportunternehmer, der ihr mit seinem Vermögen den Zugang zu den Salons ermöglicht. »Die Ehe ist das Grab der Liebe und des Vertrauens«, schreibt sie spöttisch. Als eine selbstbestimmt lebende Frau gerät de Gouges unter den Generalverdacht der Unmoral.

Sie ist nicht nur hübsch, sie ist vor allem klug. In den Salons von Schauspielerinnen und »freisinnigen« Frauen rund ums Palais Royal kommt die Dame aus der Provinz mit den Ideen der Aufklärung in Berührung. Sie macht die Bekanntschaft mit Philippe d'Orléans, dem späteren Philippe Égalité. Olympe de Gouges lernt Lesen und Schreiben, sie übt Pariser Französisch, das ja in ihrer aquitanischen Heimat gar nicht gesprochen wird, und greift selbst zur Feder. Von ihrer humanistischen Umgebung animiert, beginnt sie selbst Theaterstücke zu schreiben. Ihre literarischen Hervorbringungen haben eine klare politische Botschaft. Sie setzt sich für die Gleichberechtigung der Frau ein und kämpft gegen die Sklaverei.

Der Ausbruch der Revolution entzündet auch in der »Femme galante« ein loderndes politisches Feuer. Sie verfasst flammende Appelle und Briefe an das Volk und skizziert in »patriotischen Anmerkungen« ein umfassendes Sozialprogramm. So schlägt sie die Einführung einer Luxus- und Glücksspielsteuer zugunsten der ärmsten Bevölkerungsschichten vor. Die Todesstrafe lehnt sie ab, sie fordert die Trennung von Kirche und Staat, freie Wahlen und vor allen Dingen die Gleichberechtigung der Frauen. Und sie wird ernst genommen. Das *Journal Général de France* berichtet über

Olympe de Gouges auf der Titelseite. Von der Revolution erwartet sich die streitbare Olympe endlich die Erfüllung all der idealistischen und »modernen« Ideen, die sie über die Jahre immer kühner vertreten hat. Sie wird enttäuscht. Wie so oft in der Geschichte, wird die politisch denkende, die aufmüpfige Frau selbst posthum auf Moral und Geschlecht reduziert. Nach der Enthauptung sollen auch ihre Gedanken ausgelöscht werden. Ihre *Déclaration des Droits de la Femme et de la Citoyenne* wird nicht veröffentlicht und bleibt fast ein Jahrhundert im Dunkel der Geschichte. Darunter auch ihr elftes Kapitel, in dem sie fordert, dass es das Recht jeder Frau sein müsse, sich zur Mutterschaft zu bekennen und den Namen des Kindesvaters zu nennen. Eine Selbstverständlichkeit? Ein Tabu! Der bürgerliche *Code Napoleon*, zur damaligen Zeit das fortschrittlichste Gesetzbuch Europas, postuliert: »Die Suche nach der Vaterschaft ist verboten.« Erst Mitte der 1970er-Jahre entdeckt die deutsche Feministin Hannelore Schröder das vergessene und totgeschwiegene Dokument in der Bibliothèque nationale de France in Paris und macht es wieder bekannt. 1986 veröffentlicht die französische Schriftstellerin Benoîte Groult eine Auswahl von Schriften und Reden von Olympe de Gouges. Und sie stellt die Frage, warum in Frankreich nicht nur Madame de Gouges, sondern auch andere bedeutende Kämpferinnen für die revolutionäre Sache aus der Geschichte der Revolution getilgt wurden.

Olympe de Gouges hat im Gefängnis ein »politisches Testament« verfasst, das sie den Männern widmet. Selbst in ausweglolser Lage formuliert sie mit überlegener Ironie und leichtem Spott: »Mein Herz vermache ich dem Vaterland, meine Ehrbarkeit den Männern (sie können sie gebrauchen), meine Seele den Frauen.«

*Sophie Blanchard. Mutiger, höher und verrückter. Die Französin stürzt mit ihrem brennenden Ballon über den Dächern von Paris ab. Sie wird das erste weibliche Opfer der Luftfahrt. Vor ihrem Tod überquert sie die Alpen im Luft-schiff, begeistert Hunderttausende bei ihren Auftritten und wird Luftschiff-fahrtsministerin von Kaiser Napoleon I.*

# Sophie Blanchard

*»Allons, ce sera pour la dernière fois«*

Die amtliche Fremdenliste des Kurorts Baden bei Wien vom 22. Juli ist durchaus international. Der Großindustrielle Josef Schwarz aus Sarajevo steigt mit seinem Pfleger im Sanatorium Gutenbrunn ab und wird beim Dinner den Kaufmann Koppel Goldhagen aus New York treffen. Die Zeitungen berichten über Spannungen zwischen den europäischen Mächten nach der Ermordung des österreichischen Thronfolgers Erzherzog Franz Ferdinand. Die Herrschaften in den Kurhotels sind nicht weiter beunruhigt. Die Wiener Zeitungen unterhalten ihre Leserschaft auf Sommerfrische mit fein ziselierten Feuilletons. Die Journalistin Margarete Weinberg schreibt im *Neuen Wiener Journal* eine höchst interessante Geschichte über die Historie weiblicher Luftfahrerinnen und über den Tod einer Pionierin: Sophie Blanchard. Eine willkommene Ablenkung vom Untergang der alten Welt, der am 1. August 1914 beginnen wird.

Für den 6. Juli des Jahres 1819 plant Mme. Blanchard im Pariser Vergnügungspark Tivoli eine ihrer mittlerweile beim Publikum so beliebten Ballonfahrten. Sie wartet in der Dämmerung auf den Einbruch der Dunkelheit. Heute Abend will sie den zahlenden Sensationslustigen ein besonderes Erlebnis bieten. Ballonfahrten sind ein beliebtes Spektakel fürs Pariser Publikum. Frau Blanchard besteigt oft zwei Mal pro Woche ihre kleine Gondel, die nicht viel mehr Platz bietet, als für einen Sessel notwendig ist.

Die kleine, zierliche 40-jährige Ballonfahrerin ist mittlerweile ein Star. Napoleon hat sie seinerzeit zur Aéronaute des Fêtes Officielles und zur ersten Ministerin für Ballonfahrten ernannt, ein schöner Titel, ohne Einfluss und Mittel. Der Kaiser der Franzosen liebt pathetische Inszenierungen und schätzt die Ballonfahrerin, die sich anlässlich seines 42. Geburtstags in Mailand mit ihrer

»Charlière« kühn in die Lüfte geschwungen hat. Napoleon glaubt freilich auch an das militärische Potenzial dieser Erfindung. Sophie Blanchard wird von Napoleon beauftragt, Pläne für eine Invasion Englands mit Luftschiffen auszuarbeiten. Mit Mühe kann die »Ballonministerin« dem Kaiser erklären, dass die vorherrschenden Westwinde über dem Ärmelkanal eine solche Luftoperation zum Scheitern bringen würden. Auch ohne erhofften militärischen Nutzen hebt Blanchards Ballon wiederholt in Paris, Mailand oder Marseille ab – zur kaiserlichen Erbauung und als buchstäblicher Höhepunkt allerlei Festivitäten.

Im Gegensatz zu den frühen Heißluftballons der Brüder Montgolfier, die in einem kleinen Dorf bei Lyon ins Zeitalter der Luftschiffe abheben, sind Wasserstoffballons kleiner und können mit geringerem Aufwand starten. Wasserstoff ist deutlich leichter als Luft. Die aus gummierter Seide zusammengenähten Ballons haben nur einen Nachteil: Wasserstoff verbrennt explosionsartig.

Die Gefahr ist bekannt, wird aber weitgehend ignoriert. An diesem Sommerabend will Sophie Blanchard ihr Luftschiffchen mit einem bengalischen Feuer illuminieren. Ein Zeitungsbericht beschreibt das Spektakel:»Im Augenblick der Abfahrt wurde der Kranz angezündet, und der allmählich sich verbreitende, von bengalischen Flammen unterbrochene Lichtschein ergoß über den Ballon ein wundervolles Farbenspiel.«

Gegen halb elf Uhr besteigt die Luftschifferin ihre kleine Gondel. Es soll ihr 57. Aufstieg werden, Routine. Aber diesmal will Mme. Blanchard ihr Pariser Publikum mit einem neuen Trick beeindrucken und aus ihrer Gondel einen Fallschirm abwerfen, der eine mit Feuerwerkskörpern bestückte Bombe trägt. Zum weißen Kleid trägt sie einen ebenso weißen Hut mit Straußenfedern, und in ihrer Hand hält sie eine große weiße Fahne. Das Wetter ist für einen Aufstieg nicht gerade ideal. Starke Winde drohen, den Ballon gegen den Boden zu drücken. Sophie zögert, sie will die Fahrt absagen. Doch das Publikum johlt und schreit. Sie wollen ihre Attraktion sehen. Blanchard lässt sich umstimmen, einmal noch will sie den Aufstieg wagen:»Allons, ce sera pour la dernière fois«, werden Umstehende sie später zitieren. Ein letztes Mal.

Nur mühevoll hebt sich das kleine Luftschiffchen vom Boden. Sophie muss früh Ballast abwerfen, um einen Aufstieg zu ermöglichen. Langsam, zu langsam gewinnt sie Höhe, mehr Ballast geht über Bord. Der Wind drückt die kleine Gondel gegen die Baumkronen. Unter der Gondel schwebt an einem Seil der Korb mit dem bengalischen Feuer. Über eine Zündschnur startet Blanchard die feuerrote Beleuchtung des Ballons im Nachthimmel über Paris. Sie steht in der winzigen Gondel und lässt die weiße Fahne im Wind flattern.

Haben die Äste der Bäume den Stoff der Ballonhülle beschädigt? Ist das bengalische Feuer in seinem Korb verrutscht und der Ballonhülle zu nahe gekommen? Gas entweicht dem Ballon. Er fängt Feuer. Applaudierende Zuschauer am Boden denken, die Flammen seien Teil der Flugshow. »Vive Madame Blanchard«, brüllt die Menge, andere erkennen die Gefahr, schreien vor Entsetzen. Der nur knapp über den Dächern der Stadt schwebende, schon brennende Ballon erhellt die Nacht über Paris wie ein Funkfeuer. Sophie Blanchard versucht, einen Absturz ihrer im Wind schwankenden Gondel zu verhindern, sie wirft allen Ballast über Bord. Noch einmal gewinnt der brennende Ballon Fahrt und Höhe, er treibt über die Dächer der Stadt in Richtung Seine. Ein paar Hundert Meter ist der leuchtende Punkt im Himmel der Nacht sichtbar, dann verliert die Ballonfahrerin weiter Höhe. Sie klammert sich mit solcher Kraft an ihren fliegenden Sessel, dass Adern platzen. In der Rue de Provence streift ihr Schiffchen das Dach eines Hauses. Die winzige Gondel kippt, Sophie verfängt sich in den Seilen. Ein Hilfeschrei wird von Passanten gehört, die den brennenden Ballon und die stürzende Frau im weißen Kleid sehen. »À moi!« – »Zu mir!« Sophie Blanchard kippt aufs Dach, sie kann sich nicht halten, ihr Körper stürzt mehrere Stockwerke aufs Pariser Pflaster. Tot. Sophie Blanchard geht als erstes weibliches Opfer in die Geschichte der Luftfahrt ein.

Marie Madeleine Sophie Armant wird 1773 in der Nähe von La Rochelle an der stürmischen Atlantikküste geboren. Mit

18 Jahren heiratet sie den damals schon weitum bekannten Abenteurer, Erfinder und ersten Berufsballonfahrer Jean-Pierre Blanchard. Der lässt seine erste Frau mit vier gemeinsamen Kindern sitzen, um mit seiner neuen Ehegattin zu Höhenflügen zu starten. Es muss Liebe gewesen sein. Denn Fräulein Armant wird als klein, wenig attraktiv, mit einem Vogelgesicht und als hypernervös beschrieben. Sie fürchtet sich, zu ebener Erd' mit einer Kutsche zu fahren, ist aber mutig genug, sich mit einer Montgolfière, einem Nachbau des ersten Heißluftballons, in die Lüfte zu erheben.

Blanchard hat sich als schräger Vogel und Abenteurer einen gewissen Ruf, aber eine schwankende Einkommenssituation erarbeitet. Experimente mit einem Segelfahrzeug, das sich in die Lüfte erheben solle, scheitern. Dafür wird Jean-Pierre mit der ersten Luftreise über den Ärmelkanal von Dover nach Calais berühmt. Am 7. Jänner 1785 klettern Blanchard und sein amerikanischer Kompagnon John Jeffries in die winzige Gondel und heben Richtung Kontinent ab. Die medizinische Expertise Jeffries', der Chefchirurg der britischen Armee in den Amerikanischen Unabhängigkeitskriegen war, ist weniger gefragt als seine meteorologische Erfahrung. Jeffries experimentiert mit täglichen Wetterbeobachtungen aus einem Ballon über London. Für die riskante Fahrt über den Ärmelkanal sind Kenntnisse über Wind und Wetter überlebenswichtig.

Blanchard will den vermuteten Ruhm nicht teilen. Um eine Mitfahrt Jeffries' zu verhindern, trägt er einen schweren Hüftgürtel und erklärt, der Ballon sei für zwei Männer zu klein. Der peinliche Betrugsversuch fliegt auf. John Jeffries, der nebenbei den Start finanziert, ist bei der ersten ruhmreichen zweieinhalbstündigen Ärmelkanalüberquerung von Dover nach Guines, einem Ortsteil von Calais, mit an Bord. Frankreichs König Ludwig XVI. bewilligt dem Abenteurer Blanchard nach diesem Erfolg eine lebenslange Rente. Der Ballon wird im Hauptschiff der Kirche Notre-Dame de Calais aufgehängt. Unglücklicherweise wird der König selbst nicht mehr lange amtieren. Sein Kopf fällt 1793 unter der Guillotine, und die Rente wird von der Jakobiner-Republik gestrichen.

Trotz solch spektakulärer Aktionen verliert Jean-Pierre Blanchard immer wieder festen finanziellen Boden unter seinen Füßen. Immerhin wird er selbst nach Nordamerika eingeladen und absolviert in Philadelphia anno 1793 unter den Augen von George Washington und Thomas Jefferson den ersten Ballonflug in der Neuen Welt.

Sophies Luftfahrt-Premiere in Marseille ist auch mehr der Angst vor einem Bankrott des Familienunternehmens als der Begeisterung für die Lüfte geschuldet. Herr Blanchard vermutet nicht zu Unrecht, dass eine zarte Frau in einem Ballon fürs Publikum eine reizvolle Abwechslung und damit ein Beitrag zur Lösung der finanziellen Probleme sein könnte. Sophie hingegen ist begeistert und beschreibt ihre erste Luftfahrt als »unvergleichliche Sensation«.

Es ist der Beginn einer Leidenschaft, die Sophie Blanchard zu ihrem Beruf macht, nachdem ihr Ehemann wenige Jahre nach der Hochzeit unter Hinterlassung von nicht geringen Schulden stirbt. Er erleidet – immerhin seiner Profession entsprechend – in der Luft einen Herzinfarkt und stürzt kopfüber aus der Gondel, die man sich tatsächlich eher als kleines Boot, an vielen Schnüren am Ballon hängend, vorstellen muss.

Ballonfahren ist in dieser revolutionären Zeit »tres chic«. Während die Jakobiner um den Advokaten Robespierre von der Gleichheit träumen und ein Terrorregime errichten, erhebt sich Sophie Blanchard über die Niederungen ihrer Zeit. Sie ist nicht die erste Ballonpilotin, aber sie wird die berühmteste Frau in der Luft, gefeiert von Napoleon, der mit der blutigen Revolution und der Gleichheit Schluss macht. Zur Vermählung des Kaisers mit der Habsburgerin Marie-Louise im Jahr 1810 schwebt Madame Blanchard über dem Pariser Marsfeld und grüßt das kaiserliche Paar mit wehender Trikolore. Politisch lässt sich das Luftgeschöpf von Revolutionären, selbst gekrönten Kaisern oder auch von »restaurierten« Monarchen vereinnahmen. Ihr Ballon steigt auch für Ludwig XVIII., den Bourbonen, der dem besiegten Korsen Bonaparte nachfolgt. Nach ihrem Start von der Pont Neuf bei der Pariser Île de la Cité ernennt sie der König zur offiziellen »Ballonfahrerin der Restauration« – wieder ein Titel ohne besondere Mittel.

Sophie Blanchard verzaubert mit ihrem Ballon aber nicht nur kaiserliche oder königliche Feste, sie wird zur tollkühnen Luftpionierin, unerschrocken, wagemutig. In mehr als 4000 Metern Höhe überquert sie am 26. April 1812 allein die Alpen von Nord nach Süd. Turin ist ihr Ziel. In der dünnen Höhenluft verliert sie das Bewusstsein, die Eiseskälte lässt sie erstarren. Blut rinnt aus ihrer Nase. Ihr Wasserstoffballon treibt in der Nacht übers Gebirge. Steuern lässt sich das Luftschiffchen ohnehin nicht. Höhe gewinnen kann Sophie nur, indem sie Ballast abwirft, sinken, indem sie Gas aus der Seidenhülle ablässt. Wasserstoff ersetzt als Fülle der Ballonhülle bald die heiße Luft der Brüder Montgolfier. Das neuartige Fluggerät, das viel länger in den Lüften schweben kann, wird seinem Erfinder, Jacques Alexandre César Charles, zu Ehren Charlière genannt.

Und obwohl Sophie Blanchard auch einen Heißluftballon nach Art der Brüder Montgolfier besitzt, startet sie bei ihren Flugshows in einem modernen Wasserstoffballon. Die zierliche Witwe entwickelt ein beachtliches Geschäftsmodell. Sie reist durch Europa, hebt in Frankreich, Italien, Österreich und Deutschland ab. Dafür bedarf es einer Organisation. Der Ballon muss Tausende Kilometer transportiert werden, große Mengen Wasserstoffgas müssen besorgt, gelagert und eingefüllt werden.

Frau Blanchards wagemutige Fahrten begeistern auch in Deutschland die Massen. Bis zu 100 000 Menschen blicken staunend in den Himmel, wenn Sophie aufsteigt. In Frankfurt soll sie sogar für die Premiere einer Oper von Carl Maria von Weber zur unschlagbaren Konkurrenz geworden sein. Das Theater bleibt fast leer, weil die Stadt der Französin zujubelt.

Die »Ballon-Manie« findet auch in Deutschland Nachahmerinnen. Ballonfahrten sind am Beginn des 19. Jahrhunderts ein beliebtes Spektakel, sie befriedigen die Sehnsucht nach Freiheit, Abenteuer und dem Fliegen. Der Ballon wird zum Symbol der Moderne, er beeinflusst die Mode der Damenwelt. Ballonröcke werden geschneidert, Ballonabbildungen finden sich auf Bildern und Porzellantassen, und selbst Frisuren werden »a la montgolfier« gesteckt.

Unter der wachsenden Gilde von Luftschiffern bricht ein Konkurrenzkampf um möglichst wagemutige und fantasiereiche Attraktionen aus. Wilhelmine Reichard wird anno 1811 zur Luftfahrtpionierin in Berlin, in München und später in Wien. Das Geschäft folgt den Mechanismen des Schaustellergewerbes. Frauen sind attraktives Beiwerk – nicht so Blanchard.

Blanchards Tod schockt Paris, die Zuseher im Tivoli sammeln spontan Spenden für die Nachkommen der Verunglückten. Doch Sophie stirbt kinderlos. Mit den gespendeten 2400 Francs wird für die Luftfrau ein erdenschwerer Grabstein auf dem Friedhof Père Lachaise errichtet. Die Inschrift lautet: »Victime de son art et de son intrépidité« – ein Opfer ihrer Kunst und ihrer Furchtlosigkeit.

*Ching Shih. Eine Prostituierte wird zur unbestrittenen Anführerin der größten Piratenflotte im Südchinesischen Meer. Tausende Dschunken stehen unter ihrem Kommando. Sie erlässt die ersten – brutalen – Gesetze für die Freibeuter und stirbt friedlich in einem Palast auf dem Festland.*

# Ching Shih

..........................................

## »Ein toter Fischer fängt keine Fische«

Piraten haben ihre eigenen Gesetze. Die neun Gebote des wilden Freibeuterlebens verfasst eine Frau: Ching Shih oder Zheng Yisao. Die junge Ehefrau des Piraten-Anführers Ching I. (andere Schreibweisen: Cheng Wen-hsien, Cheng Yih, Zheng Yi) formuliert die Regeln fürs Zusammenleben, eher wohl fürs Zusammensterben der Piraten vor der südchinesischen Küste. Das erste Gebot lautet: »Wer den Piraten schadet, ist kein Pirat mehr.« Und: »Wer Geheimnisse der Piraten verrät, stirbt grausam.«

Klare Regeln sind ein großer Fortschritt in der an sich gesetzwidrigen Zunft – besser strenge Gebote als reine Willkür. Und Ching Shih führt so etwas wie wirtschaftliche Vernunft in den Kriegsalltag der Piraten ein, die im 18. und 19. Jahrhundert das Südchinesische Meer zwischen der Mündung des Perlenflusses und der vietnamesischen Küste beherrschen. »Ein toter Fischer fängt keine Fische. Töte nicht, wen du berauben kannst.« Ching Shih geht mit dieser an sich unwiderlegbaren Maxime als Erfinderin der nachhaltigen Piraterie in die chinesische Geschichte ein.

Die junge Frau wird 1775 als Shih Yang in der Provinz Guangdong geboren und mit kaum 16 Jahren aus ihrem Dorf entführt. Vor die Wahl gestellt, vergewaltigt und ermordet zu werden oder in einem Kantoneser Bordell ihre sexuellen Reize gegen Geld zu verkaufen, »entscheidet« sich das Mädchen fürs Bordell. Männer üben Gewalt aus, Frauen sind rechtlos.

Shih Yang verfügt aber über besondere Fähigkeiten in der unfreiwillig ausgeübten Profession. Sie wird zum Star der Bordellszene in der Küstenstadt Kanton. Zu ihren Kunden zählt auch ein Piratenkapitän namens Zheng Yi, dem die junge Prostituierte ungewöhnliche Freuden spendet. Er kauft sie aus dem Bordell aus und will sie in seinen Harem aufnehmen. Der Freibeuter unterschätzt freilich die sexuellen Fähigkeiten seiner neuen »Beute«. Shih fesselt Zheng buchstäblich ans Bett und erschöpft seine Manneskraft. Neben ihr haben andere Piratenbräute keinen Platz mehr. Zheng Yi heiratet Shih, die daraufhin Ching Shih heißt, also Frau des Ching Yih (oder Zheng Yi, wie immer man den Namen aus den chinesischen Schriftzeichen übersetzen mag). Mangels akkurater historischer Überlieferung könnte die Zheng Yi angedichtete sexuelle Hyperaktivität auch bloß die Projektion männlicher Fantasien sein, die junge Frau muss aber tatsächlich besondere Reize besitzen, andernfalls hätte sie der Piratenkapitän – bedenken wir die damaligen milieubedingten Sitten und Gebräuche – nicht geheiratet.

Er ernennt die 20-Jährige zur Hauptfrau, macht sie zur Chefin des Harems und zur Statthalterin seiner ausgedehnten Besitzungen an Land. Bei der Aufteilung der Beute soll halbe-halbe gemacht werden. Es ist der Beginn einer steilen Karriere. Dann geht Zheng Yi wieder seinem küstennahen Handwerk nach. Piraterie ist ein Geschäftszweig, nicht legal, aber einträglich. Der Einfluss der örtlichen Gouverneure in den chinesischen Küstenprovinzen endet meist am Strand. Sehr oft sind sie ohnehin mindestens so gesetzlose Räuber wie die Piraten auf ihren Schiffen. Zwischen 20 und 30 Kanonen haben diese an Bord. Gut 200 Männer segeln auf den Dschunken, rauben Handelsschiffe aus und heben vor allem Schutzgelder von den Menschen in den Küstenorten ein.

Das Piratengeschäft wird von durchaus eigenwilligen Männern betrieben. »Jeder gegen jeden« ist über Jahrhunderte die Devise. Oft sind Schiffe der europäischen Handelsgesellschaften Beuteziel der einheimischen Seefahrer. Und umgekehrt. Die Schiffe der europäischen Compagnien praktizieren den Gewürzhandel nicht unähnlich. Die 1502 von niederländischen Kaufleuten gegründete Vereenigde Oost-Indische Compagnie (VOC) hat das Ziel, den Handel in Südostasien an sich zu reißen und zu monopolisieren, mit allen Mitteln. Die VOC wird die erste moderne Aktiengesellschaft der Geschichte, ein Weltkonzern, der sagenhafte Gewinne erwirtschaftet. Die Ostindien-Kompanie beherrscht über fast zwei Jahrhunderte den Handel mit Gewürzen und Seide zwischen Europa und Asien. Die sprichwörtlichen »Pfeffersäcke« werden reich, die Pracht der niederländischen Städte, etwa Amsterdam, ist in Stein gehauene Dividende. Die VOC ist eine skrupellose Organisation mit eigenen Soldaten und eigener Rechtsprechung. Piraten wie Konkurrenten werden bekämpft, Schiffe geentert, Konkurrenten auf den Meeresgrund versenkt. Die europäischen Piraten nennen sich Kaufleute.

Gegen Ende des 18. Jahrhunderts wird die Flotte unter dem Kommando von Zheng Yi zur ernsthaften Geschäftsstörung in der unübersichtlichen Inselwelt des Chinesischen Meeres. Unter roten Flaggen segelt ab 1804 eine der größten Piratenflotten der Welt. Am Höhepunkt seiner Macht kommandiert Zheng Yi eine Armada von gut 200 hochseetüchtigen Schiffen, die mit jeweils bis zu 400 Mann Besatzung segeln. Dazu kommen noch vier Mal so viel Küstendschunken mit kleineren Geschützen. In Summe verbreiten zwischen 40 000 und 200 000 Piraten Angst und Schrecken. Viele Dörfer an der Küste zwischen Macau und Kanton werden gnadenlos geplündert, Schutzgeld wird erpresst. Es wird gemordet und gebrandschatzt.

Alles in allem ist die Piraterie ein gefährlicher Job, wie Kinobesucher des 21. Jahrhunderts aus diversen Hollywoodfilmen wie *Pirates of the Caribbean* wissen. Zheng Yi zeugt mit seiner Hauptfrau Shih zwei Söhne, segelt aber bald in den Untergang. Die schöne und kluge Frau droht ihm den Rang abzulaufen. Schon reden die Seeleute, sie mauscheln und spotten. Zheng Yi will seine kluge, vielleicht allzu kluge Piratin im nächsten Hafen an Land setzen. Doch auf dem Weg dahin gerät die Dschunke vor Vietnam in einen mittelschweren Tropensturm. Der Kapitän geht von Bord, er stolpert oder wird gestoßen, es findet sich keine rettende Hand. Zheng Yi erleidet ein Piratenschicksal. Sein Grab wird das Meer. Die Wellen erzählen seine Geschichte.

Für Trauer bleibt der Witwe keine Zeit. Ching Shih, jetzt offiziell die »Witwe Shih«, übernimmt in einer Blitzaktion das Kommando der Flotte, indem sie mit einem anderen beliebten Anführer der Piraten eine strategische Allianz eingeht, geschäftlich und körperlich.

Zhang Baozai (oder Chang Pao, Cheung Po Tsai) ist der neue Mann im Leben der Witwe. Sie kennt ihn gut, weil er auch ihr adoptierter Stiefsohn ist. Der ehemalige Fischer, der als Sklave gehalten wurde, hat unter dem Kommando des verstorbenen Zheng Yi eine steile Karriere gemacht. Fischer, Sklave, adoptierter Sohn, Flottenkommandant und Geliebter der Witwe seines Adoptivvaters. Die beiden versichern sich der Loyalität der anderen Kapitäne und setzen die Kaperfahrten fort. Die junge Witwe verkündet klare Regeln. »Der Pirat raubt niemals für sich selbst. Der Kapitän verteilt die Beute.«

Damit wäre auch das klargestellt. Allerdings sichert sich Ching Shih die Gefolgschaft der Seeleute durch eine Art Sozialgesetzgebung. Ein Fünftel der Beute soll der Allgemeinheit gehören. Schiffe und ihre Besatzung, die bei den Raubzügen mit leeren Netzen in ihre Piratennester einlaufen, profitieren von den Raubzügen der erfolgreichen Piraten. Diese Umverteilung ist ein Novum.

Die Piratin verändert das seefahrende Volk. Und sie erlässt Gebote zur Behandlung von gefangenen Frauen. Sind sie hübsch, können sie von Piraten geehelicht werden. Männer sind dann unter Todesstrafe zur Treue gegenüber ihren »Beute«-Frauen verpflichtet. »Wenn ein Pirat eine Frau stiehlt, hat er sie zur Frau zu nehmen, wenn der Kapitän es gestattet. Wenn er dies tut, muss er ihr treu sein, ansonsten wird er ertränkt.« Treue oder Tod. Weniger attraktive Frauen werden gegen Lösegeld freigelassen. Frauen sind nicht nur bloßes Raubgut, sie können auch als »Piratin« in eine Schiffsgemeinschaft aufgenommen werden und gelten unter einem neuen Namen als gleichberechtigt unter ihren männlichen Kollegen. Bis zu einem Drittel der Piraten sollen unter der Führung von Ching Shih Frauen gewesen sein.

Und für die damals übliche Vorgangsweise bei der Plünderung von Küstendörfern setzt die Piratin klare Regeln zum Schutz der Frauen fest. »Wenn ein Pirat eine Frau oder ein Kind vergewaltigt, wird er an seinen Eingeweiden aufgehängt.« Der Strafkatalog dif-

ferenziert nur in den unterschiedlichen Vollzugsarten der Todesstrafe. Ersäufen, in Eisen legen, an den Gedärmen aufhängen und
so weiter. Die Freibeuter des Chinesischen Meeres verstehen diese
Sprache. Und noch so strenge Regeln sind ein Fortschritt gegenüber gar keinen Regeln. Über Jahre gelingt es Ching Shih, eine
gewisse Disziplin in der Dschunken-Armada aufrechtzuhalten
und jede Meuterei zu ersticken. Die Ehe zwischen Zhang Baozai
und Ching Shih stellt auch einen Übergang zwischen unterschiedlichen Herrschaftstraditionen dar. Das Paar lebt etwa ein Jahrzehnt durchaus friedlich in kriegerischer Tradition.

Die Schiffe unter der roten Flagge werden unter dem Kommando der Piratin zur Seemacht. Sie beherrschen die südchinesische
Küste, kapern und entern aber bis nach Malaysia. Im Jahr 1809
»erbeutet« die rote Flotte gar einen Offizier der englischen Ostindien-Kompanie und sieben britische Matrosen. Richard Glasspoole ist Offizier auf dem Schiff »Marquis of Ely«. Er und seine
Mannschaft erkunden die Küste und werden ein paar Meilen vor
Macao durch eine ungünstige Strömung vom Mutterschiff wegge-
trieben. Die »Marquis of Ely« lichtet die Anker und verschwindet
im Nebel. Drei Tage lang treiben Glasspoole und seine Crew in
schlechtem Wetter auf dem Meer, das Ruderboot ist leckgeschla-
gen. Die Piraten sind zunächst einmal Retter, dann erst Gefahr.
»20 wild aussehende Verrückte sprangen auf unser Boot. Sie waren
mit einem kurzen Schwert bewaffnet, dessen Spitze sie auf unsere
Brust setzten.« Officer Glasspoole wird dann zum Kapitän der
kleinen Armada gebracht. »Er saß in einem großen Liegestuhl an
Deck, gekleidet in lila Seide mit einem schwarzen Turban am
Kopf.« Der englische Offizier muss einen Brief an seinen Kom-
mandanten schreiben. 100 000 Dollar verlangen die Piraten für
die acht Engländer, zahlbar innerhalb von zehn Tagen. So schnell
geht es dann doch nicht. Die Engländer bleiben über Monate »Gäste« der Piraten und damit wertvolle Geiseln. Glasspoole beobachtet und beschreibt das Handwerk der Seeräuber. Dieser Bericht an
seine Vorgesetzten in der Ostindien-Kompanie ist eine der wenigen westlichen Quellen über die große Zeit der Piratenflotten.

Ching Shihs Schiffe bedrohen gar das reiche Kanton an der Mündung des Perlenflusses und stören die Geschäfte der europäischen Handelsnationen. Pai Ling, der Generalgouverneur des chinesischen Kaisers Jiaqing aus der Qing-Dynastie, muss englische Schiffe und die Portugiesen um Hilfe bitten. Er organisiert eine große Streitmacht, die mit überlegener Feuerkraft der europäischen Kanonen die »rote Flotte« vernichten soll. Im September 1809 laufen zwei portugiesische Kriegsschiffe aus dem Hafen der Kolonie Macau aus. Sie sollen die chinesische Marine und englische Schiffe in einer Seeschlacht gegen die »rote Flotte« unterstützen. Tatsächlich kommt es im Spätherbst des Jahres 1809 in der Tigerbucht zu einigen Scharmützeln der Piraten mit der kaiserlichen Flotte. Doch Ching Shih erweist sich auch diesmal als kluge Frau, sie vermeidet nach einer Serie von kleinen Niederlagen den großen Waffengang gegen die überlegenen europäischen Kriegsschiffe. Sie hat in der Seeschlacht von Chen Lap Kok erfahren müssen, dass ihre Dschunken gegen die Kanonen der portugiesischen Flotte keine Chance haben. So nimmt sie das Anbot einer Amnestie durch den Kaiser in Peking an. Im Jahr 1810 westlicher Zeitrechnung segelt sie persönlich nach Kanton und verhandelt dort ein Abkommen, das es ihr ermöglicht, die Beute – und auch ihren Kopf – zu behalten. Die kriegerischen Dschunken und Teile der Besatzung werden in die chinesische Flotte aufgenommen und fortan besoldet. Chings Ehemann wird Marineoffizier, darf zwei Dutzend Dschunken behalten und auf eigene Rechnung in der Chinesischen See auf Piratenjagd gehen.

Ching Shih hingegen hat genug von schwankenden Brettern. Sie verlegt ihre Geschäftstätigkeit aufs Land und eröffnet mit ihrem beträchtlichen Vermögen als Grundkapital ein Spielcasino in Kanton. Nebenbei organisiert sie den einträglichen Opiumschmuggel und berät die kaiserliche Armee im Kampf gegen die Engländer, die mit Gewalt im Ersten Opiumkrieg den Absatzmarkt für das Narkotikum sichern wollen. Die Piratin auf Landgang stirbt im 70. Lebensjahr – überraschenderweise friedlich und gewaltfrei – in ihrem schönen Haus.

# Jane Elizabeth Digby

.......................................................

*»Ja, ein wildes, wildes Herz«*

Mit mehr als 40 Jahren Verspätung berichtet das *Neue Wiener Journal* am 31. August 1909 über einen »seltsamen Rekord«. Die Schwester des Lord Digby habe sich vier Mal verheiratet, und zwar »jedesmal mit einem Mann anderer Nationalität«. In der Rubrik »Neuigkeiten aus aller Welt« schreibt die Wiener Tageszeitung Unerhörtes. »Zuerst vermählte sie sich mit einem Landsmann, Lord Ellenborough, der Vizekönig von Indien war; nach dessen Tode wurde sie die Gattin des bayerischen Freiherrn von Venningen. Der dritte Mann, der sie heimführte, war ein griechischer General, und jetzt hat sie sich zum vierten Mal verheiratet, mit einem Araber namens Medjouel.« So kurz und so falsch kann eine Zeitung mit so großer Verspätung ein wahrlich außergewöhnliches Leben beschreiben. Dabei war Jane Elizabeth Digby, vormalige Lady Ellenborough, wohl eine der bekanntesten und – jedenfalls in der Berichterstattung der europäischen Presse – schillerndsten Damen des frühen 19. Jahrhunderts.

Geboren wird sie in eine angesehene englische Adelsfamilie. Sie ist schön, charmant, klug, selbstbewusst und mehr als wohlhabend, reich. Die Liebe, aber auch die erotische Lust wird Jane über sieben Jahrzehnte erfreuen, sie aber auch in die größten Kalamitäten, Skandale, Gefahren und Affären stürzen. Sie trifft zwei Könige, einen späteren Vizekönig von Indien und Chef der Admiralität, einen Diplomaten, der es bis zum Feldmarschall und Ministerpräsidenten bringen wird, reiche Freiherren, jugendliche Bibliothekare, einen griechischen Räuberhauptmann, und schlussendlich ehelicht sie einen 20 Jahre jüngeren Beduinen-Scheich. Alle ihre Liebhaber, Ehemänner und viele der ihr liebestoll zugetanen Freunde sind reich, stattlich und bedeutend. Sie wird vier Kin-

*Jane Elizabeth Digby. In der englischen Aristokratin schlägt fürwahr ein*
*»wildes, wildes Herz«. Eine folgenreiche Liebesaffäre mit dem späteren öster-*
*reichischen Ministerpräsidenten wird vor dem House of Lords abgehandelt*
*und endet mit einer öffentlichen Scheidung. Es folgen weitere Skandale,*
*Ehen, Kinder, Liebschaften mit Literaten, Räuberhauptleuten, Königen und*
*schließlich die Ehe mit einem Beduinen-Scheich in der Syrischen Wüste.*

der von verschiedenen Männern zur Welt bringen, denen allen kein langes Leben vergönnt ist.

Die Männer – ihre Männer – spielen im Leben von Jane Digby eine Hauptrolle, die Regie führt aber Jane. Das so schwache »starke Geschlecht« genießt, leidet, betrügt, aber das alles nur unter dem unwiderstehlichen Zwang der Schönheit und der Verführung. Im Feuilleton eines Wiener Blattes wird die Tonlage gesetzt: »Die berüchtigte Schönheit hat unendlich viel Unheil in Männerherzen angerichtet.« Tatsächlich.

Die englische Aristokratin wird in den ersten Jahrzehnten des 19. Jahrhunderts eine europäische Berühmtheit, ein Society-Star, von ruchlosen Skandalen umweht, die kribbelndes Schaudern in den europäischen Salons auslösen. Broschüren werden über sie verfasst, Romane geschrieben und Klatschspalten gefüllt.

Sie ist die Tochter eines englischen Seehelden und Enkelin von Thomas Coke, des 1. Earl of Leicester, der erfreulicherweise auch der reichste Grundbesitzer in ganz Norfolk ist. Die prachtvollen, oft nach griechischen Vorbildern gebauten Landgüter, auf denen die englische Oberschicht residiert, sind Schlösser mit ausgedehnten Parks, sprichwörtliche »englische Gärten«. Die noble Gesellschaft pflegt sich bei Fuchsjagden zu amüsieren, galoppiert über die Güter und lässt sich das Leben von einer Hundertschaft an Bediensteten angenehm gestalten. Es ist ein Leben, wie es Jane Austen in ihren Romanen beschreibt, frei von materiellen Notwendigkeiten, eingezwängt in ein Korsett gesellschaftlicher Normen, die aber in aller Heimlichkeit gesprengt werden: Jeder tut es, jeder weiß es, niemand redet darüber in der Öffentlichkeit.

Die mit langem blonden Haar, blauen Augen, einem zarten, blassen – damals höchst schick – Teint und einer vollkommenen Figur gesegnete Jane wird auf ihre erste Saison in der Londoner Gesellschaft vorbereitet. Junge Damen aus diesen Kreisen haben üblicherweise ein, zwei »Saisonen« Zeit, sich in London bei Empfängen und Bällen zu präsentieren. Es sind aristokratische Heiratsmärkte. Eine Einladung in den richtigen, den gesellschaftlich arriviertesten Salon, ist Gold wert. Lady Andover, Janes Mutter, verschafft ihrer Tochter die richtigen Einladungskärtchen.

Jane Digbys Premiere im London des Jahres 1824 verläuft glänzend. Bei ihrem »Debüt« im »Royal Drawing Room« im St. James's Palace darf die 16-Jährige von ihrer Mutter gar König George IV. persönlich vorgestellt werden. Sie ist der Star der Saison. Nach einer erfolgreichen Einführung in die Gesellschaft gilt ein junges Mädchen als Erwachsene, darf Empfänge und Bälle besuchen und ist offiziell eine Kandidatin am Heiratsmarkt. Liebe ist bestenfalls ein zufälliges Nebenprodukt. Es gilt für die Damen und Herren der noblen Gesellschaft, eine »gute Partie« zu machen, die den standesgemäßen Ruf der Familie festigt und idealerweise den finanziellen Status befördert.

Lady Andover kann zufrieden sein. Sie bekommt in den Tagen nach den öffentlichen Auftritten ihrer Tochter eine Fülle von Angeboten. Verehrer bringen sich mit anbetenden Gedichten in Stellung. Sie preisen Janes goldlockiges Haar, ihre charmanten Schultern, das blau-violette Leuchten der Augen und den eleganten Schwung ihrer Augenbrauen. Ihre Figur wird schlicht als perfekt beschrieben. Ein Spitzname für sie fasst die Bewunderung in Worte: »Licht des Tages«. Und diese Flamme wird von einem großen Schwarm romantischer Verehrer umtänzelt, freilich nicht sehr lange.

Mit Edward Law, Lord Ellenborough, nähert sich ein 34-jähriger Hai dem jungen Mädchen. Der Lord hat politische Ambitionen im London des kommenden viktorianischen Zeitalters, ist nicht von allen geschätzt, aber wirkt respekteinflößend. Edward trauert seit fünf Jahren seiner früh verstorbenen Frau Octavia nach – ein Witwer, reich und gut aussehend, in der Gesellschaft fest verankert. Acht Wochen nach dem ersten Zusammentreffen der 17-Jährigen mit Lord Ellenborough wird die Hochzeit von Jane mit Edward offiziell verkündet. Es ist keine Beziehung gegen den Willen der jungen Braut. Jane fühlt sich zu dem erfahrenen, reifen Mann romantisch hingezogen. Der Lord weiß, was von ihm erwartet wird, er schreibt Liebesgedichte an seine Anzutrauende: »O fairest of the many fair. Who ruled or seemed to rule my heart. The thought, that I am loved again and loved by one I can adore.« Im Oktober 1824 werden Jane und Edward getraut. Die »bessere Gesellschaft« bedauert Jane. »Armes Mädchen, das in dieser Welt noch keine Erfahrungen gemacht hat.« Edward hat in Frauenangelegenheiten nicht den besten Ruf. Entgegen allen Unkenrufen: Das Paar scheint glücklich zu sein.

Üblicherweise wird von Damen dieser Gesellschaft erwartet, dass sie die sexuellen Begleitumstände einer Ehe geduldig hinnehmen, einen Sohn zur Welt bringen und die männlichen Eskapaden mit Noblesse ignorieren. Jane genießt die ersten Wochen ihres Ehelebens mit der doch recht erfahrenen Lordschaft: »Meine größte Freude ist, dich zu lieben.« Nach den Flitterwochen, die im damals fashionablen Seebad Brighton verbracht werden, zieht Routine ins Eheleben ein. Der Herr Gemahl ist meist abwesend, die jugendliche Gattin weilt in Roehampton am Lande und beobachtet das Wirken der Dienstboten bei der Pflege des stattlichen Schlösschens. Der Familiensitz des Barons liegt heute im Südwesten Londons, mitten im Stadtgebiet, unweit von Wimbledon und dem prachtvollen Richmond Park. Dort reitet Jane mit Vorliebe.

Nicht weit von Londons feinsten Adressen, aber doch weit genug, dass der Herr Gemahl ungestört seinen Geschäften und Liebschaften nachgehen kann. Kaum ein Jahr nach der Hochzeit ist Lady Ellenborough wieder Mittelpunkt der Salons. Oft wird sie von ihrem Ehemann begleitet, häufig auch nicht.

Ohne männlichen Begleitschutz müsste Jane einsam und allein auf den Gütern des Ehemanns versauern, wenn dieser zwecks Beförderung seiner politischen Karriere abwesend ist. Glücklicherweise bietet sich ihr Cousin als Galan an. Der zehn Jahre ältere Oberst George Anson darf als familiärer Begleiter seine verheiratete Cousine zu den gesellschaftlichen Ereignissen ausführen, im Hyde Park mit ihr ausreiten, Bälle und Empfänge besuchen, Champagner trinken. George Anson sieht blendend aus, ein jugendlicher Offizier, der als charmanter Draufgänger und Womanizer gilt, hätte es den Begriff damals schon gegeben. Jedenfalls wird er mit fast allen attraktiven Ehefrauen der besseren Gesellschaft in eine gewisse Beziehung gebracht.

Die Nähe zum forschen George entwickelt sich zur Liebelei und endet alsbald in einer stürmischen Affäre. So einen Mann als Aufpasser für eine 18-jährige Schönheit zu engagieren, kann eben nicht gut gehen – obwohl: Beide haben Spaß. »Oh, es ist der Himmel, dich zu lieben«, schreibt sie ihm und »wenn du nur halb so viel Lust empfindest wie ich bei dir, dann muss es für dich Ekstase sein«. Von wegen scheuer Zurückhaltung im viktorianischen Zeitalter. Cousin George ist freilich gesellschaftlich auch anderweitig engagiert und erhält irgendwann den Hinweis, er möge es mit seiner Cousine nicht zu weit treiben, es würde schon getratscht.

Das Ende der Londoner »Saison« führt Jane wieder aufs Land. So schreibt die romantische Ehefrau, deren Mann nicht nur seiner verblichenen Frau Octavia nachtrauert, romantische Gedichte (an wen sie wohl denkt?), und, wie es das Schicksal so will, sagt sich ein jugendlicher Bibliothekar des British Museum zu historischen Studien auf dem Landgut ihres Großvaters in Holkham Hall in Norfolk an. Er soll die Briefe und Schriften von Opa Coke katalogisieren und bearbeiten.

Frederic Madden geht in gewissenhafter Beamtenart von zehn Uhr morgens bis zum Afternoon Tea seiner Arbeit nach. Immer häufiger treffen einander die Lady des Hauses und der strebsame junge Mann. Jane ist wissbegierig, sie lässt sich von ihm Geschichte erklären, sie spielt für ihn in der Familienbibliothek Gitarre, liest und rezitiert Gedichte, begleitet ihn tête-à-tête bei Spaziergängen im Park. Ausritte in der Nähe der Küstendörfer folgen. Ach, es kommt, wie es kommen muss. Die Lady und der 26-jährige Historiker ohne feste Anstellung kommen einander nahe. Frederic Madden notiert in sein Tagebuch: »Am Abend spielte ich Whist – und gewann. Lady E. blieb länger als die andere Gesellschaft zurück. Gegen Mitternacht begleitete ich sie zu ihrem Zimmer – Narr, der ich war – ich will nicht erzählen, was dann war – Barmherziger Gott! – hatte jemand jemals so viel Glück.«

Immerhin besucht der junge Historiker am nächsten Morgen die Schlosskapelle, um Abbitte für seine nächtlichen Sünden zu leisten, die er aber kaum bereut. Die Eskapade unterbricht die Affäre mit Cousin George nur kurz, aber auch diese endet.

Schließlich widmet sich auch der 2. Baron Ellenborough, der es später einmal zum Vizekönig von Indien bringen wird, gelegentlich wieder seiner Frau, die schwanger wird und einen Erben zur Welt bringt. Sohn Arthur Dudley wird der Fürsorge einer Amme übergeben und verschwindet bald aus Janes Leben. Der junge Baron wird schon im Alter von zwei Jahren sterben. Reichtum schützt anno 1830 nicht vor frühem Kindstod.

Ihr Herz trauert aber nur einem Mann über Jahre wirklich nach: Fürst Felix zu Schwarzenberg. Der österreichische Diplomat aus uraltem und schwerreichem Adel wird Janes erster Lebensmensch und schließlich Scheidungsgrund. Er ist der Einzige, der sich ihrem Charme, ihrer Schönheit, ihrem Bann entziehen kann und von sich aus auf Distanz geht, als es die politische Räson verlangt. Fürst Schwarzenberg wird die politische Karriere im Dienst von Fürst Metternich und des Hauses Habsburg dieser Frau vorziehen. Er liebt sie, lässt sie leiden und verlässt sie. In ihrem Leben verhält es sich meist umgekehrt. Da greifen wir dem Drama vor.

Die Affäre mit dem jungen, höchst attraktiven und mindestens so aristokratischen österreichischen Sekretär an der österreichischen Gesandtschaft beginnt während der gesellschaftlichen Saison in London. Jane hat schon eine gewisse Routine, Männern den Kopf zu verdrehen. Ihre Blicke treffen einander bei einem Ball in der Russischen Botschaft. Der Fürst aus der Habsburgermonarchie und aus nobelstem Adelsgeschlecht ist gerade 27 Jahre alt, hat Anatomie studiert, spricht sieben Sprachen fließend, hat eine ausgebildete Gesangsstimme und tanzt Walzer, wie man es zu dieser Zeit nur in Wien lernen kann.

Der Fürst und die Lady. Aus seiner Sicht ist es »Liebe auf den ersten Blick« in der romantischen Tradition des Lord Byron. Jane ist interessiert, amüsiert, geschmeichelt, aber bleibt vorerst auf Distanz. Felix wirbt um die junge Ehefrau eines Lords und verbucht erste Erfolge. Im Juni des Jahres 1828 bemerken einige neugierige Bewohner der Harley Street im Londoner Bezirk Marylebone, wie eine junge Lady in einer eleganten dunkelgrünen Kutsche mit dem Wappen der Ellenboroughs vorfährt und das Haus Nr. 73 betritt. Dort logieren die beiden Österreicher Felix zu Schwarzenberg und sein Gesandtschaftskollege Moritz Graf von Dietrichstein. Praktischerweise befindet sich das Londoner Stadthaus ihrer Eltern in der gleichen, recht noblen Straße. So gibt es immerhin eine glaubhafte Erklärung für die immer häufiger werdenden Besuche in der Harley Street, die von den Nachbarn penibel registriert werden. Durch die Fenster der ersten Etage beobachtet ein Nachbar, wohl kaum zufällig, wie der Fürst die soeben ins Haus gehuschte verschleierte Jane umarmt. Er wird das Gesehene später als Zeuge zu Protokoll geben. Felix tröstet Jane über die Untreue ihres Cousins hinweg und entflammt ihr Herz, mehr noch ihren Körper. »Now another love infames my lonely heart and this new love promises far, far higher ecstasy.« Diese Liebesgeständnisse sind penibel dokumentiert. Sie werden später in einem hochoffiziellen Scheidungsverfahren zuerst vor dem House of Lords und dann auch noch im Abgeordnetenhaus, vor den Commons, eine gewichtige Rolle als Beweismittel spielen.

Die Affäre gerät für beide außer Kontrolle, die Liebe macht den Seitensprung zur ernsten Angelegenheit. Felix und Jane sehen einander vier, fünf Mal die Woche. Londons Society tratscht, und Österreichs Botschafter in London warnt seinen jugendlichen Mitarbeiter vor diplomatischen Komplikationen. So verlagern beide ihre intimen Rendezvous ins weitere Umland der Metropole. Im kühlen Jänner vereinbaren Jane und Felix ein klandestines Treffen in Brighton. Beide mieten jeweils eine Suite im Hotel Norfolk und reisen separat an. Was im Hotel passiert, könnte aus einem Groschenroman stammen. Der jugendliche Fürst will sich in finstrer Nacht den Gemächern seiner Geliebten nähern, wird aber dabei vom Nachtportier, einem Mister Robert Hepple, gesichtet und muss unter fadenscheinigen Ausreden wieder in seine Suite huschen, um wenig später einen neuen Vorstoß zu wagen. Der wohl ebenso neugierige wie misstrauische Portier wird zum Zeugen, wie Fürst Felix an die Türe der Lady klopft und wie ihm rasch Einlass gewährt wird.

Wäre Mister Hepple ein Gentleman gewesen, hätte er sich mit einem wissenden Lächeln in seine Portiersloge zurückgezogen. Gentleman ist er nicht. Er beobachtet volle 15 Minuten lang durchs Schlüsselloch das Geschehen im Zimmer und tratscht seine Beobachtungen am nächsten Tag an den Bedienten William Watson weiter. Der wiederum konfrontiert Lady Jane mit den nächtlichen Enthüllungen, die schockiert, aber praktisch denkend Mister Watson mit 20 Pfund zum Schweigen verpflichtet, damals immerhin ein halbes Jahresgehalt. Watson gibt fünf Pfund an den neugierigen Portier weiter. Zu wenig, wie sich bald herausstellt, denn Hepple fühlt sich verpflichtet, seine Lordschaft brieflich über die Nacht im Hotel zu informieren, wodurch Lord Ellenborough die ihm nicht unbekannte notorische Untreue seiner Frau nicht länger ignorieren kann. To make bad things worse, entdeckt Jane Ellenborough, dass sie ein wachsendes Problem hat. Sie ist schwanger. Und der angetraute Lord kommt als Erzeuger nicht infrage.
Die Eheleute haben schon vor Monaten schriftlich vereinbart, in

getrennten Betten zu schlafen. Im bald fünften Monat lassen sich die anderen Umstände kaum noch unter ausladenden Seidenroben verstecken. Die Liebesnacht mit Fürst Schwarzenberg im Hotel Norfolk war doppelt folgenreich.

Lord Ellenborough entschließt sich zur offiziellen Scheidung. Er glaubt, nur so seinen gesellschaftlichen Ruf retten zu können, denn ganz London tratscht schon über die öffentlich gewordene Affäre. So muss das Parlament über die Trennung der Ehe von Lord Ellenborough und Lady Jane Ellenborough, geborene Digby, entscheiden. Das Verfahren ist spektakulär und öffentlich. Die Aussagen der 21 aufgebotenen Zeugen und die Protokolle werden in den englischen Zeitungen gedruckt, und sie geben wahrhaft tiefe Einblicke in die Szenen einer außerehelichen Affäre. Der Portier beschreibt vor den Abgeordneten, wie der Prinz der Lady das Mieder aufschnürte und welche Liebesgeräusche er vernahm.

Mit der öffentlichen Scheidung, die von beiden Häusern des Parlaments diskutiert und entschieden werden muss – so sind die Sitten im prüden, noch vorviktorianischen Zeitalter –, wird Jane für die englische Gesellschaft unmöglich. Die Regeln sind streng. Der Mann darf alles, solange der Schein gewahrt bleibt, die Frau darf nichts, jedenfalls muss auch der äußere Schein gewahrt bleiben. Die Tatsache, dass ihr doppelt so alter Ehemann, der freilich mit knapp 36 Jahren im besten Mannesalter ist, auch Affären und gar ein Kind mit einer hübschen Bäckerstochter hat, wiegt leicht.

Jane wird durch die öffentliche Scheidungsverhandlung, an der sie gar nicht teilnimmt, zur Persona non grata, aber ein Sozialfall wird sie nicht. Lord Ellenborough gibt sich großzügig und sichert seiner untreuen Gemahlin ein sorgenfreies Leben. Jane Digby wird nie Pfund oder gar Pennys zählen müssen. Der Abfindungsvertrag wird zwischen den noblen Familien verhandelt. Seine finanzielle Großzügigkeit im Tausch für das Verschweigen der männlichen Fehltritte im Scheidungsverfahren vor den Lords. Sie sind ohnehin bekannt, dürfen aber nicht aktenkundig werden.

Fürst Felix zu Schwarzenberg muss London verlassen, sein Verhalten war doch ein wenig undiplomatisch. Er wird zunächst heim ins Familienschloss beordert und dann an die Gesandtschaft nach Paris versetzt, wohin ihm seine Lady über den Umweg Basel folgt. In der Stadt der Liebe wird 1829 Tochter Mathilde geboren und später ein Sohn, der freilich schon wenige Wochen nach der Geburt stirbt. Jane, nun wieder nur Digby, hofft jedoch vergebens auf eine Heirat mit Schwarzenberg. Für einen Fürsten aus erstem Haus kommt das nicht infrage. Seine Karriere wäre ruiniert. Felix wird auch aus Paris abgezogen. Auf einem böhmischen Schloss soll er Abstand von dieser verhängnisvollen Affäre gewinnen. Die gemeinsame Tochter nimmt er ungefragt mit nach Österreich. Jane Digby wird ihre Tochter nie wieder sehen.

Eine Affäre mit dem damals 30-jährigen Schriftsteller Honoré de Balzac tröstet über den Abschied vom Geliebten und vom Kind hinweg. Balzac überhöht Lady Jane zur literarischen Größe. Seine »Lady Arabella Dudley« beschreibt der Dichter als Schönheit,

»gezeichnet mit all den Lastern, die unser Egoismus zum Idol macht«. Balzac bleibt ein kurzes Kapitel.

Jane wird zur rastlosen Wanderin, verlässt Paris, das sie nicht mag, und kommt nach München. Die Stadt im künstlerischen Aufbruch und im klassizistischen Baurausch wird zur neuen Heimat der noch immer jungen Frau. Der bayerische König Ludwig I. liebt alles Schöne, die schönen Künste und die schönen Frauen. Dafür konnte er nichts. Schließlich war er, laut Golo Mann, nicht nur der größte König der Geschichte, er war auch »des Umgangs mit schönen Frauen weit über Durchschnitt bedürftig«. So dauert es nur Wochen, ehe Jane und Ludwig einander begegnen, beim Oktoberfest 1832, wo sonst.

Zwischen dem König und der Engländerin mit dem zweifelhaften Ruf entwickelt sich eine Seelenfreundschaft, die vorerst auf der Ebene der Seelen bleibt. Beiden Protagonisten sind außereheliche Beziehungen nicht fremd. Wahre Liebe braucht offenbar keine körperliche Erfüllung. Der König und die Geschiedene. Sie werden in München unzertrennlich. Das Paar schreibt einander Briefe und »Billettes«, die Boten eilen mehrmals täglich vom Schloss zur Villa der Lady. Mehr als fünf Jahre lang wird der intensive Briefverkehr aufrechterhalten. Die beiden geben einander griechische Namen: Ludwig wird zu »Basily«, Jane zu »Ianthe«. Es ist der Ausdruck eines romantischen Hellenismus, einer Sehnsucht nach der vermeintlichen antiken Schönheit. Der König von Bayern investiert Unsummen in die Förderung der Künste, in den Bau von klassisch inspirierten Prunkbauten. Auf einem Hügel über der Donau lässt Ludwig seinen deutschen Weihetempel, sein Walhalla, bauen. Jane berät und inspiriert ihn dabei. Der bayerische König dichtet Bekenntnisse einer romantischen »Herzensfreundschaft«. Und Ludwig lässt Jane für seine Porträtgalerie schöner Frauen vom Hofmaler Joseph Karl Stieler malen. Das ist eine Auszeichnung, die der König recht häufig vergibt. 38 Porträts sammelt Ludwig, und er erfreut sich an den Schönheiten beim täglichen Spaziergang in der Gemäldegalerie des Münchener Residenzschlosses. Am bekanntesten sind wohl das Bild von Helene Sedlmayr, bildhübsche Tochter eines Schuhmachermeisters, und das Porträt von Lola Montez, einer gnadenlos verhaltensauffälligen Geliebten des Königs, die ihm 1848 seinen Thron kosten wird. Aber das ist eine eigene Geschichte.

Während Ludwig seiner Seelenfreundin zur Seite steht, trauert diese immer noch Felix zu Schwarzenberg nach, der ihr auch immer wieder brieflich Hoffnungen macht, er könnte doch zu ihr zurückkehren, aber er werde sie nie heiraten. Enttäuscht gibt Jane schließlich nach Jahren in München dem Werben eines sehr wohlhabenden und sehr anständigen, durchaus attraktiven, doch etwas langweiligen Barons nach.

Die Wiener *Deutsche Zeitung* berichtet am 19. Juni 1873 im Feuilleton-Teil des Blattes über die »berüchtigte Schönheit, die unendlich viel Unheil in Männerherzen angerichtet hat!«. Zunächst einmal ist das Männerherz des Barons von Venningen entflammt, er wirbt um die jugendlich attraktive Engländerin, die zögert, zaudert, ihn abweist und schließlich doch erhört. Eine Vernunftehe, aus ihrer Sicht. Die *Deutsche Zeitung* ist noch vier Jahrzehnte nach dem Ereignis echauffiert: »Unmöglich! Dieser ehrenhafte Cavalier mit dem glänzenden, fleckenreinen alten Namen, der hochgeachteten Stellung bei Hofe und dem großen Vermögen ... der Gatte einer Ellenborough! Und mein armer Freund Venningen wagte es dennoch mit dem unseligen Weibe. So grenzenlos war seine Liebe. Das junge Paar siedelte nach Mannheim über, in den nächsten beiden Jahren gebar die Baronin Venningen ihrem Gatten einen Sohn und eine Tochter. O wie glücklich der arme Venningen war! Dann aber kam ein Mai-Abend 1835. Im classischen Mannheimer Theater wurde *Donna Diana* gegeben. Auf der Bühne sprühen die Witzfunken. Die Baronin Venningen lächelt wie ein glückliches Kind auf die Bühne nieder. Da knarrt eine Logenthür ihr vis-a-vis. Sporenklirrend treten einige Heidelberger Studenten in die Loge, unter ihnen ein schöner, schlanker Grieche mit einem lichten Bronzekopf, wie der Apoll vom Belvedere, und blanken dunklen Augen und blauschwarzem Haar. Sie lässt kein Auge von dem schönen, jungen Griechen.«

In Wahrheit verläuft die erste Begegnung ein wenig anders. Jane lernt Spyridon Theotokis, den Sohn einer reichen Familie aus Korfu, am Hofe von König Ludwig kennen und ist vom 24-jährigen Griechen hingerissen. Ihr Mannheimer Baron lässt die neuerlich in Begierde entflammte Gattin freilich nicht ohne Widerstand ziehen. Er fordert den jungen Griechen zum Duell. Theotokis ist unerfahren und nervös, er schießt zuerst, aber schlecht. Baron von Venningen antwortet aus der Pistole geschossen und trifft den Widersacher in die linke Brust, wenige Zentimeter oberhalb des Herzens. Spyridon sinkt zu Boden, er blutet und bittet seinen Widersacher, scheinbar sterbend, um Verzeihung. Die wird ihm gewährt. Der Verwundete wird mit einer Kutsche ins Schloss des Grafen gebracht. Frau von Venningen pflegt ihren jugendlichen Galan aber so hingebungsvoll, dass er nach Wochen überraschend gesundet. Der Baron, der Graf und die Lady. Sie reisen nach Paris. Herrn Venningens Liebe zur Engländerin ist so groß, dass er sie mit dem jungen Griechen teilt, zumindest eine Weile. Jane und Spyridon besuchen gar in England die Familie. Nach Jahren erst willigt Baron von Venningen in eine Scheidung ein.

In Marseille wird Jane nach orthodoxem Ritus getauft und kann dann ihren Griechen heiraten. Sie folgt ihm nach Athen, das damals eine eher bescheidene Siedlung inmitten von antiken Ruinen ist. Die Villa, die sie mit ihrem Geld bauen lässt, wird zum größten und schönsten Haus in der griechischen Hauptstadt. Der »griechische« König stammt aus dem bayerischen Haus Wittelsbach und heißt Otto. Er ist ein Sohn von Ludwig I. Im 19. Jahrhundert ist es ein üblicher Brauch der europäischen Großmächte, an der Spitze neu gegründeter Monarchien, vornehmlich am Balkan, aristokratische Verwandte zu versorgen. Die Völker haben ihrem importierten König zu huldigen – die Griechen eben einem Bayern.

In Athen könnte die Geschichte enden. Sie beginnt aber erst. Denn Jane wird der heißblütigen Liebe ihres Grafen Theotokis und seiner Untreue bald satt. Und überdies entwickelt die Gemahlin von König Otto eine gewisse Eifersucht. Unter der Akropolis kann es nur einen strahlenden Mittelpunkt geben. Der sollte das Königshaus sein. Für Jane ist in Athen kein Bleiben mehr.

Just in diesen Tagen reitet der Banditenführer Xristodolous Hadji-Petros in der griechischen Hauptstadt ein. Die albanischen Brigaden haben im Unabhängigkeitskampf gegen die Türken aufseiten der Griechen gekämpft. Sie beherrschen das Land. Und sie haben den Straßenraub zum Gewerbe gemacht. Will König Otto wirklich regieren, muss er den Banden-Hauptmann zum Verbündeten machen. Der König ernennt Xristodolous Hadji-Petros zum Gouverneur der nördlichen Provinzen. Die Banditen werden zu quasi offiziellen Ordnungshütern. Lady Ellenborough, Geschiedene von Venningen und noch immer verehelichte Theotokis, ist vom wilden Charme des Briganten fasziniert und folgt dem Freischärler in die albanischen Berge. Das wilde Leben verspricht neue Erfahrungen und Erlebnisse. Die elegante Frau, die in Salons auf Chippendale-Möbeln und auf englischen Landgütern sozialisiert wurde, schläft in Höhlen, kocht für den König der Banditen am offenen Feuer, reitet und schießt wie die besten seiner Männer, und sie kümmert sich um seine achtjährige Tochter, wie sie sich noch um keines ihrer eigenen Kinder gesorgt hat. Xristodolous liebt sie. Jane wird die ungekrönte Königin im Land der Skipetaren.

Und dann lernt sie den französischen Schriftsteller Edmond About kennen. Er erzählt ihr vom Land im Osten, von geheimnisvollen Städten wie Smyrna, Palmyra und Damaskus. Jane begleitet ihn auf seiner Reise in den Orient. Die noch immer attraktive Engländerin wird in der Syrischen Wüste die Abenteuer ihres Lebens bestehen und endgültig zur Legende werden.

Von Piräus segeln die Dame und der Franzose nach Smyrna, Jaffa, sie besichtigen Jerusalem, das Heilige Land. Sie wandelt an den Gestaden des Sees Genezareth und ist überwältigt von der so fremden Welt. Die Reisenden kaufen edle Pferde, sichern sich die Protektion des englischen Konsuls und erkaufen sich den Schutz von Beduinen. Jane will durch die wilde Syrische Wüste, das antike Palmyra sehen. Am Rande der Wüste treffen sie auf einen Beduinenstamm, der dort seine Zelte fürs Winterlager aufgeschlagen hat. Die Fremden werden vom Scheich empfangen. Medjuel el Mezrab ist Mitte 20. Er tritt der englischen Lady mit den goldenen Insignien eines Prinzen der Wüste entgegen: der junge Scheich und die erfahrene Frau. Wir schreiben das Jahr 1853. Jane Digby ist 46 Jahre alt, aber mit ihren langen blonden Haaren, den tiefblauen Augen, der schlanken Figur noch immer eine Schönheit. Die englische Aristokratin hat drei Ehen hinter sich und sechs Kinder geboren. Aber ihr Alter und die höchst unterschiedlichen Kulturen spielen in der Syrischen Wüste keine Rolle mehr. Medjuel el Mezrab und Lady Jane werden ein Paar. Er entlässt seinen Harem, sie konvertiert zum Islam, lernt Arabisch, ihre neunte Sprache, und wird die Frau des jungen Scheichs. Sie verkauft ihren Besitz in Athen, färbt sich Haare und Augenbrauen schwarz, legt das blaue Gewand der Beduinenfrauen an, lernt Kamele melken und Butter machen, ein Herdfeuer aus Kameldung am Brennen halten. Jane Elizabeth Digby el Mezrab, wie sie sich nun nennt, begleitet ihren Scheich und seinen Beduinenstamm auf den winterlichen Wanderungen durch die Wüste, im Sommer nach Damaskus. Dort baut Jane für sich und Medjuel einen kleinen Palast, den sie aus den Resten ihrer Scheidungsabfindungen bezahlt.

113

Sie wird endlich eine Heimat finden. Am 11. August 1881 stirbt die Tochter des englischen Admirals Henry Digby und Lady Jane Elizabeth Digby in Damaskus. Scheich Medjuel el Mezrab, mit dem sie 28 Jahre verheiratet war, besteigt den Schimmel, den er ihr ein Jahr vor ihrem Tod geschenkt hat, und reitet einsam trauernd in die Wüste. Es ist das Ende eines schillernden Lebens, wie für ein Filmskript geschrieben.

*Augusta Ada King, Countess of Lovelace. Die Tochter des dichtenden Lord Byron wird durch drastische Erziehungsmaßnahmen ihrer Mutter zur Mathematikerin. In der Beschreibung einer gigantischen mechanischen Rechenmaschine entdeckt sie Prinzipien der Programmierung. In der praktischen Anwendung ihrer Algorithmen zur Voraussage des Wetters scheitert sie.*

# Ada Lovelace
## (Augusta Ada King, Countess of Lovelace)

*»Der analytische Automat nimmt einen Rang
ganz für sich allein ein«*

George Gordon Noel Byron, 6. Baron Byron, der große romantische Poet, schenkte seiner Tochter ein Gedicht: »Is thy face like thy mother's, my fair child! Ada! sole daughter of my house and heart? When last I saw thy young blue eyes they smil'd, And then we parted ...«

Das war es dann auch schon mit der Vaterliebe. Byron verlässt seine Frau Annabelle wenige Wochen nach der Geburt seiner Tochter Augusta Ada, er verlässt Albions Küsten und mietet am Genfer See die Villa Diodati. Fortan lebt der romantische Poet mit seinem Leibarzt John Polidori zusammen.

Die kurze Ehe des 6. Barons Byron mit Annabelle endet so mit einem Skandal. Für die vornehme englische Gesellschaft ist seine Lordschaft damit untragbar geworden. Die Hintergründe der Trennung bleiben nicht verborgen, und sie sind wahrlich skandalös. Im Jahr 1813 trifft Byron die Tochter seines Vaters aus erster Ehe, seine Halbschwester Augusta, die seit zwei Jahren von ihrem Ehemann getrennt lebt. Der Lord und die junge Frau. Sie beginnen offenkundig ein sexuelles Verhältnis, das selbst in den hochherrschaftlichen Kreisen Londons als Inzest gilt. »Diese perverse Leidenschaft war meine tiefste«, schreibt Byron Jahre später an eine enge Vertraute. Augusta bringt 1814 eine Tochter zur Welt. Ihr Vater ist, mutmaßlich, Lord Byron. Als schließlich die Ehefrau des Poeten von seiner außerehelichen Affäre erfährt – es ist nicht die einzige –, zerbricht die Ehe. Inzest mit der Halbschwester, das ist doch zu viel.

Die wenig romantische, dafür aber an Mathematik und Naturwissenschaften interessierte Gattin des Dichters hat ohnehin schon lange unter den Wutanfällen seiner Lordschaft gelitten. Sie hält ihren Ehemann für geisteskrank und lässt ihn heimlich von einem Arzt beobachten, der seinen Geisteszustand überprüfen soll. Dieser hält Lord Byrons zwischenmenschliches Verhalten durchaus für angemessen, wenn man den Maßstab an einen Poeten anlegt. Dabei genießt Lord Byron schon seit Jahren in London und Umgebung einen eindeutigen Ruf. Eine seiner ersten Geliebten, die verheiratete Lady Caroline Lamb, beschreibt den Dichter als »mad, bad and dangerous to know«. Bei dieser Beurteilung dürften eigene Erfahrungen eingeflossen sein. Caroline Lamb jedenfalls büßt ihre Liebschaft zu Byron mit Depressionen und Magersucht. Seine Lordschaft hingegen verarbeitet die Trennung dichterisch und macht sich über die Melodramatik seiner Geliebten lustig. »Thy husband too shall think of thee: By neither shalt thou be forgot, thou false to him, thou fiend to me!« – Betrügerisch zum Ehemann, teuflisch zum Geliebten.

Angesichts eines solchen Charakters ist es nur rational, dass Ehefrau Annabelle keineswegs möchte, dass die gemeinsame Tochter Augusta Ada nach ihrem Vater gerät. Die mathematisch interessierte Mutter, die Byron als »Prinzessin der Parallelogramme« verspottet hat, unternimmt alles, ihrer Tochter eine profunde naturwissenschaftliche Ausbildung zu ermöglichen: Mathematik ist erlaubt, Poesie ist verboten. Geometrie wird geübt, freies Malen ist strikt untersagt. Vieles, nur nicht Dichten. Annabelle engagiert eine ganze Armada an Privatlehrerinnen und -lehrern, die sich ums Töchterchen kümmern. Ada wird ihre Lehrer »Furien« nennen und sie mit einer Ausnahme hassen. Mütterliche Zuneigung steht nicht am strikten Stundenplan. Das Lernen von Sprachen wie Deutsch, Französisch und Latein ist erlaubt, sie gelten damals als »wissenschaftlich«, Italienisch hingegen bleibt verboten, weil Mutter Annabelle darin zu viel Poesie erkennt. Auch ein Bildnis ihres Vaters darf das Kind nicht sehen. Die Mutter fürchtet, ihr Kind könne sich in den exzentrischen Dichter-Vater verlieben.

Die Mutter erzwingt tatsächlich mit einem strengen Stundenplan und gnadenloser Überwachung jungmädchenhaftes Interesse an allem, was mit Maschinen und mit Technik zu tun hat. Und erstaunlicherweise funktioniert die Erziehung – eigentlich eine Indoktrinierung. Selbst ihr dichtender Vater bekommt aus England Nachrichten über die strikte Ausbildung seiner Tochter. Sieben Jahre nach der Geburt schreibt er einen Brief aus Italien und erkundigt sich, wie es seiner Tochter gehe: »Ada wird im Geiste ihrer mechanischen Begabung erzogen«, kommt nach Wochen die kalte Antwort aus England. Zwar versucht sich der Körper der Pubertierenden zu wehren, sie ist kränklich, infiziert sich mit den Masern, kann kaum das Haus verlassen, aber die zwölfjährige Ada ist von Maschinen fasziniert und will eigene Antriebe bauen. Sie beginnt mit der Planung einer Flugmaschine und will damit der heimischen Strenge entfliehen – einen Hauch Romantik hat sie von ihrem Vater doch geerbt. Ihre Flügel sollen denen einer Krähe ähneln. Doch diese hochfliegenden Pläne scheitern, wenig verwunderlich. Ihr Körper reagiert auf die gescheiterten Fluchtfantasien mit Lähmungen. Erst nach der Pubertät kann Ada wieder gehen. Das Kind ist eine junge Frau geworden. Mit all ihrer Verzweiflung und Leidenschaft begehrt die 16-Jährige den Hauslehrer. Sie trifft ihn im Park, sie lieben einander unter Bäumen, sie überredet ihn zur gemeinsamen Flucht. In Irland will sie ihn heiraten. Auch dieser Fluchtversuch scheitert. Der Hauslehrer wird gefeuert. Die junge Frau bewacht. Ein solcher Skandal, wäre er publik geworden, hätte die Heiratsaussichten der adeligen Schönheit schwer getrübt. So fokussiert sich die Schwärmerei der jungen Frau auf die Erotik der Mathematik.

Mama vermittelt der jungen Lady Byron die Bekanntschaft zum Mathematiker Charles Babbage. Der dank seines Erbes finanziell unabhängige Universitätslehrer will mithilfe von Maschinen der Rechenkunst zu einem neuen Höhenflug verhelfen. Babbage tüftelt an einer »Difference machine«, also einer mechanischen Rechenmaschine, im Grunde träumt Babbage von einem Computer, und er ist seiner Zeit um ein gutes Jahrhundert voraus. Ada ist fasziniert. Die Begegnung ändert ihr Leben. Sie schreibt in ihr Tagebuch: »Letzten Montag haben wir uns die Denkmaschine angesehen, denn eine solche scheint sie zu sein.« Ada erkennt sofort das Prinzip der Maschine. Es ist die Zerlegung von komplexen Berechnungen in kleinste Einzelschritte.

Charles Babbage gilt als jähzorniges mathematisches Genie. Ihn ärgern die Ungenauigkeiten in den gedruckten mathematischen Tafeln, die für vielerlei Zwecke von Seefahrern, Versicherungsmathematikern oder Bankiers genutzt werden. Deren Druck erfordert mühsame Arbeitsschritte. Und in jedem konnten sich Fehler einschleichen. In Zusammenarbeit mit dem britischen Astronomen John Herschel überprüft er zwei unabhängig voneinander erstellte Berechnungen für astronomische Tafeln. Die beiden Wissenschaftler sind über die vielen falschen Zahlen empört. Diese mathematischen Tabellen sind im 18. und 19. Jahrhundert nicht exakt, jedenfalls nicht so genau, wie das ein Perfektionist erwartet: »Bei Gott, ich wünschte, diese Berechnungen wären mit Dampfkraft erstellt worden!«

Ada Byron ist nach ihrem ersten Treffen mit Babbage von dessen Arbeit an der »analytischen Maschine« fasziniert. Immer wieder besucht sie den Mathematiker in seinem Studio und wird seine Assistentin. Ada entdeckt eine Wesensverwandtschaft der »analytische Maschine« mit dem damals hochmodernen dampfbetriebenen Jacquard-Webstuhl. Diese mechanischen Wunder der viktorianischen Technik konnten mit einer Vorform der Lochkartenprogrammierung komplizierte Muster weben. Die Technik war vom französischen Erfinder Joseph-Marie Jacquard zur Steuerung seiner automatischen Webstühle ersonnen worden. Der um 20 Jahre ältere Babbage bewundert bald die analytischen Fähigkeiten und die mathematische Fantasie der jungen Aristokratin. Sie begleitet seine fast besessenen Versuche, eine »Difference machine« zu bauen.

Eine Maschine, die wirklich korrekte Berechnungen durchführen kann, könnte für die englische Seefahrernation ein entscheidender Wettbewerbsvorteil im globalen Welthandel sein: daher die Bereitschaft der königlichen Regierung, viel Geld in die Pläne eines Mathematikprofessors zu investieren. Babbage will die fehlerhaften Tabellen durch den Einsatz einer mechanischen Rechenmaschine ersetzen. Keine Fehler mehr und keine Notwendigkeit, die Ergebnisse abzuschreiben. Die modernen Webmaschinen, die über Muster in Pappmaché-Streifen gesteuert werden, sind ein Vorbild für die Babbage-Maschine.

Babbages Pläne für das Rechenmonster werden aus dem englischen Staatshaushalt über zehn Jahre lang mit einer stolzen Summe gefördert. Der Mathematiker gibt für sein Projekt exakt 17 470 Pfund aus. Mit diesem Geld hätte man in den 1830er-Jahren mehr als 20 Dampflokomotiven bauen können.

Obwohl Babbage auf der richtigen Spur ist, scheitert die Herstellung der Maschine. Die von ihm geforderte und notwendige feinmechanische Genauigkeit kann mit den technischen Mitteln des viktorianischen Zeitalters noch nicht erreicht werden. Der mathematische Rechner sollte aus 25 000 Einzelteilen bestehen, die alle von Hand gefertigt werden müssen. Babbage hatte skizziert, dass seine Maschine Zahlen mit 50 Stellen verarbeiten und diese in gestanzter oder grafischer Form ausgeben sollte. Dafür bedarf es eines ausgeklügelten Räderwerks und feinmechanischer Präzision. Nach Jahren der Forschung dreht Englands Regierung den Geldhahn zu. Der königliche Astronom hatte die Arbeit des Mathematikers als »wertlos« beurteilt. Der Bau wird mangels Finanzierung und nach einem Streit zwischen Babbage und dem Ingenieur Joseph Clement eingestellt. Die »Difference Engine« bleibt unvollendet. Die fertiggeschmiedeten 12 000 Einzelteile werden eingeschmolzen.

Ziemlich genau 150 Jahre später versuchten Techniker nach den Bauplänen des viktorianischen Mathematikers die seinerzeit unvollendete Rechenmaschine für das Londoner Wissenschaftsmuseum nachzubauen. Nach vielen Jahren Bauzeit, in der alte Materialien, aber neue Fertigungstechnik eingesetzt wurden, ratterte die »Difference Engine No. 2« im November 1991 das erste Mal im Museum. Tatsächlich konnte eine erste größere Berechnung fehlerlos durchgeführt werden. Damit gelang der Beweis: Die

Idee und der Entwurf des ersten »mechanischen« Computers waren korrekt. Er hätte funktioniert.

Babbage ist schwer getroffen, aber er gibt nicht auf. Er will noch mehr. 1840 referiert er in einem Vortrag in Turin über seine neueste Erfindung: die »Analytical Engine«. Sie soll 30 Meter lang und zehn Meter breit werden, ein wahres mathematisches Monster, angetrieben von einer der damals modernen Dampfmaschinen. Die Wissenschaft ist schon anno dazumal international. Der italienische Mathematiker Federico Luigi Conte di Menabrea verfasst zwei Jahre später einen Bericht über den Vortrag des Engländers auf Französisch. Und da wiederum kommt die Mitarbeiterin von Charles Babbage ins Spiel. Die 27-jährige Ada Lovelace übersetzt den Bericht des Italieners mithilfe von Charles Babbage ins Englische. Es wird aber mehr als eine Übersetzung. Die Tochter Lord Byrons ergänzt die Ausführungen ihres Lehrmeisters durch eigene Kommentare. Beim Schreiben der »Notes« wird Ada zur Wissenschaftlerin. Sie entdeckt ein neues Selbstbewusstsein: »Von der Kraft meines Schreibstils bin ich selbst wie vom Donner gerührt.« Die junge Frau will sich in einer Zeit, auf einem Gebiet und in einer eigenen Art durchsetzen. Was sie tut, erscheint ihr völlig untypisch für eine Frau, aber doch auch nicht männlich. Und ihre selbstbewusste Art, heute würde man wohl das Wort »emanzipiert« verwenden, überträgt Ada auf ihr Privatleben.

Mit 19 Jahren, eigentlich eher spät, wird sie von ihrer Mutter in die Londoner Gesellschaft eingeführt und alsbald mit dem zehn Jahre älteren William Baron King, später Earl of Lovelace, verheiratet. Obwohl sie sich anfangs sträubt, ihr geerbtes Vermögen dem Ehemann zu überschreiben, wie das damals üblich ist, bringt sie bald zwei Söhne und eine Tochter auf die Welt. Ada Lovelace führt, abgesehen von ihrem wissenschaftlichen Spleen, das Leben einer Aristokratin. Geld spielt keine Rolle, die Erziehung der Kinder übernehmen dafür angestellte Bedienstete und Lehrer, sie reist, sie reitet, sie schreibt Briefe. Nach ihrem Tod wird der Ehemann Hunderte davon verbrennen, sie sind kompromittierend.

Denn die so außergewöhnliche Frau ist von Verehrern umschwirrt, die nicht nur das mathematische Talent entdecken wollen. Aber ihre wahre Leidenschaft bleibt die Mathematik. Und die Erfindung des Telegrafen entzückt sie. »Wunderbare Erfindung und Möglichkeit.« Freunde spötteln über sie als »Zahlenzauberin«.

Ada erkennt, dass die Funktionen der »Analytical Engine« nicht festgelegt sind und daher auch für andere Dinge als Zahlen angewandt werden können: »Der analytische Automat nimmt einen Rang ganz für sich allein ein.« Mit ihrer Vision einer Maschine, die auch Musiknoten, Buchstaben und Bilder verarbeiten könnte, denkt sie die Informatik um 100 Jahre voraus. In der »Notiz G« legt die junge Frau Lovelace eine Anleitung zur Berechnung von Bernoulli-Zahlen in grafischer Form bei. Als Algorithmus interpretiert, wäre Ada damit die erste Programmiererin der Welt gewesen. Das Schreiben der »Notes« verändert die junge Frau. Sie arbeitet fieberhaft, gewinnt Selbstbewusstsein. »Ich bin so ganz anders geworden. So viel mutiger. Nichts macht mir jetzt Angst.«

Die »Notes« werden 1843 in einem angesehenen wissenschaftlichen Verlag publiziert. Ihre Autorschaft bleibt hinter drei Buchstaben versteckt: AAL. Der damaligen Gesellschaft war es nicht zumutbar, dass eine Frau solche Gedanken formulieren könnte. Frauen seien einfach zu schwach, um die Kräfte der Mathematik auszuhalten, versichert ihr Lehrer de Morgan. Nur die engsten Freunde wissen, dass Augusta Ada Lovelace diese »Notes« verfasst hat.

Ob und wie weit der Kommentar zu einem Vortrag ihres Vorbildes eine eigene wissenschaftliche Leistung ist, wurde jahrzehntelang höchst widersprüchlich diskutiert. Heute ist diese Frage beantwortet. Ihre detaillierten Anmerkungen haben die dreifache Länge des ursprünglichen Artikels. Ada begreift, dass diese Maschine mehr als ein kompliziertes mechanisches Gerät für numerische Berechnungen ist. Sie schreibt in Tabellenform eine nummerierte Liste von Rechnungsanweisungen, es sind die ersten Algorithmen. Ein Jahrhundert, bevor der Berliner Konrad Zuse die erste programmierbare Rechenmaschine konstruiert, sind das Werk und die Idee von Ada Lovelace, gemessen am Stand der Forschung des frühen 19. Jahrhunderts, visionär. In den 1970er-Jahren wird die Computersprache ADA nach ihr benannt.

Auch die »Analytical Engine« wurde von Babbage nie fertiggestellt. Nach dem Fehlschlag mit seiner »Difference machine« bemüht sich der Wissenschaftler gar nicht mehr um eine Finanzierung aus Staatsgeldern. Ada Lovelace bleibt mit Charles Babbage im wissenschaftlichen Kontakt. Sie will mit ihm sogar eine gemeinsame Firma gründen, selbstbewusst verlangt sie die Hälfte der Anteile und erklärt dem Erfinder des »Zahlen-Webstuhls«, dass er ohne ihre Fantasie nicht die »Vorausahnungen und das Vermögen besitzt, alle Eventualitäten zu sehen – wahrscheinliche und unwahrscheinliche gleichermaßen«. So viel Selbstbewusstsein ist dem 25 Jahre älteren Mathematiker doch ein wenig zu viel. Die gemeinsame Firma kommt nicht zustande. Babbage und Ada scheiden im Streit.

Ihr Ehemann Baron William King unterstützt und fördert die wissenschaftlichen Ambitionen seiner Frau. Sie selbst darf die königlichen Bibliotheken nicht betreten. Die Wissenschaft hat männlich zu bleiben. William King übernimmt die Recherchearbeit in den Bibliotheken und kopiert wissenschaftliche Werke für seine Frau. Adas Ehemann erkämpft dank seines gesellschaftlichen Einflusses ihre Aufnahme in den erlauchten, rein männlichen Kreis der »Royal Society«, zu deren Präsidenten einst Sir Isaac Newton gehörte. Offiziell dürfen Frauen erst ab 1945 dem exklusiven Wissenschaftszirkel angehören.

Nach der Beschreibung der fantastischen »Analytical Engine« will Ada ihre mathematischen Kenntnisse für etwas pekuniär Sinnvolles einsetzen. Sie versucht, ein sicheres System für erfolgreiche Pferdewetten zu finden. Damit wird sie zwar scheitern, aber immerhin hat dieser Forscherdrang durchaus einen praktischen Hintergrund. Lady Lovelace ist spielsüchtig. Für Pferdewetten gibt sie kein kleines Vermögen aus. Nach ihrem Tod muss der Ehemann 2000 Pfund Wettschulden einlösen. Kaum 36 Jahre alt, stirbt Ada Lovelace-King, geborene Baronin Byron, an Gebärmutterkrebs. Während der letzten Jahre ihres Lebens versucht Ada, die Schmerzen mit Morphium und Alkohol zu betäuben. Nachdem sie erfahren hat, wie manipulativ sie ihre Mutter vom Vater fernhalten wollte, bricht sie auch mit ihr. Dazu passen dann wiederum zwei Verse ihres Vaters: »When Albion's lessening shores could grieve or glad mine eye.«

123

*Lola Montez (Maria Dolores Elisa Gilbert). Mit ihrem spanischen Spinnentanz betört die geborene Irin den bayerischen König Ludwig I., unter anderem. Er lässt die Schöne nicht nur für seine Porträtgalerie malen, er finanziert den aufwendigen Lebensstil und macht sie zur bayerischen Adeligen. Lola Montez wird zum Epizentrum der Münchner Revolution anno 1848. Der König zahlt mit dem Verlust der Krone einen hohen Preis für die Schönheit dieser Frau.*

# Lola Montez (Maria Dolores Elisa Gilbert)

*»Schlagt das Luder tot!«*

Name: Maria Dolores Elisa Gilbert. Beruf: Tänzerin. Geboren: um 1818 in Limerick, Irland.

Die Besucher des Münchner Hof- und Nationaltheaters sind erstaunt, schockiert, irritiert oder – vor allem der männliche Teil des Publikums – begeistert. Auf der Bühne hüpft und springt eine höchst attraktive spanische Tänzerin im Dreivierteltakt eines spanischen Fandangos herum und sucht unter ihren zahlreichen bunten Tüllröckchen grauenhafte Spinnen, die sie offenbar so peinigen, dass sie einen Rock nach dem anderen abstreift, ihn behände wegwirft, immer mehr von ihren wohlgeformten Beinen zeigt und schließlich nur noch in einem hautfarbenen Trikot auf der königlich bayerischen Bühne steht. Die Publikumsreaktionen auf diesen »Spinnentanz« der Spanierin Lola Montez sind sehr geteilt, jedenfalls nicht lau. Beckmesserische Kritiker spotten über die »känguruartigen Sprünge der Schönen« und verkennen damit das Wesentliche. So viel Erotik ist im Biedermeier nur schwer verkraftbar.

Lola Montez, die, wie wir ahnen, weder eine Spanierin ist, noch so heißt, wie sie sich nennt, ist erst drei Tage vor ihrem Spinnentanz, am 5. Oktober 1846, in München angekommen, hat schnurstracks Quartier im »Goldenen Hirschen«, dem teuersten Hotel der Stadt, bezogen und lässt sich im Hoftheater dem Herrn Direktor vorstellen. Sie sei hochgefeiert, berühmt und wünsche einen Auftritt. Der Theaterprinzipal ist zwar vom Auftreten der Schönen beeindruckt, nicht aber von ihrer künstlerischen Profession. Er schickt Frau Montez weg, die ob dieser Zurückweisung empört ist und das dem guten Mann auch zeigt. Er hat noch Glück. In Potsdam hat sie einen Gendarmen, der ihr den Weg versperren wollte, mit ihrer Reitgerte geschlagen und aus dem noblen Kurort

Baden-Baden ist die Hochstaplerin vertrieben worden, weil sie »einem Herrn schamlos ein Bein auf die Schulter gelegt hat«. Vor der Polizei begründete sie das wenig damenhafte Verhalten damit, dass sie »ihre Gelenkigkeit beweisen wollte«.

Zielstrebig nimmt die geborene Irin in München die höchste Instanz ins Visier: den König. Es mangelt Lola nicht an Selbstbewusstsein. Drei Tage nach ihrem Aufschlagen in der bayerischen Metropole wird die dunkelhaarige Schöne mit den Naturlocken und den zarten Schlupflidern (ein leichter Makel erhöht den Reiz) schon beim Monarchen in Audienz empfangen. Dort überzeugt sie mit laszivem Charme und demonstriert ihren Kummer über die Zurückweisung am Hoftheater durch einen kalkulierten Verzweiflungsakt. Lola hat zur Audienz ein enges schwarzes Samtkleid angezogen, das ihre »vollkommene Figur« doch erheblich betont. Ludwig deutet fragend auf Lolas wohlgeformten Busen. Sie nimmt vom Schreibtisch des Königs einen Brieföffner (in anderen Versionen eine Schere) und zerschneidet ihr Samtkleid vom Büstenansatz bis zur Taille. So etwas macht frau üblicherweise nicht vorm König, aber was dabei ins Auge springt, findet Gefallen. Lola Montez dürfte über die Interessen seiner Majestät wohl informiert gewesen sein. König Ludwig I. – das steht jetzt außer Frage – setzt noch am selben Tag durch eine persönliche Intervention beim Hoftheaterdirektor August Freiherr von Frays das Engagement der »Spanierin« durch. Sie wird eine extravagante Pauseneinlage im Schwank *Der verwunschene Prinz* zur Darstellung bringen. 60 Jahre alt musste der »Künigl« werden, um so einen Tanz auf seiner Bühne sehen zu können. Die anwesende Frau Gemahlin Therese ist weniger amüsiert, obwohl sie ja einiges gewohnt ist. Sie liebt ihren Ludwig, dem sie in 37 Ehejahren acht Kinder geboren hat. Und irgendwie liebt der König auch seine Gemahlin, wozu Treue nicht unbedingt gehört. Aber Schauspielerinnen, die im Biedermeier durchaus nicht zu den ehrbarsten Frauen der Gesellschaft gezählt werden, haben es Seiner Hoheit angetan. Doch ihm gefallen nicht nur Actricen oder Münchner Bäckerstöchter. Ludwig verehrt durchaus auch Damen der sehr viel besseren Gesellschaft, wie eine Marchesa aus Perugia, der er gezählte 2943 Briefe schreibt. Sie, die Angebetete, antwortet nicht einmal auf jeden zweiten. Die vornehmlich schöngeistige Beziehung zu Lady Jane Ellenborough durften wir in diesem Buch bereits erwähnen.

Der Monarch liebt die Schönheit des weiblichen Geschlechts und studiert sie eben am praktischen Beispiel. Es geht ihm um das schwärmerische Ideal, das er zweckdienlich in seiner »Schönheitengalerie« im Schloss Nymphenburg vom Hofmaler Joseph Karl Stieler in Öl auf Leinwand festhalten lässt. Eine »Mätressenwirtschaft« wie am französischen Hof lehnt der katholische Ludwig I. von Bayern eigentlich ab. Er kultiviert den Begriff des Königs, umso unverständlicher ist es, wie und warum er den Reizen dieser buchstäblich dahergelaufenen »Spanierin« aus der irischen Provinz erliegt. Mit ihrem »Spinnentanz« und der dabei enthüllten Körperlichkeit hat sich die Schauspielerin Lola Montez jedenfalls augenblicklich für die Aufnahme in die »Galerie schöner Münchnerinnen« qualifiziert.

Gleich am nächsten Tag wird der König den Hofmaler Stieler zur Porträtsitzung kommandieren. Und Ludwig I. wird ihm, aber vor allem ihr, dabei täglich Gesellschaft leisten. Bei den Porträtsitzungen wickelt die von ihrem Kolonialoffiziersgatten Thomas James längst getrennt lebende Maria Gilbert den 60-Jährigen um ihre schlanken Finger. Sie parliert spanisch und erzählt eine ebenso rührende wie frei erfundene Lebensgeschichte. Sie sei die Tochter einer verbannten spanischen Adelsfamilie sowie die trauernde Witwe eines hingerichteten Freiheitskämpfers. Ihr unglaublich poetischer Name: Maria de los Dolores Porrys y Montez. Nichts davon ist wahr.

Immerhin war Frau Gilbert, verehelichte James, mehrere Monate in Südspanien und lernte in Cádiz Tänze, die sie im Londoner Her Majesty's Theatre durchaus mit Erfolg zeigte, ehe durchsickerte, dass die spanische Exotin eine verheiratete Irin war. Den Auftritt als Pausenfüller zwischen den Akten der Mozart-Oper *Der Barbier von Sevilla* hatte ihr Gönner Earl of Malmesbury organisiert, den sie auf einer Zugfahrt von Southampton nach London kennengelernt hatte. Der 36-Jährige überredete den Impresario des Her Majesty's Theatre, Benjamin Lumley, der vermeintlichen Spanierin mit dem harten Schicksal doch eine Chance zu geben. Ihr Tanzstil entsprach zwar nicht unbedingt den Anforderungen des klassischen Balletts der Zeit, dafür beeindruckte sie mit Temperament, Leidenschaft und Erotik. Die Premierenkritiker überzeugte Lola Montez vor allem durch ihr Äußeres. So stellten sich die Londoner eben eine glutäugige Spanierin vor: »Das schwarze Haar wie die Ranken des Geißblatts, ihre Augen ungezähmt und wild, ihr Mund wie eine Granatapfelknospe.«

Die Maske der Spanierin mit dem überaus klingenden Namen fiel auch in der bayerischen Metropole bald. Nach der Enttarnung ihres Pseudonyms musste Elisa James alias Lola Montez auf den Kontinent fliehen. Der Skandal hatte sie noch bekannter, aber nicht ehrbarer gemacht. Sie tourte durch Europa und schien die Mechanismen des Showbiz verstanden zu haben. Ehe sie in eine neue Stadt kam, waren ihr die Skandale schon als Wolke vorausgeeilt. Das steigerte das Interesse an der Femme fatale. Sie fand auf ihrer europäischen Städtereise immer wieder wohlhabende Galane oder spannende Zeitgenossen.

Im Februar 1844 lernte sie Franz Liszt in Dresden näher kennen. Der Komponist galt in jenen Tagen als einer der »umschwärmtesten Männer« und gab seiner kurzen Liaison beim Abschied ein Empfehlungsschreiben für die Pariser Oper mit. Dieser Brief und die schnelle Tröstung durch die beiden französischen Galane Alexandre Dumas und Alexandre Dujarier öffneten Lola auch an der Seine Tür und Tor. Alexandre Dujarier war Miteigentümer der einflussreichen Tageszeitung *La Presse* (übrigens das Vorbild für die im Revolutionsjahr 1848 in Wien gegründete *Die Presse*). Durch seine Protektion ermöglichte der Zeitungsmacher einen Auftritt an der Pariser Oper. Dieser geriet zu einem mittleren Fiasko, obwohl Lola Montez das männliche Publikum in höchste Erregung versetzte, als sie ihren Strumpfbandgürtel ins Publikum warf. Ein humorloser Kritiker – natürlich in einem Konkurrenzblatt –

schrieb: »Mlle. Lola hat kleine Füße und schöne Beine. Aber wie sie sie nutzt, ist eine andere Angelegenheit.«

Dujarier überzeugte die Direktion des Théâtre de la Porte Saint-Martin, der »Spanierin« eine zweite Chance zu geben. Um den Erfolg publizistisch zu untermauern, beauftragte er den Kulturkritiker seiner Zeitung, Théophile Gautier, eine Lobeshymne über die Geliebte zu verfassen, was dieser mit Eleganz versuchte. »La Dansomanie« von Frau Montez sei mit »unerreichter Kühnheit, verrückter Glut und wildem Schwung« dargeboten worden. Der *La Presse*-Chef und seine Geliebte waren zufrieden. Für Dujarier endete das Verhältnis mit Maria Gilbert dennoch unglücklich. Doch daran trug Lola Montez, entgegen böswilliger Unterstellungen, keine Schuld. Dujarier ließ sich wegen eines Streits beim Kartenspiel Lansquenet (Landsknecht) zu einem Duell mit dem 25-jährigen Aristokraten Jean-Baptiste Rosemond de Beaupin de Beauvallon hinreißen. Im Morgengrauen wollten sich die beiden Herren mit Pistolen begegnen. Das war keine gute Idee. Jean-Baptiste Beauvallon hatte den Trumpf in der Hand, Alexandre Dujarier eine Kugel im Kopf. Er starb im Wald von Boulogne. Die Herren Balzac und Dumas konnten als Sekundanten ihres Herausgebers nur noch den Sterbenden in der Kutsche wegbringen. Alexandre Dumas hatte prophezeit: »Sie wird sicherlich jedem Unglück bringen, der sein Schicksal zu eng mit dem ihren verbindet.« Das war ein bisschen unfair. Denn für den Streit zweier erwachsener Männer beim Kartenspiel war sie nicht verantwortlich.

Lola Montez trauerte in atemberaubender Schönheit in einem schwarzen Seidenkleid mit bodenlangem schwarzen Kaschmirschal, und an ihrem Busen barg sie den letzten Brief von Alexandre Dujarier. Ihr Beschützer tot, die Tränen getrocknet, Lola zieht weiter gegen Osten.

In Berlin tanzt sie – wieder zwischen den Akten einer Oper – vor den Augen des preußischen Königs Friedrich Wilhelm IV., der just den russischen Zaren Nikolaus I. zu Besuch hat. Sie gibt den beiden Monarchen eine Vorführung ihrer Kunst und ihrer Unbeherrschtheit. Bei einer Parade zu Ehren des Zaren will Lola Montez hoch zu Ross in den abgesperrten Bereich traben, wird aber von einem Gendarmen zurückgehalten. Der pflichtbewusste Mann wird von ihr mit der Reitgerte gezüchtigt. Wieder ein Skandal, über den die Berliner Zeitungen berichten, was wiederum eine rasche Abreise nach Warschau erzwingt. Auch dort tritt sie auf – mit mäßigem Erfolg und einem kleineren Skandal. Sie beschimpft den Operndirektor von der Bühne aus, weil er Buhrufe angestiftet haben soll. Weitere Stationen ihres Wirkens sind Stettin, Königsberg und St. Petersburg. In der russischen Hauptstadt erinnert sich die Hofgesellschaft an den undamenhaften Auftritt beim Besuch des Zaren in Berlin und »schneidet« die Schöne.

Und jetzt eben München und der bayerische Ludwig. Vom Oktober 1846 bis zum März des Revolutionsjahres 1848 wird es in Münchens Gesellschaft kein zweites Thema geben. Lola Montez verdreht dem König den Kopf, stachelt seine schon erloschen geglaubten Leidenschaften neu an. In seiner romantischen Begeisterung für die »klassische Antike« bemüht der König gar einen Vulkan, um seine (Er-)Regungen zu beschreiben. »Ich kann mich mit dem Vesuv vergleichen, der als erloschen galt, bis er endlich wieder aufbrach.« Kaum sechs Wochen nach der ersten Audienz verspricht Ludwig der Tänzerin testamentarisch die ungeheure Summe von 100 000 Gulden, falls Lola bis zum Tode des Königs unverheiratet bliebe und seine Gefühle in heiße Lava verwandle.

Rund um die Verleihung der bayerischen Staatsbürgerschaft, die wiederum Voraussetzung für die Erhebung in den Adelsstand ist (Lola wünscht sich das so sehnsüchtig), kommt es zu einem Verfassungskonflikt und dem Rücktritt der gesamten königlichen Regierung. Die Regierung Ludwig I. changiert zwischen zwei Welten. Einerseits fehlt dem Wittelsbacher noch das Verständnis von einer Monarchie, die auf Verfassungsrechten seiner Bürger beruht, andererseits regiert Ludwig durchaus »modern«. Er saniert die Staatsfinanzen, lässt München zu einer kunstsinnigen Metropole ausbauen und nutzt den Einfluss der katholischen Kirche, der er die enteigneten Klöster wieder zurückgibt, als Machtinstrument. Ludwig I. prägt das Bild der Stadt mit zahlreichen Neubauten. Den

Beinamen »Athen an der Isar« verdankt die bayerische Hauptstadt dem König und seinen zahlreichen Bauten für die holde Kunst. Es ist ein gewaltiges Arbeitsbeschaffungsprogramm. Der Monarch lässt die Alte Pinakothek, das Odeon bauen, legt den Grundstein zur Allerheiligen-Hofkirche und zu vier weiteren Kirchenbauten, denn katholisch ist München auch. Er vergrößert die Residenz und die Staatsbibliothek und finanziert diesen Bauboom zu einem guten Teil aus seinem Privatvermögen und den Überschüssen des von ihm und seiner Regierung sanierten bayerischen Staatsbudgets. Politisch fördert er den aufkommenden deutschen Einheitsgedanken, baut aber einen »modernen« bayerischen Staat. Denn so großzügig der König in Kunst investiert, so knausrig ist er bei anderen Ausgaben.

Mit einer Ausnahme: Der sparsame König wird der irischen Tänzerin ein sündteures Palais in bester Lage schenken und die Renovierungskosten von 40 000 Gulden aus seiner Schatulle bezahlen. Die Türschnallen werden vergoldet, zum Schlafgemach führt eine gläserne Treppe. Der König gibt für seine Freundin mehr aus, als die Baukosten für die Münchner Feldherrenhalle betragen. Neben allen Geschenken zahlt ihr der König eine Jahresapanage von 10 000 Gulden. Das ist etwa das Fünffache dessen, was ein Universitätsprofessor in München für seine Dienste bezieht. Bis zum Ende der Affäre wird der König, nach heutigem Geldwert, rund zweieinhalb Millionen Euro in die Schönheit investieren.

Lola Montez erweist sich immerhin als nicht undankbar. Fürs Palais an der Barer Straße bekommt der König einen Abdruck ihres rechten Fußes, den er küssen darf, wenn ihn die Sehnsucht nach der Tänzerin übermannt. Geschichten wie diese erheitern und empören die Münchner Hautevolee, die sich ob der Eskapaden der Geliebten des Königs das Maul zerreißt. Wobei, ist sie wirklich Geliebte oder gar nur Seelenfreundin? Vom König wird man Widersprüchliches lesen. Der böse, aus der Ferne mahnende Fürsterzbischof von Breslau, Melchior Ferdinand Joseph Diepenbrock, schreibt an den katholischen König eindringlich: »Es wächst ein Giftbaum über Dir auf, dessen tödliche Düfte Dich betäuben, Deine Augen verblenden, Deine Sinne berauschen und Dich ganz betören, daß Du nicht siehst den Abgrund, an dem Du wandelst … König Ludwig, erwache aus Deinem Traum.«

Kaum eine Woche zögert der Monarch und gibt dem Kirchenfürsten brieflich sein Ehrenwort: »Der Schein trügt. … Bekanntschaften hatte ich aber fast immer, welche meine Phantasie angeregt, und gerade sie waren mein bester Schutz gegen Sinnlichkeit. Ich besitze ein poetisches Gemüt, was nicht mit dem gewöhnlichen Maßstab gemessen werden darf. Wie der Schein trügt, will ich Ihnen sagen, indem ich hiermit mein Ehrenwort gebe, daß ich nun im vierten Monat weder meiner Frau noch einer anderen beigewohnt, und vorher es beinahe fünf waren, in welchen ich mich dessen enthalten.«

Ludwig lässt diesen doch eher ein wenig peinlichen Brief an alle bayerischen Bischöfe verteilen und hofft, damit das Gerede zu stoppen. Er irrt. Die Affäre, ob's nun eine sexuelle war oder nicht, hat sich längst zur Staatskrise ausgewachsen. Und sie wird zur Machtfrage zwischen dem konservativ-katholischen Lager und den Liberalen. Zu Beginn seiner Regierungszeit gilt Ludwig I. als liberaler Reformer, erst mit den Ereignissen rund um die Pariser Commune 1830 und einer drohenden sozialen Revolution stützt sich der Bayernherrscher auf die katholische Kirche und die konservativen Kräfte, die seine Regentschaft absichern. Die Affäre um »Lolita« – so nennt sie der König – beginnt der Monarchie schweren Schaden zuzufügen. Der volkstümliche und beliebte König muss erfahren, wie gering seine tatsächliche Macht ist, wenn ein Monarch seine Autorität gegenüber dem Adel, den Bürgern, den Intellektuellen und gegenüber der Kirche verspielt. Lola Montez stürzt ihn in einen Strudel von Machtinteressen am Vorabend einer Revolution. Sie wird mitgerissen werden. Noch ahnt sie davon nichts.

Während sie der König in einem Anfall von Alterstorheit romantisch verehrt, ihre theatralischen Ausbrüche hinnimmt, sich von ihr zum Narren machen lässt, gärt es schon in Bayern, wie in vielen deutschen Fürstentümern. Ludwig selbst glaubt daran, dass seine Freundin böswillig verleumdet wird, und beweist dadurch mangelndes Urteilsvermögen. »Eine Fremde. Die in München bleiben will, die schön ist, die vom König geliebt wird, die geistreich ist, was bedarf es noch mehr, um Feindschaft, Lüge, Verfolgung zu erregen. Sie ist nicht nur eine mich Liebende, sondern gleichfalls Freundin. So geliebt bin ich von ihr.«

Ludwig will die »Spanierin« – noch immer hält er ihre Geschichte für wahr, immer wieder schlägt er alle Warnungen in den Wind, glaubt an eine böse Intrige der klerikalen Kräfte – einbürgern und ihr die bayerische Staatsbürgerschaft schenken. Das sollte ein Leichtes sein. Doch der König scheitert. Kein Landkreis will der »Hure Montez« das Heimatrecht verleihen. Nun kann ein König diese Lappalie auch per Dekret verfügen. Er braucht dafür allerdings die Zustimmung des Staatsrates. Eigentlich eine Formalität, doch der konservative Innenminister Karl von Abel weigert sich. Der König droht mit Entlassung. Alle Minister solidarisieren sich mit Abel – ungeheuerlich. Aus der Verleihung eines Heimatrechts für die Tänzerin ist ein Machtkampf geworden. Königtum gegen Regierung und Kirche. Karl von Abel demissioniert, mit ihm das gesamte Kabinett. Mit Mühe kann Ludwig den liberalen Rechtsprofessor Georg Ludwig von Maurer zum Innenminister ernennen. Der erfüllt die eine Bedingung. Die Mätresse des Königs wird zur Bayerin und am Geburtstag des Monarchen im August 1847 gleich zur Gräfin von Landsfeld nobilitiert. Das ändert freilich nichts an der Ablehnung der 28-jährigen »Jungaristokratin« durch die Münchner. Auch der neue Innenminister muss gehen, weil er sich weigert, mit der »Gräfin« gesellschaftlichen Umgang zu pflegen.

Lola von Landsfeld hält in diesen turbulenten Tagen in ihrem Palais Hof und vertreibt sich die Zeit mit einem Leutnant, der dann versetzt wird, und dem Jus-Studenten Elias Peißner. Der Senior der altehrwürdigen Korporation Palatia widmet sich mit zwei Handvoll Kommilitonen fortan dem Dienst an der Schönen, und zwar Tag und Nacht. Die Mätresse des Königs gebietet nun über eine eigene Leibgarde. Die jungen Herren schlagen und prügeln sich gern mit anderen Studiosi um die Ehre der Frau Montez. So wird die Münchner Universität zum Tollhaus in der Affäre. Der nächste Skandal bahnt sich an, denn die deutschnationalen Studenten reagieren auf die Abtrünnigen und ihre Schutzherrin mit Zorn und Hass. Elias Peißner und seine Corpsbrüder werden aus der Palatia ausgeschlossen und gründen eine Alemannia. Lola Montez bittet den König um Intervention. Dieser fordert die Studenten-Corps auf, die Leibgarde seiner Geliebten nicht mehr zu ächten. Empörung! Der bayerische Justizminister Karl von Schrenck von Notzing, ein Alter Herr der Palatia, unterzeichnet ein Manifest gegen Lola Montez und tritt aus dem Staatsdienst aus. Sie versteckt sich nicht im Palais, das mit Schneebällen und Steinen beworfen wird, sondern geht demonstrativ spazieren.

Das Professorenkollegium dankt dem abgelösten Innenminister Karl von Abel für seine Arbeit, was der König als Affront gegen seine Person werten muss, worauf Ludwig den erst 42-jährigen Philosophieprofessor Ernst von Lasaulx, den er als Rädelsführer vermutet, zwangspensionieren lässt. Das wiederum wollen die Studenten der Münchner Universität nicht hinnehmen und versammeln sich auf den Straßen zum Protest. Vorlesungen werden boykottiert, und mittendrin der König im Trachtenjopperl, der die Münchner beruhigen und die vermeintliche Ehre seiner »Lolita« verteidigen will. In völliger Verblendung bezieht er die Kritik an der Gräfin Landsfeld auf sich und auf die Stellung eines Königs.

So schaukelt sich die Affäre immer weiter auf. Tausende versammeln sich am Odeonsplatz und demonstrieren gegen die Anwesenheit der Montez in München. Die Stadt gleicht einem aufgescheuchten Wespennest. Entgegen dem Rat, sich für einige Zeit am Starnberger See aus der Schusslinie zu bringen, provoziert die Schöne. Sie spaziert mit großem Schal und blauem Hut – wie Zeitgenossen bezeugen – Zigarren paffend mit einem bissigen Hund durch Münchens Innenstadt, schlägt auf Passanten ein und muss vor einer wütenden Menge in die Theatinerkirche flüchten, ausgerechnet in eine Kirche. Die gezogene Pistole, mit der sie droht, nützt ihr nichts. Die Menge brüllt:»Schlagt das Luder tot!« Drei königlich-bayerische Polizisten können Lola in die Sakristei retten.

Im Februar 1848 lässt der zornige König die Universität in München schließen, auch weil die Proteste kaum noch gewaltfrei kontrolliert werden können. Der Kriegsminister droht seinem König, er werde sich notfalls selbst erschießen, ehe er einen Einsatz des Militärs zum Schutz von Lola Montez gegen aufgebrachte Bürger befehle. Die vorzeitige Beendigung des Semesters soll die Heimkehr der Studenten erzwingen und München beruhigen. Das ist keine gute Idee. Denn die Münchner Vermieter fürchten um ihre Einnahmen, die Schankwirte ums Geschäft der trinkfreudigen Studiosi. Ludwig gerät jetzt wirklich unter Druck. Mit den Wirten darf sich's ein bayerischer König nicht verscherzen.

Der Aufstand der Münchner Bürger und Studenten im Frühjahr 1848 richtet sich, anders als in vielen anderen deutschen Ländern, weniger gegen die überkommene Ordnung als vielmehr gegen die Person Lola Montez, die mit ihren Eskapaden und dem öffentlich zelebrierten Verhältnis zum König ebendiese Ordnung aus den Angeln hebt. Die Zeit absolutistischer Regierungen ohne verbriefte Verfassungen und bürgerliche Freiheitsrechte ist vorbei. Die Freiheitsbewegungen werden auch von sozialen und wirtschaftlichen Problemen befeuert. Missernten haben die Lebensmittelpreise verteuert, die Löhne sinken. Der von Lola Montez zur Schau gestellte Luxus und der tatsächliche oder vermutete allzu lockere Lebenswandel machen die selbstbewusste Fremde zur Zielscheibe von Spott und Verachtung. Konservative Kräfte unterstellen der Tänzerin, sie übe einen unheilvollen Einfluss auf den König und die Regierungsgeschäfte aus. Kritik am König ist noch irgendwie sakrosankt, Kritik an seiner Freundin und Geliebten nicht.

Die aufgebrachten Münchner, zumindest einige Hundert, drohen, das königliche Schloss zu stürmen. Der König muss seine Befehle widerrufen, die Universität wieder öffnen und auf Druck der königlichen Familie und vor allem des bayerischen Heeres nachgeben. Lola Montez wird des Landes verwiesen. Sie besteigt höchst widerwillig in Konstanz den Raddampfer »Ludwig«, der gemächlich über den Bodensee gleitet.

Im Kielwasser bleiben 15 turbulente Monate und ein trauriger König. Mit ihrer Abreise scheint sich die Lage zu beruhigen. Doch Lola Montez widersetzt sich den Anordnungen. Heimlich kehrt sie aus dem Schweizer Exil wieder nach München zurück. Wie ein Lauffeuer verbreitet sich die Sensation. Sie soll sich mit dem König im Haus des ehemaligen Hufschmieds treffen. Dort, am Rande des Englischen Gartens in der Nähe der Isar, hat der König ein Liebesnest einrichten lassen. Es geht Schlag auf Schlag. Studenten, Professoren und Münchner Bürger protestieren. Ludwig muss seine Lola per Fahndungsbefehl polizeilich suchen lassen. Drei Tage später ist der Druck auf ihn zu groß. Ludwig verspricht die Erfüllung aller Forderungen, vollständige Pressefreiheit, das Ende der Zensur, unabhängige Gerichtsbarkeit, die Emanzipation der jüdischen Bevölkerung und die Vereidigung des Heeres auf die Verfassung, nicht mehr auf die Person des Königs.

Er selbst mag die Neuerungen nicht akzeptieren, er fühlt sich nicht mehr als Gestalter, nur noch als Getriebener. Für Ludwig, dessen »höchste Lust es war, zu herrschen«, wird die Durchsetzung seines Willens wichtiger als der Dienst am Gemeinwohl: »Ich habe 23 Jahre als wahrer König geherrscht und soll jetzt noch ein bloßer Unterschreiberkönig sein, gebunden und gefesselt an beiden Händen, nein, das kann ich nicht.« Der bayerische König dankt zugunsten seines Sohnes Maximilian ab. Seine neunzackige Krone hat er im Liebestaumel verloren, die Monarchie wird noch einmal über die Revolutionswirren gerettet. Seinen Regierungsstil und seine Definition des Königtums mag Ludwig nicht ändern. »Bayern! Euer Vertrauen wird erwidert, es wird gerechtfertiget werden!«

Lola Montez ist das Epizentrum der Revolution, aber nicht ihre Ursache. Die Geliebte flieht wieder in die Schweiz, diesmal nach Genf. Noch kann sie in Luxus leben, Ludwig finanziert den Lebenswandel seiner Ex-Geliebten. Sie tröstet den König ihres Herzens zumindest brieflich über das Ende der Beziehung hinweg. Dieser zahlt weiter, bis er schließlich vom Studentenführer Peißner selbst erfährt, dass dieser wahrhaftig eine Affäre mit seiner Geliebten hatte. Damit ist die Angelegenheit selbst für den abgedankten Monarchen erledigt.

Montez muss sich nach einer neuen Finanzquelle umsehen. Sie verlässt die Schweiz, flieht nach Spanien und Frankreich und veröffentlicht auf 1400 Seiten ihre reichlich ausgeschmückten Lebenserinnerungen. Das Buch wird ein kommerzieller Erfolg.

Dann wieder über den Kanal nach England. Schon im Jahr nach dem Ende der Liaison mit dem bayerischen König heiratet sie einen Gardeleutnant, den sie nach Wochen wieder verlässt.

Lola Montez ist ruhe- und heimatlos. Nach Europa sucht sie ihr Glück jenseits des Atlantiks, sie flieht bis an den Pazifik und heiratet in Kalifornien abermals, diesmal einen irischen Landsmann, und kurz darauf einen deutschen Arzt. Sie tritt weiter auf, erfindet sich neu, hält Vorträge über weibliche Schönheitspflege und zieht schließlich nach New York. Am Broadway tanzt sie ihre Lebensgeschichte als »Lola Montez in Bavaria« inklusive des von ihr erfundenen »Spinnentanzes«, durchaus mit Erfolg.

Und der verführte, verliebte, verrückte König? Ludwig genießt sein Leben als Politpensionär abseits der Macht an der französischen Côte d'Azur. Er wird die deutlich jüngere Freundin um Jahre überleben und sich altersweise bei einem Bankett mit der französischen Kaiserin Eugénie erinnern: »Ich habe die schönen Spanierinnen immer geliebt. Es hat mich den Thron gekostet.«

Das exzessive Leben der Frau Montez fordert Tribut. Sie erleidet einen Schlaganfall, wird von einem protestantischen Pastor zum christlichen Leben bekehrt und stirbt, nicht einmal 40 Jahre alt geworden, an einer Lungenentzündung. Sie wird am Friedhof von Green-Wood in Brooklyn ohne großen Pomp beigesetzt. Die Grabinschrift verrät kein Wort über die Frau, die fürwahr Geschichte machte. Aus der Spanierin Lola Montez ist im Tode wieder eine einfache »Mrs. Elisa Gilbert« geworden.

*Bertha von Suttner. Die böhmische Adelige wird nach Paris »verbannt«,
weil sie in Wien als Hauslehrerin eine Liebesaffäre mit einem jungen Baron
beginnt. Dort lernt sie den schwedischen Dynamitproduzenten Alfred Nobel
kennen. Er begeistert die böhmische Adelige für die internationale Friedensbewegung.*

# Bertha von Suttner

......................................................

*»Frieden ist die Grundlage und das Endziel des Glückes«*

Peter Rosegger hat im Herbst des Jahres 1891 ein Erweckungserlebnis. Der steirische Schriftsteller und frühere Waldbauernbub beschreibt es in seiner Monatsschrift *Heimgarten* im November des gleichen Jahres: »Als die schönen stillen Herbsttage waren, saß ich in einem Walde bei Krieglach und las ein Buch: *Die Waffen nieder!* von Bertha von Suttner. Möge sich eine Gesellschaft bilden zur Verbreitung dieses merkwürdigen Buches, welches ich geneigt bin, ein epochemachendes Werk zu nennen.«

Tatsächlich wird es diese Gesellschaft geben, und Peter Rosegger wird bis 1914 Mitglied im »Verein der Friedensfreunde« sein. Mit Ausbruch des Krieges, der erst später »Weltkrieg« genannt werden wird, hat der Verein seinen Zweck verfehlt. Die Vereinspräsidentin Bertha von Suttner wird den von ihr befürchteten, erwarteten und seit Jahrzehnten mit Schriften, Büchern und auf Friedenskongressen »bekämpften« europäischen Krieg nicht mehr erleben. Sie stirbt am 21. Juni 1914, eine Woche vor der Ermordung des österreichischen Thronfolgers Franz Ferdinand in Sarajevo. »Sie ist aus dieser Welt des Kampfes und gegenseitiger Unduldsamkeit in die eines ewigen Friedens eingekehrt«, schreibt die Zeitung des »Reichsverbandes der Telephonistinnen« in einem Nachruf über die 71-Jährige. Bertha von Suttner gilt längst nicht nur als Schriftstellerin und Funktionärin diverser Friedensinitiativen, viele Frauen sehen in ihrem Leben ein Beispiel für eine starke Frau, die anderen Frauen Mut macht, sich gesellschaftspolitisch zu äußern. »Die zivilisierte Welt hat einen ihrer Bannerträger verloren; wir Frauen aber haben einen unersetzlichen Verlust erlitten!«

Ihr Roman-Welterfolg *Die Waffen nieder!* hat die adelige Komtesse zur Celebrity des ausgehenden 19. Jahrhunderts gemacht.

»Dieses Buch ist eine Tat«, lobt Peter Rosegger das Werk seiner Wiener Kollegin in einem persönlichen Brief. Die Wirkung dieses später in 15 Sprachen übersetzten Romans, der in drei Dutzend Auflagen zum Welterfolg wird, muss für die damalige Zeit eindrücklich gewesen sein. Der Erfolg des Buches lässt sich kaum allein mit der literarischen Qualität erklären. Im Gegensatz zu Peter Rosegger urteilt die liberale *Neue Freie Presse* in einem Feuilleton zum 60. Geburtstag der damals schon berühmten Autorin mit spitzer Feder: »Die Entstehungsgeschichte dieses Buches erklärt seine künstlerische Unzulänglichkeit zur Genüge. Dieses Werk schließt eine dünne poetische Schale um eine durchaus prosaische Tendenz. Man mag es dem geschmacklosen Stoffhunger der Zeit, ihrer tendenziösen Richtung, die selbst das Programm der Naturalisten verfälschte, der Friedenssehnsucht der durch russische Rüstungen erschreckten Welt oder allen drei Momenten zuschreiben, dass dieser Roman einen beispiellosen Erfolg errang. Berta v. Sutter war mit einem Schlage in die erste Reihe der Friedensapostel getreten.« Die *Neue Freie Presse* wählt das Wort »Friedensapostel« durchaus bewusst und mit süffisant abwertendem Ton.

Die Komtesse Bertha Sophia Felicita Gräfin Kinsky wird 1843 in Prag als zweites Kind des Grafen Franz Joseph Kinsky von Wchinitz und Tettau, einem pensionierten k. k. Feldmarschallleutnant, geboren. Den Vater lernt die kleine Bertha nie kennen. Er stirbt vor ihrer Geburt. Witwe Sophie Wilhelmine zieht mit dem kleinen Waisenkind von Prag nach Brünn. Und obwohl die Familie aus altem deutsch-böhmischen Adel stammt, sind die Kinskys nicht auf Rosen gebettet. Sophie Wilhelmine frönt der Spielleidenschaft, die zur Sucht wird. Die Witwe setzt ihr Familienerbe am Kartentisch ein – und verliert.

Mitte des 19. Jahrhunderts endet eine mehr als 30 Jahre währende Friedensepoche. Erstmals seit den napoleonischen Kriegen kämpfen wieder Armeen europäischer Großmächte gegeneinander. Die »Heilige Allianz« der Monarchen, die auf dem Wiener Kongress beschworen und besiegelt wurde, ist zerbrochen. Mit dem Krimkrieg zwischen der Türkei und dem russischen Zarenreich unter Beteiligung europäischer Großmächte, dem eine halbe Million Menschen zum Opfer fallen, und den Einigungskriegen Italiens beginnen sich Europas Mächte wieder in wechselnden Konstellationen zu bekämpfen. Den Schlachten in Italien folgen der Deutsch-Dänische, der Preußisch-Österreichische, der Deutsch-Französische Krieg. Auch außerhalb des europäischen Kontinents wird unter Beteiligung der europäischen Kolonialmächte getötet und gestorben. Boxeraufstand und Opiumkrieg, der Burenkrieg im Süden Afrikas, die Sezessionskriege in Amerika, der Chinesisch-Japanische, der Russisch-Japanische, der Spanisch-Amerikanische Krieg, die Kämpfe am Balkan.

Kriege, Kriege, Kriege rund um die Welt.

Die junge, aus alter Familie stammende, aber wenig vermögende Gräfin Bertha von Kinsky führt das Leben der damaligen aristokratischen Oberschicht. Die Komtesse gilt als attraktiv und bewegt sich auf Bällen und in den diversen angesagten europäischen Destinationen elegant. Reisen ist Ende des 19. Jahrhunderts keine Hetzjagd, kein Wochenend-Trip, es ist der Lebensstil einer europäischen Elite, immer auch mit dem Ziel, dass junge Frauen aus adeligen Familien einen entsprechend adäquaten Ehemann finden mögen.

Der im böhmischen Rakschitz geborene Journalist und Schriftsteller Heinrich Glücksmann ist in Wiens Kulturkreisen bestens vernetzt und widmet Bertha von Suttner in der *Neuen Freien Presse* eine seiner biografischen Skizzen. Bei langen Aufenthalten in England, Frankreich und Italien habe »ihre Schönheit in den vornehmsten Salons Triumphe gefeiert«. Dieses Bild der durchaus lebenslustigen jungen Gräfin wird vom bekannten Porträt der gealterten Bertha von Suttner überlagert, das ältere Österreicher noch von der 1000-Schilling-Banknote kennen. So behäbig matronenhaft war die Gräfin nicht. Den preußischen König Wilhelm I. erwählte Bertha zum »Ehrencavalier« während seiner ausgedehnten Kuraufenthalte in Bad Gastein. Heinrich Glücksmann vergisst nicht, zu erwähnen, dass der Preußenkönig damals noch ein »frischer, flotter Greis« gewesen sei. Eine Nebenbemerkung, die die Leser anno dazumal sicher richtig gedeutet haben.

Der hochherrschaftliche Umgang in der besseren Gesellschaft zeitigte den erwünschten Erfolg. Die Gräfin wird zur Braut eines Adolf Prinz zu Sayn-Wittgenstein-Hohenstein, nachdem eine Verlobung mit dem Bruder von Heinrich Heine, Gustav von Heine Geldern, in die Brüche gegangen ist. Bertha hat ihren Adolf in Wiesbaden im Jahre 1872 kennengelernt, wo sie in Begleitung ihrer Mutter weilte und von einer Karriere als Sängerin träumte. Das fügte sich gut, denn auch der Prinz, der leider kein Erbprinz war, dachte an eine musikalische Karriere als Tenor, idealerweise in Neuyork (so schrieb man die Stadt damals), wegen der Dollars. Der Prinz und die Gräfin sangen fortan Duette, etwa aus *Romeo und Julia*, und entdeckten dabei einen ausgesprochenen Gleichklang. »Vierzehn Tage lang täglich zwei Stunden einander in Dur und Moll, in zärtlichen und feurigen Tönen zu beteuern: ›Io t'amo‹. ›je t'adore‹, das läßt sich nicht – wenn man sich sonst sympathisch ist – ungestraft tun.« Das Paar verlobt sich, erhält den Segen der beiden Familien und trennt sich alsbald. Denn Adolf Prinz zu Sayn-Wittgenstein hat eine Passage in die Neue Welt gebucht, um dort rasch eine liederliche Karriere zu machen, danach erst soll geheiratet werden. Bertha übersiedelt nach Wien und wartet auf den Mann, der jenseits des Atlantiks sein vermeintliches Gold in der Kehle in Dollars ummünzen möchte.

Doch die Braut wird nicht zur Ehefrau. Prinz Adolf stirbt, ehe er das Jawort sagen kann, auf der Schiffsreise nach Amerika. Woran? Wie? Warum? Das bleibt rätselhaft. Die amtlich bestätigte Todesursache erklärt mit dem Begriff »Leibschaden« infolge fürchterlicher Seekrankheit das letale Geschehen an Bord nur unzureichend. Jedenfalls wird der Leichnam des Bräutigams von Bord des Atlantik-Dampfers »Rhein« in die stürmische Flut gehievt. Die Flagge auf halbmast. Prinz Adolf versinkt im Atlantik. Die Nachricht vom Tod des Bräutigams erreicht Bertha als gedruckte Kurzmeldung in einer Zeitschrift. Sie ist natürlich bekümmert, reagiert aber, wie sie in ihren Lebenserinnerungen bekennt, erstaunlich kühl: »Der kurze Roman war nicht vergessen, aber verschmerzt. Die auf ›Flügeln des Gesanges‹ angeschwebte Liebe war ja nicht allzu tief ins Herz gedrungen.«

Eine bald 30-jährige unverheiratete Frau hat damals, wie man so unschicklich sagt, »die Überfuhr verpasst«. Bertha muss sich ihren Lebensunterhalt verdienen, das Erbe ist aufgebraucht, die Apanage der Mutter reicht nicht fürs standesgemäße Leben zweier Frauen. Bertha von Suttner spricht zwar vier Sprachen fließend, ist musikalisch geschult, hat aber keinerlei Berufsausbildung. So wird sie zur Erzieherin der Töchter des Barons von Suttner im noblen Palais in der Wiener Canovagasse mit Ausblick auf den neuen Musikverein und die Karlskirche – keine schlechte Lage. Im Haushalt der Familie Suttner betreut die neue Gouvernante vier Töchter und immer inniger auch den Sohn des Hauses: Arthur Gundaccar. Ein Skandal bahnt sich an. Die acht Jahre ältere Erzieherin beginnt eine leidenschaftliche Affäre mit dem 22-Jährigen. Die Mädchen sind im Bilde, die Eltern nicht, aber die Liebschaft lässt sich nicht verheimlichen. Bertha wird stante pede und mit wenig freundlichen Worten aus dem Hause Suttner komplimentiert. Die Hausfrau verschafft ihr – netterweise – noch einen Posten bei einem Industriellen in Paris. Dorthin, weit weg von Arthur Gundaccar, reist Bertha und tritt in die Dienste des Dynamit-Erfinders Alfred Nobel als Sekretärin und Empfangsdame. Sie hat in dem Moment keine Alternative. Der schwedische Industrielle pflegt seine philanthropischen Neigungen und setzt sich aktiv für eine weltumspannende Friedenspolitik ein. Zwischen ihm und der jungen österreichischen Gräfin entwickelt sich binnen weniger Tage eine Freundschaft, die in einer umfangreichen Korrespondenz über Jahre überliefert ist.

Die Gräfin Kinsky lernt im Pariser Hause von Alfred Nobel den Philosophen Ernest Renan und durch ihn die International Arbitration and Peace Association kennen. Das ist der Schlüsselmoment. Bertha stürzt sich mit Leidenschaft in einen publizistischen Kampf gegen das Wettrüsten der Großmächte. Ihre Tätigkeit für den Industriellen währt zwar nur zwei Wochen, weil Herr Nobel in

Geschäftsangelegenheiten nach Stockholm reisen muss, aber diese 14 Tage werden schicksalshaft.

Die Kurzzeitsekretärin aus Wien muss Paris wieder verlassen und fährt heim. Dort knüpft sie an die alten Bande wieder an. Bertha und der gerade großjährig gewordene Baron Arthur Gundaccar von Suttner heiraten heimlich und gegen den Willen der Familie: ein in Wien viel betratschter Skandal. Die *Neue Freie Presse* beschreibt die Affäre zurückhaltend: »Nun scheint die bräutliche Witwe lange jeden Gedanken an Heirat von sich gewiesen zu haben, bis sie sich zur ›Überraschung der Aristokratie‹ vermählten. Beide waren regelrecht, und ungewöhnlich gründlich durchgegangen und stellten sich auf die eigenen Füße. Sie, die verwöhnte Komtesse ...«

Der junge Mann wird vom erbosten Vater enterbt, worauf das Paar nach Georgien – in ein »dem Verkehr noch wenig erschlossenes Land« – flieht. Fürstin Ekateriné Dadiani von Mingrelien ist eine Brieffreundin von Bertha (jetzt) von Suttner, ihr Ehemann Nikolaus dient als Adjutant des Zaren in St. Petersburg. Die Hochzeitsreise in den fernen Kaukasus ist eine ebenso überstürzte wie romantisch-naive Flucht aus Wien. Acht Jahre lang wird das Ehepaar Suttner in dem kleinen Dorf Gordi und später in der ehemaligen westgeorgischen Königsstadt Kutaissi leben. In den ersten Wochen fühlt sich das Paar aus Wien am »Hof« der mingrelischen Fürstin wie in einem exotischen Paradies, aber Bertha erkennt bald: »Das Leben von eitel Luxus und Festen, das wir in den Bergen führten, konnte nicht immer fortgesetzt werden und ewig ›gern gesehener Gast‹ zu sein, ist schließlich kein Beruf.«

Die neue Heimat des Paares hat zwar nur 20 000 Einwohner, aber neuerdings einen Anschluss ans russische Eisenbahnnetz und eine Sekt- und Branntweinfabrik, die ein Herzog von Oldenburg betreibt. Bertha von Suttner verdingt sich als Sprach- und Musiklehrerin für Töchter der lokalen Prominenz. Auch ihr junger Ehemann versucht, mit Deutschunterricht Geld für den Lebensunterhalt zu verdienen. Die *Neue Freie Presse* beschreibt eine wenig glorreiche Zeit: »Sie unterrichtete schwierige Rangen in

Sprachen und Musik, er wurde kaufmännischer Korrespondent, Architekt und noch Mancherlei, und so rangen sie sich durchs Elend.« Mit Beginn des Russisch-Türkischen Krieges schreibt das Paar Berichte für deutsche Wochenblätter. Es sind die damals beliebten »Kulturbilder« aus fernen Welten. Ihr Erstlingswerk wird von den strengen Kritikern »als voll stilistischer Achillesfersen, von jener Flüchtigkeit, jenem Sichgehenlassen, jener Unkeuschheit der Spreche, die leider für die Conversation der hohen Gesellschaft charakteristisch sind«, wenig wohlwollend rezensiert, aber das Ehepaar Suttner erschreibt sich einen gewissen Namen in und für die Wiener Hauptstadt-Presse.

Nach Jahren im georgischen »Exil« kehren Bertha und Arthur Gundaccar von Suttner 1885 in die Monarchie heim. Die Hochzeitreise hat fast neun Jahre gedauert, bis es zur Versöhnung mit der Familie des Ehemanns gekommen war. Dann endlich ist der väterliche Zorn verraucht, Bertha als Gemahlin akzeptiert. Die beiden dürfen eine Wohnung im Familienschloss im niederösterreichischen Harmannsdorf beziehen. Baron Arthur Gundaccar von Suttner engagiert sich fortan politisch und gründet 1891 einen Verein gegen den in Wien besonders laut werdenden Judenhass.  Dieser Verein zur Abwehr des Antisemitismus wird von prominenten nichtjüdischen Mitgliedern unterstützt. Sie versuchen der zunehmenden Judenfeindlichkeit in Wien mit rationalen Argumenten zu begegnen. Gut und ehrenhaft gemeint, aber gegen die politische Demagogie eines Volkstribuns wie Karl Lueger haben die Bemühungen des Arthur Gundaccar von Suttner keine Chance. Der »hochgesinnte« Baron Suttner unterstützt auch das Engagement seiner Frau für den Frieden.

Drei Jahre nach der Heimkehr des Ehepaares nach Harmannsdorf schreibt sie den Roman *Die Waffen nieder!* Das Buch soll die Absichten der International Arbitration and Peace Association unterstützen. Das gelingt. Bertha von Suttner trifft einen Nerv der Zeit. Das in Berlin verlegte Werk wird zum Verkaufsschlager. In quälenden Bildern beschreibt sie die Grausamkeiten der Schlachten und das Leiden der Menschen. Schritt für Schritt wandelt sich ihr literarischer Pazifismus hin zur konkreten politischen Aktion. Sie gründet die Österreichische Gesellschaft der Friedensfreunde und hält am Internationalen Friedenskongress in Rom ihre erste öffentliche Rede. Nach dem Erfolg ihres Romans gründet sie im Berliner Verlag Alfred H. Fried eine Monatsschrift zur Förderung der Friedensidee, auch sie heißt: *Die Waffen nieder!* Ein Jahresabonnement ist für sechs Reichsmark erhältlich. In Wien liegt die Broschüre in der Buchhandlung Frick am Graben auf.

Bertha von Suttner wird zur europäischen Galionsfigur einer internationalen Friedensbewegung. In einem Brief an Bertha von Suttner lobt Alfred Nobel: »Ich bin entzückt zu sehen, dass die Friedensbewegung an Boden gewinnt, dank der Bildung der Massen und dank besonders der Kämpfer gegen Vorurteil und Finsternis, unter denen Sie einen hohen Rang einnehmen. Das sind Ihre Adelstitel.« In der k. u. k. Residenzstadt Wien ist die geborene Baronin von des Volkes Stimme längst zur »die Suttner« geadelt worden. Sie überzeugt den philanthropischen Dynamit-Erfinder, zusätzlich zu seinen wissenschaftlichen und literarischen Preis-Auslobungen einen Friedenspreis zu stiften. Das tut Alfred Nobel, posthum.

1901 wird Henri Dunant – fünf Jahre nach dem Tod des Stifters – vom norwegischen König der erste Nobelpreis für seine Beiträge zur Erhaltung des Friedens verliehen. Der Geschäftsmann aus Genf (Compagnie genevoise des Colonies de Sétif) hat mit seinem Augenzeugenbericht über die Grausamkeiten der Schlacht von Solferino (1859) die Öffentlichkeit aufgeschreckt und gilt als Gründer des internationalen Roten Kreuzes. Vier Jahre später wird Bertha von Suttner selbst der von ihr angeregte Friedensnobelpreis verliehen. Das publizistische Echo darauf bleibt zurückhaltend. Die Bedeutung eines Nobelpreises wird zu Beginn des 20. Jahrhunderts noch nicht so hochgeschätzt. Viele Zeitungen der Monarchie berichten von diesem Ereignis nicht oder nur in Punktmeldungen. Die Wiener *Montags-Zeitung* vom 11. Dezember 1905 bringt die Sensation gar auf eineinhalb Zeilen unter: »Christiana. Die Schriftstellerin Bertha Freiin v. Suttner erhielt den

Nobel-Friedenspreis.« Punkt. Immerhin schreibt Berthas Sekretär Alfred Hermann Fried, der Jahre später ebenfalls den Friedensnobelpreis erhalten wird, eine Laudatio in der *Neuen Freien Presse*: »In Deutschland und Österreich verquickt sich der Begriff der Friedensbewegung beinahe mit dem Namen der gefeierten Verfasserin des Romans *Die Waffen nieder!*«

Die feierliche Verkündigung des Friedensnobelpreises fand 1905 erstmals im neu errichteten Nobel-Institut in Anwesenheit des norwegischen Königs und der Königin statt. Norwegen hatte sich erst wenige Wochen zuvor aus der Union mit Schweden gelöst. Der Verleihungszeremonie im Nobel-Institut war damit auch ein erster Staatsakt einer wirklich unabhängigen Monarchie. Der neue Außenminister sprach daher auch ausschließlich über die Bedeutung Alfred Nobels und seiner Stiftung, kaum über die Meriten der Preisträgerin. Bertha von Suttner war gar nicht anwesend. Die Baronin musste die strapaziöse Reise nach Christiania, dem heutigen Oslo, absagen, da sie erkrankt war. Immerhin bedankte sich »die Suttner« telegrafisch für die erwiesene Ehre, die durchaus auch finanziell interessant war. Der Preis war im Jahr 1905 mit 200 000 Kronen dotiert, das entspricht einem Wert von rund einer Million Euro. Die Laureatin konnte damals schon als durchaus wohlhabend gelten. Ihre Bucherfolge ermöglichten ein gutbürgerliches Leben mit standesgemäßer Wohnung in der Inneren Stadt. Die tatsächliche Überreichung des Preises sollte fünf Monate später nachgeholt werden. Am 18. April 1906 hielt Bertha von Suttner in Christiania vor dem Nobel-Komitee die verspätete Dankesrede: »Frieden ist die Grundlage und das Endziel des Glückes.«

Die zeitgenössische Rezeption der Friedensnobelpreisträgerin ist durchaus vielschichtig, oft auch ablehnend. Auch das einflussreiche Weltblatt der Monarchie, die *Neue Freie Presse* bleibt auf Distanz zur Baronin: »Es ist nicht leicht, gegenüber dieser Frau, die von ihren Parteigängern überschwänglich gepriesen, von ihren Gegnern leidenschaftlich befehdet und verspottet wird, kühle Objektivität zu bewahren.«

Dabei war die Baronin damals schon die bekannteste Frau ihrer Zeit. Als einzige Frau durfte sie mit Königen und Staatsmännern an der ersten Haager Friedenskonferenz teilnehmen. Die vom russischen Zaren Nikolaus II. betriebene Einberufung der Haager Friedenskonferenz im Jahr 1899 ist für Bertha von Suttner der größte politische Erfolg. Erstmals wird das Thema Friedenssicherung auch von den Männern (es waren damals nur Männer) aufgegriffen, die tatsächlich Macht haben und Entscheidungen über Krieg oder Frieden treffen können. Im niederländischen Haag wurde der erste Versuch überhaupt unternommen, europäische Konflikte zwischen Staaten auf einer übernationalen Ebene zu behandeln und durch Verhandlungen zu lösen. Die erste Haager Konferenz wird durchaus konkrete Ergebnisse bringen. Im Anschluss an die Tagung wird die Haager Landkriegsordnung beschlossen, die den Einsatz besonders grausamer Waffen, unter anderem Giftgas, verbietet. Nach und nach treten 49 Staaten dieser Konvention bei. Bertha von Suttner reist in die Vereinigten Staaten, nimmt dort am Weltfriedenskongress in Boston teil. Ihr Name und ihr Ruf sind auch jenseits des Atlantiks angekommen. Sie hält zahlreiche Vorträge und wird vom amerikanischen Präsidenten Theodore Roosevelt empfangen, der auch unter ihrem Einfluss die zweite Haager Friedenskonferenz einberuft. Ihre Schriften und ihre Reden sind – im Rückspiegel der Geschichte betrachtet – dem Stil der Zeit geschuldet, nicht frei von schwülstigem Pathos und hehren Worten. »O ihr, die ihr uns verhindern wollt, an dem Band zu weben, das alle Völker in Eintracht umschlingen soll, ihr, die ihr uns verhöhnt, weil wir den Erbhaß ersticken, weil wir die Flamme der Menschenliebe anfachen wollen – doppelt wehe Euch!« Im deutschen Abenteuerschriftsteller Karl May findet sie einen Seelenvertrauten. Bertha von Suttner und der Schöpfer von Old Shatterhand bestärken einander in ihren politischen Zielsetzungen. Nach dem Tod Karl Mays besucht sie dessen Witwe in der Villa »Shatterhand« in Radebeul bei Dresden. Klara May verrät in ihrem Tagebuch auch etwas über die Rednerin Bertha von Suttner. »Sie scheint nach Worten zu suchen. Und dann spricht sie leise, ganz leise, und langsam, die einzelnen Wörter durch Pausen voneinander trennend ... Wo sie die Rede unterstreichen will, tut sie es durch den Ton, durch ein scharfes Zurückwerfen des Kopfes. Das Ganze erweckt den Eindruck von Hoheit.«

In ihren Schriften, Reden, Briefen und Vorträgen befasste sie sich unter anderem mit der Einführung des Bajonetts und den Nahkampf-Vorschriften der deutschen Armee. Sie kritisierte die Militarisierung der noch jungen Luftfahrt (*Die Barbarisierung der Luft*, 1912) und prangerte die technologische Entwicklung im Dienst des Krieges an. Drei Jahre vor Beginn des Ersten Weltkrieges und kaum zehn Jahre nach der Entdeckung des strahlenden Elements Radium sah Bertha von Suttner die tödliche Energie radioaktiver Waffen voraus. In ihrem Roman *Der Menschheit Hochgedanken* zeichnet die »Friedensfurie« (so eine gängige Verhöhnung in der Presse jener Zeit) die Schreckensvision einer atomaren Bombe. Ganz präzise erkennt Bertha von Suttner das ungeheure Vernichtungspotenzial dieses chemischen Elements, Jahrzehnte, bevor die Kernspaltung als solche überhaupt entdeckt ist. In Kriegen eingesetzt, würde es die totale Auslöschung bedeuten, schreibt sie. »Damit ist eine Machtfülle in unsere Hand gegeben, für die uns noch das Fassungsvermögen fehlt.«

Bertha von Suttner ist auch eine Visionärin. Sie propagiert eine Art Europäische Union, einen zollfreien Bund europäischer Staaten ohne Grenzen und Festungen – das im Jahr 1892.

Neun Jahre nach der Rede Bertha von Suttners anlässlich der Verleihung des Friedensnobelpreises beginnt der Erste Weltkrieg. Ihre letzten Kräfte hat sie bei den Vorbereitungen für einen großen Friedenskongress in Wien verbraucht. Er hätte im September 1914 stattfinden sollen. Schon vor den Morden in Sarajevo spürt sie die Gefahr eines großen Krieges: »Unausdenkbar furchtbar wären die Folgen des immer noch drohenden, von manchen Verblendeten herbeigewünschten Weltkrieges.«

*Emmeline Pankhurst. Eine bürgerliche Dame aus der Industriemetropole Manchester entdeckt – auch – Gewalt als politische Waffe im Kampf für das Frauenwahlrecht. Pankhurst wird die Führerin der Suffragetten, die für Frauen politische Rechte einfordern und mit ihrem Aktionismus selbst Winston Churchills Reden stören.*

# Emmeline Pankhurst

*»Wir bewegen uns langsam wie ein Gletscher vorwärts,
aber niemand kann ihn stoppen«*

Die Bilanz war beachtlich. Eine Schulter gebrochen, ein Handgelenk zertrümmert, mehrere »blaue Augen«, Schnittwunden im Gesicht, ein Nasenbeinbruch, Ohnmachtsanfälle und ein gebrochenes Schlüsselbein. Ein Dutzend Männer werden am 30. Juli 1906 aus einem Saal im Osten Londons gewaltsam gezerrt. Die Herren zahlen einen hohen Preis für ihre Frauensolidarität. An diesem Abend will der britische Handelsminister und spätere Premier David Lloyd George über das Budget und seine geplanten sozialen Reformen sprechen. Das ausgewählte Publikum empfängt den liberalen Reformer mit Gesang: *For He's a Jolly Good Fellow*. Nicht alle singen mit. Während des Einzugs von Lloyd George erklettert ein Mann eine drei Meter hohe Bühnensäule, befestigt mit einem mitgebrachten Seil eine Art Schaukel und enthüllt die violett-weiß-grüne Farbe der Suffragetten. Das Banner ist bekannt. Violett steht fürs »königliche Blut, das in den Adern jeder Suffragette fließt«, Weiß symbolisiert die Reinheit der Anliegen, und Grün steht für die Hoffnung, den Aufbruch. Die Farben der Kämpferinnen fürs Frauenwahlrecht hängen überm Rednerpult des liberalen Politikers, der freilich in Frauenfragen genauso konservativ ist wie die damals oppositionellen Konservativen. Ein Dutzend Männer hat sich um die Säule versammelt und versucht, Ordner und Zivilpolizisten abzuwehren, die den Mann von seiner Säule holen wollen. Wieder einmal wird ein Auftritt eines Regierungspolitikers gestört. Sehr oft ist Winston Churchill das Ziel von Attacken der Suffragetten und ihrer männlichen Unterstützer. Diesmal sein innerparteilicher Rivale Lloyd George, der später Finanzminister und Premierminister während des Krieges werden sollte.

Nachdem die männlichen Suffragetten entsprechend unsanft aus dem Saal gezerrt und auch der Herr von der Säule geholt und verprügelt worden ist, kann der Politiker endlich seine Rede beginnen. Doch nicht lange. Als er das Wort »Volkswille« ausspricht, tönt es aus Megafonen: »Votes for Women. Votes for Women.« Im Haus gegenüber hat sich ein Dutzend Frauen versteckt, sie machen Krawall. Selbst als an diesem schwülen Juliabend die Fenster des Saales geschlossen werden, bleibt der Frauenchor unüberhörbar. Polizei und Ordner stürmen das kleine Geschäftslokal in der Nachbarschaft und verhaften die Demonstrantinnen. Sie protestieren lautstark und werden von der Polizei fortgezerrt. 13 Suffragetten landen hinter Gittern, wieder einmal. Lady Emily Wilding Davison wird als Rädelsführerin der Störaktion von Limehouse vom Thames Police Court zu zwei Monaten Haft verurteilt, alle anderen kommen mit zwei Wochen Haft relativ günstig davon.

Die Störung von Veranstaltungen, Gewalt gegen Geschäfte, das Zertrümmern von Auslagenscheiben, Durchschneiden von Telefonleitungen, Briefbomben und selbst Anschläge und Selbstmorde gehören zum Repertoire des Kampfes um politische Rechte für Frauen. Auch auf Eisenbahngleisen ketten sich Suffragetten fest. Besonders hervorgetan hat sich dabei Lady Emily Wilding Davison. Die Dame wird acht Mal wegen diverser Gewaltdelikte verhaftet. Als besonders heroisch gilt ihr Anschlag auf das im Bau befindliche Landhaus des Ministers Lloyd George. Sie sprengt den Rohbau in die Luft. Eine Tat, die nicht mehr als »Kavaliersdelikt« im Sinne von »ladylike« betrachtet werden kann. Die Anführerin der Suffragetten-Bewegung Mrs. Emmeline Pankhurst verteidigt die weiblichen Gewaltakte: »Es gibt etwas, um das sich Regierungen weit mehr sorgen als ums menschliche Leben, es ist die Sicherheit des Besitzes, und durch Angriffe auf ihr Eigentum werden wir die Gegner treffen.« Die Kämpferinnen fürs Frauenwahlrecht sind in der Wahl ihrer Mittel nicht zimperlich, die englische Regierung lässt sich auf einen jahrelangen Kleinkrieg ein und greift mit Härte durch. Ein Vorgehen, das in aller Regel den Widerstand festigt.

In den Gefängnissen werden die meist großbürgerlichen Frauenrechtlerinnen betont rau behandelt. Sie antworten mit Hungerstreiks. Die Regierung verfügt eine gewaltsame – und schmerzhafte – Zwangsernährung. Wenn Frauen im Gefängnis durch Nahrungsverweigerung zu schwach werden, entlässt sie die Justiz, nur um sie ein paar Wochen später wieder festzusetzen. Die Taktik heißt »Katz und Maus« – und ist nicht erfolgreich. Das stärkt die Sache der Suffragetten. Die Anführerin der Women's Social and Political Union (WSPU) agitiert leidenschaftlich. Am 6. August 1906 veröffentlicht die konservative *The Times* einen Protestbrief, gezeichnet von Emmeline Pankhurst. Sie attackiert den liberalen Innenminister Herbert Gladstone wegen der Zustände in den Gefängnissen. Die Zellen seien feucht und modrig, die Frauen hätten sich Läuse und Flöhe geholt, und die sanitären Bedingungen seien skandalös. Und Gladstones im Parlament vorgebrachte Klage, Suffragetten hätten Gefängniswärterinnen gebissen, sei eine Verleumdung.

Im englischen Parlament werden die ständigen Proteste und Vorfälle mit den Frauenrechtlerinnen zunehmend als lästig empfunden, immerhin ein Drittel der Volksvertreter zeigt gar Sympathie für die Forderungen der Frauen. Auch die Bevölkerung entwickelt ein gewisses Wohlwollen für die wild entschlossenen Damen, die weder Gesundheit noch Gefängnis scheuen, um gleiche (Wahl-)Rechte für Frauen zu erkämpfen.

In vielen europäischen Ländern haben sich schon in der zweiten Hälfte des 19. Jahrhunderts sogenannte Frauenvereine gebildet, die für gewerkschaftliche Rechte, Bildung und politische Rechte in den unterschiedlichsten ideologischen Schattierungen kämpften.

Emmeline Pankhurst schlägt dabei an der Wende des Jahrhunderts einen radikalen Weg ein. Sie wird 1858 in Manchester in eine politisierende Unternehmerfamilie hineingeboren. Die nordenglische Stadt ist im 19. Jahrhundert eine Metropole des »reinen« Kapitalismus, Hauptstadt der industriellen Textilproduktion. Und in ihrem Geburtsort Moss Side bestimmen die Dampfmaschinen in den Fabriken mit ihrem Rhythmus die Geschwindigkeit einer neuen Zeit. Moss Side ist schon Mitte des 19. Jahrhunderts eine Migrantengegend. Viele Menschen aus Irland, aber auch aus Polen ziehen zu. Ihr Vater Robert Goulden und dessen Ehefrau Sophia organisieren Proteste gegen den internationalen Sklavenhandel. Ungewöhnlich für die Zeit, ungewöhnlich für eine wohlhabende Unternehmerfamilie: Emmeline darf ihre Mutter bereits mit 14 Jahren auf politische Versammlungen begleiten. In der britischen Mittelschicht gilt das gemeinhin als wenig schickliche Freizeitgestaltung für junge Mädchen, die sich viel mehr auf ihr glanzvolles gesellschaftliches Debüt vorbereiten sollen.

Nach einem einjährigen Aufenthalt in einem Mädcheninternat bei Paris, um ihr Französisch zu verbessern und um dem jungen Mädchen den »letzten Schliff« zu geben, kehrt Emmeline ins industrielle Manchester zurück. Die scheinbar konservative Mädchen-Bildungsanstalt hatte freilich eine moderne Direktorin. »Die Ausbildung der Mädchen soll genauso gründlich wie die von Burschen sein.« Mit dieser Prägung heiratet die junge Frau mit kaum 20 Jahren den 24 Jahre älteren Advokaten Richard M. Pankhurst. Die Familie übersiedelt aus der dunkelgrau-roten Industriemetropole Nordenglands nach London. Während seine Frau – durchaus traditionell – in rascher Abfolge fünf Kinder auf die Welt bringt, versucht sich Richard Pankhurst als liberaler Politiker, mit bescheidenem Erfolg. Seine Kandidatur fürs Unterhaus scheitert, seine politischen Ansichten gelten als »sozialistisch«. Diese politische Haltung ist für einen Anwalt nicht unbedingt geschäftsfördernd. Die konservative Klientel schätzt weder politisierende Frauen noch linke Ehemänner.

Nach seinen eigenen gescheiterten Ambitionen unterstützt Mister Pankhurst das wachsende sozialpolitische Engagement seiner Frau und tritt öffentlich für das Frauenwahlrecht ein. Auf der einen Seite steht eine konservative konstitutionelle Monarchie mit einer starr gegliederten aristokratischen Gesellschaft, auf der anderen Seite legt der seit Jahrhunderten erkämpfte Parlamentarismus eine demokratische Plattform für politische Agitation. Frauen haben in England trotz einer für das 19. Jahrhundert weit entwickelten industriellen Gesellschaft wenig Rechte. Wenn Frauen schon arbeiten wollten (mussten), dann in wenigen, sehr traditionellen Berufen. Die überwiegende Mehrheit der arbeitenden Frauen war als Hausmädchen angestellt. Während um 1900 rund 1,7 Millionen Frauen als Dienerinnen in gutbürgerlichen und aristokratischen Haushalten arbeiteten, wurden zwar 124 000 Lehrerinnen in Grundschulen, 68 000 Krankenschwestern, aber nur 212 Ärztinnen und lediglich zwei Architektinnen gezählt.

Emmeline (ihre Freunde nannten sie nur Emmy) Pankhurst entsprach anfangs dem Rollenbild. Doch nach dem Tod ihres Mannes und einem gescheiterten Versuch, sich und ihre fünf Kinder durch den Betrieb eines Einrichtungsgeschäfts zu ernähren, nahm sie eine Stelle am lokalen Standesamt an und arbeitete ehrenamtlich in der Armenfürsorge. Im Oktober 1903 gründete Emmeline Pankhurst mit vier anderen Frauen die Women's Social and Political Union (WSPU) als überparteiliche Frauenplattform. Sie wollten vor allem das Wahlrecht für Frauen durchsetzen. Und obwohl sich Pankhurst auch aus persönlicher Betroffenheit für soziale Standards einsetzte, blieben die Suffragetten weitgehend eine bürgerlich-radikale Frauenbewegung, vorwiegend von Damen aus der Mittel- und Oberschicht getragen. Die soziale Frage rückte in den Hintergrund. Auch eine sexuelle Befreiung der Frau stand nicht auf der Agenda der Suffragetten. Für Arbeiterinnen ohne finanzielle Unabhängigkeit und ohne Zugang zu höherer Bildung war es besonders schwer, sich für Gleichberechtigung einzusetzen.

Anfangs sprach sich Pankhurst für gewaltfreie Aktionen zur Erreichung ihrer Ziele aus. Aber die Verhaftung ihrer ältesten Tochter Christabel wegen der Störung einer Wahlveranstaltung der Liberalen und der anschließende Gerichtsprozess radikalisierten Mutter Pankhurst und die gesamte Bewegung. Politische Rückschläge und die männliche Arroganz führten zur Gewaltanwendung als politisches Mittel. Das Fass zum Überlaufen brachte das ignorante Benehmen des designierten Außenministers Edward Grey. Er wurde bei einer Wahlveranstaltung in der Free Trade Hall von Manchester von der jungen Textilarbeiterin Annie Kenney gefragt, ob er für das Frauenwahlrecht eintreten werde. Grey ignorierte die Frage, tat so, als ob er sie nicht hören würde. Die Arbeiterin stellte ihre Frage mehrmals in der Versammlung, kletterte schließlich auf einen Sessel, um besser gesehen und jedenfalls gehört zu werden. Edward Grey ignorierte die Frau weiter. Saalordner schleppten Annie Kenney und Christabel Pankhurst, die Tochter von Emmeline, aus dem Saal. Schon am nächsten Tag urteilte die britische Justiz blitzschnell: Beide Frauen wurden zu mehreren Tagen Haft verurteilt, weil sie bei ihrer Festnahme Polizisten bespuckt hätten.

Pankhurst trat offen für gewalttätige Aktionen ein: »Wir haben uns viele Jahre lang geduldig Beleidigungen und tätlichen Angriffen ausgesetzt. Frauen wurde die Gesundheit ruiniert, Frauen verloren ihr Leben. Wir hätten sogar das in Kauf genommen, wenn es zum Erfolg geführt hätte, aber es führte nicht dazu. Wir machen mit dem Glasscheibenzerbrechen viel größere Fortschritte mit weniger Verletzungen unsererseits, als wir jemals machten, als wir zuließen, dass sie uns unsere Knochen brachen.«

Das Bekenntnis zum Rechtsbruch machte Pankhurst zum Staatsfeind. 1910 führt sie eine Demonstration von 300 Frauen vor dem Parlament in Westminster an. Der damalige Innenminister Winston Churchill befiehlt ein hartes Vorgehen der Polizei. Viele Frauen werden – auch von Gegendemonstranten – angerempelt, gestoßen und an den Brüsten berührt. Die Rangeleien und Schlägereien mit den Polizisten gehören zur Strategie der Suffragetten. Pankhurst provoziert absichtlich die männliche Ordnungsmacht, ohrfeigt einen Polizisten und widersetzt sich laut schreiend der Staatsgewalt.

Die von Emmeline Pankhurst angeführten Suffragetten versuchten wiederholt, ins Parlamentsgebäude zu Premierminister Herbert Henry Asquith vorzudringen und ihm eine Petition mit ihren Anliegen zu übergeben. Der Regierungschef weigerte sich unter diesen Umständen, eine Delegation der Suffragetten zu empfangen. Bei einer gewaltsamen Hausdurchsuchung des Büros der WPSU wird Emmeline Pankhurst verhaftet und der Anstiftung zu Landfriedensbruch angeklagt. Sie kommt ins Holloway-Gefängnis und tritt in den Hungerstreik. Mit der Verweigerung der Nahrungsaufnahme erzwingen die Verhafteten nach etlichen Wochen ihre Freilassung. Man(n) wollte die Frauen mit Brutalität einschüchtern, aber andererseits keine Märtyrerinnen schaffen.

Es gab sie dennoch. Emily Wilding Davison wählte im Juni 1913 das berühmte Epsom-Derby als Schauplatz ihrer feministischen Aktion. Hunderttausende Zuseher säumten die breite Rennstrecke. Der König und der ganze Hofstaat waren in Kutschen gekommen. Während des Rennens lief Davison mit einer Suffragetten-Fahne um ihre Hüften gewickelt aus dem Zuschauerbereich auf die Galoppbahn und versucht auf der gefährlichsten Stelle der Rennbahn, dem Tattenham Corner, Anmer, das Pferd von König George V., niederzureißen. Ein Reiter konnte der Frau gerade noch ausweichen, aber Anmer rammte die Frau. Pferd und Jockey Herbert Jones stürzten. Während sich des Königs Galopper wieder aufrappeln konnte, blieben der Reiter und Emily Davison auf der Strecke. Sekunden später liefen Dutzende Zuschauer auf die Rennbahn, um zu helfen. Der Jockey erlitt zwar schwere Prellungen, die Suffragette hingegen wurde mit inneren Verletzungen und einem Schädelbruch ins Epsom College Hospital gebracht. Dort starb Davison nach vier Tagen, ohne das Bewusstsein wiedererlangt zu haben.

Ob dieser gezielte Angriff auf des Königs Pferd und Reiter als Suizid gedacht war, oder eher doch nur ein Unfall war? Die Frauenrechtsbewegung hatte jedenfalls eine Märtyrerin, auch weil das Todesrennen und das Geschehen im Tattenham Corner damals von der Topical Budget Newsreel, wie andere Pferderennen auch, gefilmt wurde. Aus dem Routinebericht für die englische Wochenschau war so ein Ereignis der Weltgeschichte und Emily Davison eine Ikone geworden. Auf den Grabstein wurde ihr Lebensmotto graviert: »Deeds not Words« – »Taten statt Worte«.

Pankhurst gab dem Tod ihrer Mitstreiterin einen politischen Spin: »We have brought the government of England to this position, that it has to face this alternative: either women are to be killed or women are to have the vote.« Emmeline Pankhursts Bewegung erreichte auch durch solche schockierenden Aktionen eine große Bekanntheit, und die Suffragetten (die Bezeichnung leitet sich vom französischen Wort »suffrage«, »Wahl«, ab) gewannen Respekt, wenn auch nicht immer Verständnis, unter vielen bürgerlichen Frauen, die schon längst in der industrialisierten Gesellschaft Großbritanniens »ihren Mann stehen mussten«. Die männlichen Aktionen mit dem Ziel, die weibliche Bewegung zu kriminalisieren, führten zur Solidarisierung breiterer Schichten mit den Anliegen der verspotteten Frauen. Schon im Juni 1908 strömte rund eine Viertelmillion Menschen in den Londoner Hyde Park zu einer Versammlung der Women's Social and Political Union.

Pankhurst war schon längst zum Medienstar geworden. Sie spielte perfekt auf der Klaviatur der Öffentlichkeitsarbeit und erfand den politischen Aktionismus. Zur Finanzierung ihrer Aktivitäten wurden Metallplaketten mit ihrem Foto um einen Penny verkauft. Sie gab Pressekonferenzen, liegend auf einer Krankentrage, geschwächt nach den wiederholten Hungerstreiks. Wenige zeitgenössische Persönlichkeiten wurden häufiger fotografiert als die weibliche Kämpferin, die betont bürgerlich auftrat und stets einen eleganten Hut trug. Und selbst die den Anliegen der Suffragetten gegenüber feindlich eingestellten Zeitungen honorierten ihren scharfen Humor und ihr Unterhaltungspotenzial. Langweilig waren ihre Auftritte nie. Das bewies sie auch bei einer Vortragstour durch die Vereinigten Staaten mit gehörigem Selbstbewusstsein: »Sie haben mich zu drei Jahren Haft verurteilt und mich ins Gefängnis gesteckt. Ich bin nach neun Tagen wieder rausgekommen. Ich habe die Gitterstäbe gebrochen.«

Die von Männern beherrschten Zeitungen in der Londoner Fleet Street haben aus den durchaus bürgerlichen Kämpferinnen für das Frauenstimmrecht regelrechte »Weibsteufel« gemacht. Auch unter Mitwirkung der Suffragetten selbst. Diese verstießen bewusst gegen das viktorianische Rollenbild der Frau. Die kämpferischen Damen rauchten etwa in der Öffentlichkeit und brachen damit ein weiteres Tabu. Das ungesunde Paffen in Gesellschaft galt als alleiniges männliches Vorrecht.

Im August 1914 ist ihr englischer Patriotismus stärker als ihr bürgerlicher Feminismus. Emmeline Pankhurst stellt sich in den Dienst des britischen Empires und beendet die Agitation für das Frauenwahlrecht. Als Preis dafür beginnen während der ersten Kriegsmonate offizielle Gespräche mit dem WSPU, um die Unterstützung der Frauen für Großbritanniens Kriegsanstrengungen zu erhalten. Alle inhaftierten Suffragetten werden freigelassen. Die Regierung bezahlt sogar 2000 Pfund an die WSPU für die Veranstaltung einer patriotischen Frauendemonstration zur Unterstützung des Krieges. Pankhursts neuer Slogan heißt nun: »Männer müssen kämpfen, Frauen müssen arbeiten!« Tatsächlich steigt der Anteil der Frauen an der Erwerbsbevölkerung bis 1918 auf mehr als 37 Prozent. Gegen Ende des Weltkrieges tritt Pankhurst sogar – zum blanken Entsetzen ihrer Tochter – in die konservative Partei ein.

Als »Lohn« für die Arbeit von zwei Millionen Frauen in der Kriegswirtschaft beschließt das englische Unterhaus 1918 ein (sehr) beschränktes Frauenwahlrecht. Während Männer schon ab dem 21. Lebensjahr wählen dürfen, müssen Frauen 30 Jahre alt sein und ein gewisses Vermögen nachweisen. Pankhurst ist ernüchtert: »Wir bewegen uns langsam wie ein Gletscher vorwärts, aber niemand kann ihn stoppen.«

159

Bei den ersten Unterhauswahlen 1918 schaffte es allerdings keine der 21 Kandidatinnen ins britische Parlament. Pankhurst kandidierte nicht. Sie hatte genug von politischer Agitation und betrieb – wenig erfolgreich – ein Teehaus an der französischen Côte d'Azur. Als 1928 endlich auch im Vereinigten Königreich das allgemeine, gleiche Wahlrecht für Frauen (Equal Suffrage Bill) eingeführt wurde, verfolgte Pankhurst die Abstimmung von der Besuchergalerie des House of Commons aus.

*Nellie Bly. Eine Journalistin reist um die Welt. Ihr Verleger Joseph Pulitzer will die Vision von Jules Verne – In 80 Tagen um die Welt – übertreffen. Nellie Bly wird es schaffen, aber sie hat eine Konkurrentin, die kurz vor dem Ziel das Schiff nach New York verpasst.*

# Nellie Bly

...............................

*»Mein Ziel vor Augen behielt ich das Herz kühl«*

Es ist der Aufmacher in der Abendausgabe der *New York World*. Die Zeitung des Medienmagnaten Joseph Pulitzer bewirbt die eigene Redakteurin in einem »Extra« auf Seite eins. »A Girl's Feature – Nellie Bly startet eine wundersame Reise rund um die Welt.« Die Reporterin der Boulevardzeitung empfängt am 14. November 1889 auf dem Hurricane Deck des deutschen Schnelldampfers »Augusta Victoria« ihre Journalistenkollegen zum Abschiedsinterview im Hafen von Hoboken in New Jersey. Fräulein Bly will im Auftrag und auf Kosten der *New York World* rund 30 000 Meilen in 75 Tagen um die Welt reisen und damit Jules Vernes Fantasie *In 80 Tagen um die Welt* übertreffen. Dafür ist die Atlantikreise mit dem Hamburger Schiff eine gute Wahl. Die nagelneue »Augusta Victoria« hat ihre Jungfernfahrt erst wenige Monate davor in Rekordzeit absolviert.

Eine Weltreise ist anno 1889 ein Abenteuer, aber ein wohlkalkuliertes, mehr noch eine journalistische PR-Tour, eingefädelt und geplant vom Eigentümer des New Yorker Abendblattes. Nellie Bly wird die Leser in den kommenden zwei Monaten mit Abenteuergeschichten ihrer Reise fesseln. Serien verführen zum regelmäßigen Kauf der Zeitung, die freilich um einen Cent wohlfeil in den Straßen von New York ausgerufen wird. Die Techniken des verlegerischen Marketings sind 1889 längst erfunden. Die junge Journalistin lässt ihre Leser über kein Detail der penibel organisierten Reise im Ungewissen. So wissen wir: Sie nimmt auf ihre Weltreise nur das Nötigste mit. Zwei Flanell-Pyjamas, ein Reisekleid und keine Medikamente. »Ich war mein Leben lang nicht krank und werde es auch auf der Reise nicht«, verrät sie dem Reporterkollegen, der mit zwei anderen Herren auch gleich das Testament der Reisenden bezeugen darf, man weiß ja schließlich nie.

Die Reederei oder ihr Verleger erweisen sich als großzügig. Für die erste Etappe der Weltreise auf den Spuren von Phileas Fogg, die Jules Verne vorgeschrieben hat, wird Fräulein Bly eine geräumige Hochzeitssuite zur Verfügung gestellt. So lässt sich die vielleicht etwas stürmische Atlantik-Passage angenehm verbringen. Nellie ist auch ganz passend nach Matrosenart gekleidet. Sie trägt einen blauen Kamelhaarmantel mit goldenen Streifen, Puffärmeln und einer schmalen Taille, die ihre zarte Figur noch stärker betont. Der *New York World*-Reporter ist beeindruckt: »It fairly took my breath away!« – große Augen, schwarze Haare und immer ein fröhliches Lächeln. Am Daumen (!) trägt die Weltreisende einen goldenen Ring, ihr einziger Schmuck, ihr Fetisch und – extra für den Anlass gemacht – eine Uhr mit 24-Stunden-Anzeige, damit Nellie immer weiß, ob sie ihren Weltumrundungsfahrplan einhalten kann.

Die Geschichte ihrer Reise auf den imaginären Spuren des Romanhelden Phileas Fogg wird nach ihrer Rückkehr zum kalkulierten Bestseller, die erste Auflage ist rasch verkauft. Die Investitionen der *New York World* haben sich gelohnt. Als Bly nach 72 Tagen und gezählten sechs Stunden und elf Minuten um exakt 15.51 Uhr auf dem Landweg von San Francisco wieder in New Jersey ankommt, wird sie zum umjubelten Star. Die Journalistin hat ihren angepeilten Rekord um fast drei Tage unterboten, auch weil ihr Verleger Joseph Pulitzer keine Kosten scheut. Von San Francisco fährt Bly in einem eigens für sie gecharterten Sonderzug quer über den Kontinent, nicht ohne dabei im letzten Moment einer perfekt inszenierten tödlichen Gefahr zu entgehen. Heftige Regenfälle drohen eine Eisenbahnbrücke zum Einsturz zu bringen. Doch so kurz vorm Ende ihrer Rekordjagd wird Nellie Bly nicht aufgeben. Der von einer Dampflokomotive gezogene Zug wagt die Überfahrt. Die Brücke hält, als ob da jemand schon ein Drehbuch geschrieben hätte.

Ihr Abenteuer wird Monate später selbst im Wiener *Interessanten Blatt* beschrieben, wobei die Geschichte dort einen etwas anderen und überdies korrekteren Verlauf nimmt. Die Illustrierte der

Kaiserstadt weiß von einer Wette und einer Rivalin. Die Journalistin Elizabeth Bisland habe mit Nellie Bly gewettet, sie werde die Welt – andersrum – schneller umrunden.

Die beiden etwa gleichaltrigen und gleich ehrgeizigen Damen sind freilich nur Hauptdarstellerinnen eines Hahnenkampfs der Verleger. Nachdem die *New York World* mit der Ankündigung von Nellie Blys Rekordversuch einen Frühstart hingelegt hat, will der Verleger des *Cosmopolitan* nachziehen. Binnen weniger Stunden überzeugt er seine Reporterin, gegen die Kollegin anzutreten. Er wettet auf »seine« Schreiberin. Der Einsatz: 1000 Dollar. Elizabeth Bisland wird die Weltreise am gleichen Tag beginnen, allerdings von Osten nach Westen.

Nellie Bly ahnt lange nichts von ihrer Konkurrentin. Am Weihnachtsabend 1889 landet sie in Hongkong. Dort erfährt sie von einem Direktor der Occidental and Oriental Steamship Company, dass eine andere Amerikanerin auf ihrer Weltreise schon vor drei Tagen die Hafenstadt verlassen hat. Bly reist jetzt gegen die Zeit und gegen Bisland, die die Wette für ihren Verleger gewonnen hätte, wenn nicht … Wenn sie nicht in England die falsche Information bekommen hätte, der schnelle deutsche Ozeandampfer »Ems« habe bereits von Southampton abgelegt und sei ohne sie nach New York unterwegs. Dabei hat ihr Verleger die Reederei mit der Bezahlung von 10 000 Dollar (andere Quellen schreiben 6000 Franc) »bestochen«, auf Elizabeth zu warten.

Miss Bisland ändert aufgrund des Irrtums den Reiseplan, fährt mit Bahn und Fähre nach Irland und kann eine Passage von Cobh auf dem Liverpooler Dampfer »Bothinia« nach New York buchen. Der Naturhafen im Süden Irlands ist in jenen Tagen ein internationaler Verkehrsknoten. Mehr als zweieinhalb Millionen irische Auswanderer haben sich von 1848 bis in die 1950er-Jahre in Cobh für die Atlantikpassage eingeschifft. Auch die »Titanic« hat am 11. April 1912 in diesem Hafen, der damals noch Queenstown heißt, ihren letzten Landgang. Sieben Passagiere verlassen den Dampfer, ehe das Schiff der »White Lines«-Reederei zu seiner letzten Reise ablegt.

Die »Bothinia« begegnet zwar keinem Eisberg, dockt aber erst am 30. Jänner 1890 in New York an, zu spät, um Nellie Bly den Siegeslorbeer abzunehmen. Die Journalistin der *New York World* gewinnt die Wette und erntet den ganzen Ruhm, obwohl auch Elizabeth Bisland mit *In Seven Stages: A Flying Trip Around The World* ihre Abenteuer in Buchform beschreibt. Gegen den publizistischen Trommelwirbel der reichweitenstarken Tageszeitung *New York World* hat die Monatszeitung *Cosmopolitan* keine Chance. Bly wird berühmt, die Reise der Zweiten verblasst historisch. Das *Interessante Blatt* in Wien – immerhin – berichtet im März 1890 über das denkwürdige Wettrennen der beiden »Newspaper Girls« und ergänzt es mit Details. Nellie habe nach ihrer Rückkehr einen Irrenarzt geheiratet und auf ihrer Weltumsegelung zehn Heiratsanträge ausgeschlagen. »Mein Ziel vor Augen behielt ich das Herz kühl, denn ich hätte mich unzweifelhaft verspätet, wenn ich das Unglück gehabt hätte, mich zu verlieben.«

Nach ihrer Heimkehr ist die *New York World*-Kolumnistin die bekannteste Frau der Metropole. Mit ihrem Namen und Bild werden Seifen, Spiele und Morgenmäntel beworben. Frau Blys Rekord hält freilich nicht ewig. Schon 1911 reist André Jaeger-Schmidt in nur 37 Tagen um die Erde, wenn auch unter neuen Bedingungen. Nellie Bly konnte 1887 noch nicht mit der Transsibirischen Eisenbahn fahren.

Journalistisch sind andere Arbeiten aber weit bedeutender als die so beliebten Reportagen über Reiseabenteuer, die einem Millionenpublikum die Ferne ins Heim bringen und Sehnsüchte einer Gesellschaft befriedigen, für die Reisen um die Welt immerhin schon denkbar geworden sind, aber wohl nicht für viele leistbar.

Als junge Journalistin hat sich Bly für mehrere Tage in ein berüchtigtes New Yorker Irrenhaus für Frauen einliefern lassen. Ihre Reportagen über die skandalösen Zustände in der Anstalt auf Blackwell's Island rütteln auf: »Ten Days in a Mad-House« erscheint als sechsteilige Serie in der *New York World*. Bly »erfindet« den investigativen Journalismus – undercover. Sie deckt auf und schreibt über betrügerische Tricks von Heiratsagenturen, das elende Leben von Sexarbeiterinnen und Missstände in Spitälern. Junge Frauen als Aufdeckerinnen werden populär, andere Blätter springen auf diesen Zug der Zeit auf. Bly steht am Beginn eines Trends, die »girl stunt reporters« werden zum Begriff. Und die Verleger spielen die feministische Karte. Junge Frauen, die wagemutig in für sie fremde, verruchte, gar gefährliche Lebenswelten eintauchen, bringen Aufmerksamkeit und Auflage. Nellie wird zum Mythos, zur Kultfigur des unerschrockenen »American Girl«. Die *New York Times* beschreibt den Mythos in einem Nachruf: »Sie hat einen Charakter erschaffen, teils Traum, teils Wirklichkeit. Sie hat die Welt für viele verbessert, weil sie ihrer eigenen Bestimmung gefolgt ist. In einer erstaunlichen Art hat sie scheinbar unmögliche Hoffnungen zur Wirklichkeit gemacht.«

Am Beginn dieser Journalistenkarriere steht ein Leserbrief, den Elizabeth Jane Cochran(e), so heißt die junge Dame aus Pittsburgh wirklich, an den *Pittsburgh Dispatch* schickt. Die Lokalzeitung druckt anno 1885 einen Artikel, der das Kochen und Bügeln als natürlich weibliche Tätigkeiten lobt. Elizabeth Cochran (das e fügt sie eigenhändig zu ihrem Namen) regt das auf. Unter dem Pseudonym »Ein einsames Waisenkind« attackiert sie die gedruckten Rollenklischees der Zeit mit spitzer Feder und gehöriger Empörung. Die Redaktion der Lokalzeitung veröffentlicht den Brief und fordert die Anonyme auf, sich zu melden. Das tut Elizabeth, sie erscheint in der Redaktion und macht Eindruck. Fortan schreibt die wohlerzogene Tochter eines wohlbestallten Mühlenbesitzers unter dem Pseudonym »Nellie Bly« für den *Pittsburgh Dispatch* Reportagen über das wahre Leben der Frauen, jenseits von Küche, Kirche und Kosmetik. Sie tritt offen für die Möglichkeit der Ehescheidung, für die Selbstbestimmung der Frauen und für die Rechte der Arbeiterinnen in der Stahlstadt Pittsburgh ein, deren Leben durch die Industrialisierung brutal verändert wird.

Elizabeth ist Nellie geworden. Ihre Artikel regen auf und provozieren. Zwei Jahre nach dem ersten Leserbrief geht die 23-jährige Frau allein nach New York und wird von Joseph Pulitzer für sein neuartiges Boulevardblatt *New York World* engagiert. Pulitzer macht eine der ersten »modernen« Zeitungen, maßgeschneidert für die Bedürfnisse der Leserschaft in einer modernen Stadt – New York. Ein bisschen reißerisch, ein bisschen sozialkritisch, viel Sport. Die Idee für die Reportage aus dem Frauenirrenhaus auf Blackwell's Island stammt von Pulitzer selbst.

Das Leben als Starjournalistin kostet Nellie Kraft. Sie steht unter dem Druck, ständig neue Sensationen liefern zu müssen. Es wird ihr zu viel. Sie verlässt Pulitzers Blatt, arbeitet für andere Zeitungen, kehrt zurück und heiratet im Alter von 29 Jahren den vier Jahrzehnte älteren Industriellen Robert Seaman. Ihre mechanische Schreibmaschine der Marke Remington rührt sie nicht mehr an. Ist es die Flucht in die sicheren Arme einer (Groß-)Vater-Figur? Die Ehe wird nur kurz währen, aber Seaman bietet seiner jungen, burschikosen Gattin das finanziell sorglose Leben eines amerikanischen Millionärs. Luxuriöse Geschäftsreisen, Gesellschaften und ausgedehnte Urlaube. Als Robert Seaman nach acht turbulenten Ehejahren stirbt, hinterlässt er der früheren Journalistin das Stahlunternehmen. Sie investiert in Patente und Erfindungen, expandiert ins Ölgeschäft. Sie kümmert sich um vieles, nur nicht um die Finanzen. 1911 geht die Firma pleite. Nellie Bly bleibt aber wohlhabend. Es ist genug Vermögen vorhanden, um das Leben einer mondänen Dame von Welt führen zu können.

Der Ausbruch des Weltkrieges überrascht die 50-Jährige in Europa. Noch einmal wird sie vom Fieber des Journalismus angesteckt. Sie bleibt auf dem umkämpften Kontinent, berichtet aus England über die Suffragetten und ihren Kampf um das Wahlrecht. Nellie Bly ist keine Redakteurin, sie ist Reporterin und scheut keine Unbequemlichkeiten. Während der Kriegsjahre berichtet die Amerikanerin – wieder für die *New York World* – über den Kampf der österreichisch-ungarischen Armee gegen Russland. Die Reporterin ist im Frühjahr 1915 als Kriegsberichterstatterin in Galizien unterwegs gewesen und zeichnet von der k. u. k. Armee ein sehr idealistisches Bild: »In allen Ländern, die ich bereiste, kämpfen die Nationen, weil sie eine andere Nation hassen, in Österreich kämpfen sie alle nur, weil sie Österreich lieben. Es ist ein wunderbares Gemüt in diesen Leuten, die ihr Vaterland glühend lieben und doch seinem Feind gegenüber selbst im Kampfe voller Mitleid sind.«

Im Jänner 1919 ist Nellie Bly wieder in Wien. Diesmal wird sie für ihre amerikanischen Leser das Hungerelend in der ehemaligen Kaiserstadt beschreiben. Sie trifft auch den provisorischen Staatskanzler Karl Renner. Der sozialdemokratische Politiker hofiert die Journalistin als Augenzeugin der österreichischen Zustände. Renner wirbt bei der amerikanischen Journalistin um Investitionen der US-Industrie. Ängste, die sozialdemokratische Regierung könne zum Mittel der Verstaatlichung von Industriebetrieben greifen, versucht Renner zu zerstreuen: »Nichts kann uns erwünschter sein, als wenn die amerikanischen Kapitalisten hier in unserem Lande ihr Geld anlegen und uns helfen, unsere Arbeitslosen zu beschäftigen.« Nellie Bly veröffentlicht das lange Gespräch mit dem Staatskanzler. Ob der amerikanische Präsident Woodrow Wilson es gelesen hat? Renners linker Parteigenosse Otto Bauer ist über die so kapitalfreundliche Öffentlichkeitsarbeit des Staatskanzlers nicht gerade erfreut. Er stellt ihn zur Rede: »Du hast, wie es scheint, keine Ahnung, welches Unheil du mit manchen Redewendungen anrichten kannst.«

Blys Stil mag nicht mehr so recht in die Zeit der Roaring Twenties passen, aber ihren Idealen bleibt sie treu. Nach den Kriegsberichten publiziert sie Reportagen über das soziale Elend, das der Weltkrieg im zerstörten Europa hinterlassen hat. Die kinderlos gebliebene Weltreisende engagiert sich für Waisen, die unversorgt auf der Straße vegetieren, nimmt sie ins eigene Haus mit und kümmert sich um deren Adoptionen. Ein Artikel über die Hinrichtung eines Straftäters für das *New York Evening Journal* spart die grausamen Details nicht aus und wird so zum aufwühlenden Plädoyer gegen die Todesstrafe. 1922 stirbt Nellie Bly an einer Lungenentzündung. In allen wichtigen Zeitungen erscheinen Nachrufe. *The New York Journal* fasst zusammen: »Sie galt als bester Reporter Amerikas.«

# Elise Ottesen-Jensen

*»I dream of the day when all the children
who are born are welcome«*

Irgendwie erscheint die Geschichte der Elise Ottesen-Jensen in blassgrauen Farben. Woran das liegt? In der zeitgeschichtlichen Dokumentationsserie *Krieg der Träume* wird die historische Person der Elise Ottesen-Jensen in Schauspielszenen lebendig. Lebendig? Vielleicht überlagert das aktuelle Fernsehbild die historische Person. Vielleicht war Elise lebenslustig, fröhlich und glücklich? Vielleicht.

Elise wird 1886 in dem kleinen norwegischen Ort Høyland am Gandsfjord der skandinavischen Westküste geboren. Sie ist das 17. von insgesamt 18 Kindern eines protestantischen Pastors. Ihr Vater Immanuel Ottesen predigt in der kleinen weißen Holzkirche des Dorfes südlich von Stavanger. Über ihre Jugend ist wenig bekannt, aber Elise wird wohl von ihren älteren Geschwistern miterzogen. Sie lernt früh, sich Gehör zu verschaffen, sich durchzusetzen. Das geht gar nicht anders bei 16 älteren Geschwistern. Zu ihrer jüngeren Schwester Magnhild, dem letzten und 18. Kind der Pastorenfamilie, entwickelt Elise ein besonderes Naheverhältnis. Magnhilds Schicksal wird zur Triebfeder von Elises Leben.

Die »kleine« Schwester wird schwanger. Sie ist nicht verheiratet, sie ist jung, sie weiß nicht, wie und was mit ihr geschieht. Ihre Schwangerschaft ist eine Schande. Damit die »Schande« nicht zum Skandal wird, muss Magnhild Høyland und die Familie verlassen. Niemand soll von diesem »Missgeschick« erfahren. Die kleine Schwester wird nach Dänemark geschickt. Sie ist schwanger, hat keine Familie, sie wird versteckt und fürchtet monatelang, dass ihr wachsender Bauch plötzlich aufplatzen könnte. Mädchen werden nicht aufgeklärt. Sie empfangen ahnungslos Kinder, und sie bringen sie unter Schmerzen zur Welt. Magnhild darf ihr Kind nach

*Elise Ottesen-Jensen. Die radikale Sozialistin aus Norwegen wird in Schweden zur Vorkämpferin für Geburtenkontrolle und Frauenrechte.*

der Geburt nicht behalten. Der christliche Vater verweigert seiner Tochter Nächstenliebe. Mutter Karen Essendrop kann sich gegen den strengen Vater nicht durchsetzen. Elise Ottesen leidet mit ihrer Schwester. Nie wird sie ihrem Vater die Grausamkeit gegenüber seiner Jüngsten verzeihen. Magnhild muss ohne ihr Baby nach Norwegen zurück. Daran zerbricht sie. Ihr Vater lässt sie in eine Anstalt für psychisch Kranke einweisen. Der vermeintlichen Schuld, der Schande entflieht das Mädchen in den Tod.

Das Schicksal der Schwester wird für Elise Ottesen lebenslanger Antrieb ihres Kampfes für Frauenrechte. Zunächst studiert die junge Frau aus der norwegischen Provinz Zahnmedizin. Doch ein Unfall verändert ihr Leben. Bei einem Experiment im Chemielabor kommt es zu einer Explosion. Die junge Studentin verliert drei Finger. Als Zahnärztin wird sie nicht mehr arbeiten können. An der Universität kommt die Pastorentochter mit sozialistischen Studenten in Kontakt. Sie schreibt für eine Tageszeitung. Skandinavien ist am Ende des 19. Jahrhunderts kein Sozialparadies. Die Armut der Bauern, die Not der Bergarbeiter, die Unwissenheit der Frauen, Kindernot und Kindersterblichkeit sind der Resonanzboden für eine starke Arbeiterbewegung. Elise lernt 1913, im Jahr vor dem Ersten Weltkrieg, der auch in Norwegen widerhallt, den radikalen Sozialisten, Gewerkschafter und Friedensaktivisten Albert Jensen kennen. Das Paar heiratet. Elise Ottesen nimmt den Doppelnamen Ottesen-Jensen an. Als Albert Jensen aufgrund seiner politischen Betätigung aus Norwegen ausgewiesen wird, folgt sie ihm nach Dänemark. Dort bringt Ottesen-Jensen ein Kind zur Welt, das allerdings bald nach der Geburt stirbt.

Auch Dänemark müssen die politischen Aktivisten im ersten Friedensjahr verlassen. Die Regierung wirft den Linkssozialisten »revolutionäre Umtriebe« vor. Die Russische Revolution und die Machtergreifung der Sowjets verschärfen das politische Klima. Elise schreibt unter dem Decknamen »Ottar« ihre Artikel. Ihre Forderung nach Gleichberechtigung der Frauen und ihre Ansichten zu Ehe und Sexualität sind auch für viele Genossen zu radikal.

Ottesen-Jensen lernt einen Arzt kennen, der ihr den Gebrauch eines Diaphragmas erklärt. Damit hat die Frau die Möglichkeit einer eigenverantwortlichen Methode der Empfängnisverhütung. Sie geht mit ihrem Mann nach Schweden und arbeitet dort weiter am Sieg des Sozialismus.

Elise Ottesen wird Schwedens bekannteste Journalistin. In den 1920er-Jahren richtete »Ottar« bei der Zeitung *Arbetaren* (Der Arbeiter) eine Fragen-Antworten-Rubrik für Frauen ein. Sie wird die erste Ratgeberin für Fragen zur Sexualität. Elise erkennt, wie wenig Frauen über ihren eigenen Körper und über ihre eigene Sexualität wissen. Ihr tabuloser Umgang mit der damals noch weitgehend verpönten Materie führt zum Konflikt im männergeprägten Blatt. Sie verlässt die Redaktion und gründet 1925 eine eigene Zeitung. Schon der Titel gibt die Linie vor: *Vi kvinnor* (Wir Frauen). Die beinahe ausschließliche Beschäftigung mit Frauenfragen lässt keinen wirtschaftlichen Erfolg zu. Elise muss die Zeitung bald wieder einstellen. Sie verlässt die geschützten Redaktionsräume und entdeckt die Wirklichkeit von Bergarbeiterfrauen, die buchstäblich von Arbeit und zahllosen Schwangerschaften ausgelaugt und erschöpft sind. Ottesen beginnt einen Kreuzzug gegen die Unwissenheit und will den Frauen mit einer Kampagne zur Sexualaufklärung und Verhütung zu einem selbstbestimmten Leben verhelfen.

Sexuelle Aufklärung, Verhütung, Abtreibung und Homosexualität sind in den 1920er-Jahren auch in Skandinavien verboten. Die gesellschaftlichen Normen sind weit rigider als etwa in Berlin, Paris oder auch Wien. Während in Wien, Berlin und London Fragen der Sexualität, der Libido etc. zunehmend unter psychoanalytischen Gesichtspunkten gesehen werden, druckt die schwedische Journalistin Broschüren, nur um erkennen zu müssen, dass das Leben der Arbeiterfrauen meilenweit von den Idealen einer sozialistischen Agitatorin und Redakteurin entfernt ist. Die Aufklärungsheftchen bleiben wirkungslos, weil die meisten Frauen gar nicht lesen können. So zieht sie als Vortragsreisende übers Land, spricht in den Arbeitersiedlungen zu den Frauen, wird von den

Männern angefeindet, weil sie das Recht auf Verhütungsmittel, Abtreibung und sexuelles Vergnügen auch für Frauen predigt. Ihre Aktivitäten verstoßen gegen geltendes Recht. Abtreibung und die Werbung dafür werden bestraft.

Als Mitglied der schwedischen anarcho-syndikalistischen Gewerkschaft Sveriges Arbetares Centralorganisation kämpft sie auch innerhalb der sozialistischen Bewegung für die Rechte der Frau. Ihr Kreuzzug für das Recht auf Sexualaufklärung führt Elise immer weiter in den Norden, nach Lappland. Das indigene Volk der Samen – in den 1930er-Jahren wird der Begriff Lappen verwendet – lebt in größter Armut, nachdem die Industrialisierung und der Bergbau im Norden ihre Jagd- und Weidegebiete immer mehr beschnitten haben. Sie lässt einen Film über ihre Aufklärungsarbeit im Norden drehen und veröffentlicht 1926 ihr Buch *Unwillkommene Kinder*. Dadurch wird sie als Frauenrechtlerin auch international bekannt. Die amerikanische Pionierin der Geburtenkontrolle Margaret Sanger wird auf ihre schwedische Kollegin aufmerksam. Die beiden Frauen tauschen sich über ihre Erfahrungen und über Methoden der Geburtenkontrolle aus. Die Amerikanerin schickt Ottesen-Jensen ein Schaumpulver, das Empfängnis verhüten soll. Dieser Schaum wurde von Sanger in den USA entwickelt. Die Frauen im Norden Schwedens sollen die neue Methode erproben. Im Zeitalter vor der Erfindung der »Pille« lässt Sanger einfache und billige Methoden der Geburtenkontrolle erforschen. Sie hat in den USA die finanziellen Möglichkeiten, die Elise fehlen. Je kontroversieller Elises politische und aufklärerische Arbeit wird, desto mehr wird sie zur Anlaufstelle vieler – auch homosexueller – Frauen und Männer, die sich an sie um Rat in konkreten Beziehungsfragen wenden. 1933 gründet sie gemeinsam mit Ärzten und Gewerkschaftern den Riksförbundet för sexuell upplysning (Reichsverband für sexuelle Aufklärung).

Und ihr Mann? Während Elise Ottesen-Jensen für das Selbstbestimmungsrecht der Frauen wirbt, den Arbeiterinnen Selbstbewusstsein und Stärke gegen die oft brutale Männerherrschaft vorleben will, scheitert ihre Ehe. Albert beginnt eine Affäre mit einem kaum 18-jährigen Mädchen. Und obwohl Elise ihrem untreuen Ehemann verzeiht und Verständnis für seine Affäre zeigt, scheitert die Beziehung. Albert bleibt bei der um viele Jahre jüngeren Frau. Ottesen nimmt die »Schuld« auf sich. »Wie kann eine Ehe funktionieren, wenn die Ehefrau nie zu Hause ist.« Ihr Traum, dass eines Tages jedes Neugeborene ein Wunschkind sein würde, geht, zumindest in groben Zügen, noch vor ihrem Tod in Erfüllung. In ihrem eigenen Leben erfüllt sich ihr Traum von einer Sexualität, die von Freude, Innigkeit und als Ausdruck der Intimität geprägt ist, nicht. Nach dem Ende ihrer Beziehung zu Albert verzichtet Elise auf jede Partnerschaft.

# Eugenie Schwarzwald

......................................................................

*»Frau von edelster Rasse«*

Sagt das Zeugnis ehemaliger Schülerinnen (und Schüler) etwas über den Charakter einer Lehrerin, dann bekommt Eugenie Schwarzwald eine römische Eins. Die Fotografin und Autorin Gertrude Fleischmann erinnerte sich im hohen Alter an ihre Schulzeit in Wien: »Rückschauend auf mein Leben finde ich wirklich und ohne zu übertreiben, daß meine Schulzeit bei Schwarzwald die schönste und beste Zeit meines Lebens war.«

Trude Fleischmann war in den 1920er- und 1930er-Jahren die bekannteste Porträtfotografin Wiens und lichtete Künstler wie Karl Kraus, Lotte Lehmann, Peter Altenberg oder Hedy Lamarr in ihrem Atelier ab. Aufregung und moralische Aufwallungen provozierten ihre Bewegungsstudien von zum Teil wenig bis gar nicht bekleideten Tänzerinnen. Sich künstlerisch mit weiblicher Nacktheit zu beschäftigen, erregte manchen Bürger und gelegentlich auch die Zensurbehörden, nicht in Wien, dafür in Berlin.

Trude Fleischmanns Blick fürs Wesentliche und ihre freie Einstellung wurden in den sieben Jahren an der »Schwarzwald«-Schule von prominenten Lehrern gefördert. Oskar Kokoschka unterrichtete die Mädchen im Zeichnen, mit Adolf Loos unternahmen die Lycée-Schülerinnen architektonische Exkursionen, und Arnold Schönberg eröffnete den jungen Damen mit zwölf Tönen neue musikalische Welten. Das Mädchen-Lycée der »Frau Doktor« Schwarzwald war fürwahr eine außerordentliche Bildungsanstalt. Auch wenn die pädagogischen Engagements der Kokoschkas & Co. oft nur von kurzer Dauer waren, hatten sie einen durchaus gewünschten Werbeeffekt für die private Bildungsanstalt höherer Töchter.

Eugenie (Gina) Schwarzwald stammte aus dem kleinen bukowinischen Dorf Polupanowka bei Tarnopol in Galizien am äußers-

*Eugenie Schwarzwald. Karl Kraus spottet über die Schulgründerin aus
Czernowitz, aber die Zahl der publizistischen Opfer des Satirikers ist groß.
Schwarzwald gründet ein Mädchen-Lycée und engagiert Lehrer wie Adolf
Loos, Oskar Kokoschka oder Hans Kelsen für ihre moderne Schule. »Gina«
hat im Wien um 1900 Visionen, aber sie setzt sie auch um.*

ten Ostrand der k. u. k. Monarchie. In vielen Biografien wird Czernowitz als Geburtsort angeführt, was ein wenig weltläufiger klingt, war doch in der galizischen Provinzstadt mit der Franz-Josephs-Universität eine der acht Hochschulen in der cisleithanischen Reichshälfte der Monarchie beheimatet. Darauf waren die Bewohner von Czernowitz durchaus stolz, obwohl im Wintersemester 1899/1900 an der kleinsten Universität gerade mal 381 männliche Hörer inskribiert waren.

Eugenie Nußbaum, so ihr vorehelicher Name, konnte immerhin in dieser Universitätsstadt ein Mädchen-Lycée und anschließend eine »Lehrerinnen-Bildungsanstalt« besuchen, die sie nach drei Jahren leichten Herzens verließ: »In solchen Kleidern, mit einer solchen Haartracht konnte man nicht jung sein. Unser Geist trug ein Fischbeinkorsett und in unsere Herzen gruben sich Metallschienen. Wer so aussah, konnte weder denken noch fühlen … War man reich, wartete man auf einen Mann … War man arm, dann wartete man erst recht auf einen Mann, denn er war der einzige Gewinn in der Lebenslotterie.«

In diesem Glücksspiel zieht die knapp 20-jährige Eugenie einen Haupttreffer. Der in Czernowitz geborene Jus-Student Hermann (»Hemme«) Schwarzwald heiratet seine »Gina« und schließt sein Studium an der heimatlichen Universität ab.

Das Paar folgt bald den Lockungen der kaiserlichen Residenzstadt Wien und verlässt Galizien, das ja doch eher abgelegen den wilden Osten der Monarchie bildet. Dr. jur. Schwarzwald macht im Wiener Handelsministerium als »beamteter Sekretär« Karriere. Er ist für die Förderung des Exports der Monarchie zuständig. Seine Angetraute »Gina« lässt den offenbar großzügigen Ehemann in Wien allein zurück und beginnt an der Zürcher Universität ein zehnsemestriges Studium der Germanistik, Anglistik und Pädagogik. An der Wiener Alma Mater sind zu diesem Zeitpunkt bildungshungrige junge Damen noch unerwünscht. Noch vor ihrer Promotion kauft Hermann Schwarzwald 1901 für seine »Genia« am Wiener Franziskanerplatz ein altes Lyzeum. Dort eröffnet das Paar das »Mädchen-Lyzeum PhDr Eugenie Schwarzwald (6 Klassen), verbunden mit Mädchen-Gymnasialcursen und Fortbildungscursen in Wien«.

Um die Jahrhundertwende war diese Privatschulgründung durchaus ein Wagnis. Höhere Bildung für Mädchen galt für viele bürgerliche Familien als unnützer Tand, andere konnten ohnehin nicht an eine bessere Ausbildung für ihre Töchter denken. Die jungen Frauen hatten hübsch, fügsam und in gesellschaftlicher Konvention geübt zu sein. Für unverheiratete junge Frauen war nur die Ausbildung zur Lehrerin ein akzeptierter Berufsweg. Mit einer allfälligen späteren Eheschließung musste die Lehrtätigkeit beendet werden, Männer hatten Vorrang.

Mit der langsamen Öffnung der Universitäten stieg der »Bedarf« nach einer vorbereiteten Ausbildung für Mädchen. Vierjährige Gymnasialkurse sollen jungen Frauen den Zugang zur Universität eröffnen. Frau Dr. phil. Schwarzwald hat eine »Marktlücke« entdeckt. Innerhalb weniger Jahre schreiben immer mehr Eltern ihre Mädchen in die fortschrittliche »Schwarzwald-Schule« ein. 1907 sind es schon fast 500 Schülerinnen. Der »provisorischen« Direktorin fehlen zwar die amtlichen Voraussetzungen für ihren Posten, sie bringt aber aus der Schweiz neue Lehrmethoden und eine moderne Auffassung von Bildung und Ausbildung mit. Da ihr akademischer Grad in Österreich-Ungarn nicht anerkannt wird, muss sie den Mathematiklehrer Ludwig Dörfler, um den Vorschriften Genüge zu tun, als offiziellen Leiter der Schwarzwald-Schule anstellen. 37 Jahre lang existiert die Schulgründerin fürs Unterrichtsministerium nicht. Das hindert die resolute »Fraudoktor« aber nicht, die spannendsten Intellektuellen der Jahrhundertwende für ihre Schule anzuwerben. Nach der Übersiedlung des Lycée in die Herrengasse, Ecke Wallnerstraße, wird das Café Herrenhof zur Eingangspforte in die Schwarzwald-Schule. Eugenie Schwarzwald keilt im Kaffeehaus ihr prominentes Lehrpersonal. Der Musikwissenschaftler Egon Wellesz, der Literaturhistoriker Otto Rommel, Adolf Loos und Oskar Kokoschka werden so Vortragende an der unkonventionellen Schule. Sie können sich dem eher direkten Charme von Frau

Schwarzwald nicht entziehen. Im Schuljahr 1911/12 hält Loos zwei Stunden wöchentlich einen Kurs über Kunstgeschichte, den 56 Schülerinnen belegen. Der Architekt spaziert mit seinen jungen Damen durch die Innenstadt. Im Jahresbericht der Lehranstalt schreibt Loos: »Es wurden auch Fragen des modernen Stils, der modernen Literatur und der modernen Wohnungseinrichtung erörtert.«

Die Direktorin unterrichtet selbst Deutsche Literatur, ihr Ehemann Volkswirtschaftslehre und Philosophiegeschichte. Und der Verfassungsrechtler Hans Kelsen, der 1919 von Staatskanzler Karl Renner mit der Formulierung der provisorischen deutsch-österreichischen Bundesverfassung betraut wird, bemüht sich, den jungen Gymnasiastinnen Grundprinzipien des positiven Rechts beizubringen.

Wiens Dichter können an einer derartigen Frau nicht vorbeischreiben. Robert Musil soll der Romanfigur Diotima (Ermelinda) Tuzzi in *Der Mann ohne Eigenschaften* die Charakterzüge von Eugenie Schwarzwald verliehen haben: »Wahrhaftig, eine Hydra von Schönheit!« Der böseste Spötter von allen, Karl Kraus, zeichnet in den *Letzten Tagen der Menschheit* das Porträt einer Hofrätin Schwarz-Gelber. Und Alfred Polgar parodiert: »Ich habe die berühmte Philanthropin bei der Arbeit gesehen. Sage ich, es war ein Erlebnis, so sage ich zu wenig.« Selbst Elias Canetti schrieb: »Man empfand sie als Schwätzerin mit den allerbesten Absichten.«

Allerbeste Absichten hat Schwarzwald mit Sicherheit. Während des Krieges entwickelt sie vielfache karitative Aktivitäten, schreibt rund 300 Zeitungsartikel, vornehmlich in der *Neuen Freien Presse* und sorgt sich in den Notjahren nach dem Zusammenbruch der Monarchie um hungerleidende Intellektuelle. Am Grundlsee im steirischen Salzkammergut eröffnet sie 1920 ein »Erholungsheim für geistige Arbeiter«. In ihren Salons verkehrt die intellektuelle Elite der Zeit: Karl Popper, Peter Altenberg, Thomas Mann und Rainer Maria Rilke.

Die jungen und unkonventionellen Lehrer, die meist keine offizielle Ausbildung haben, sind der k. u. k. Behörde ein Dorn im

Auge. Besonders Oskar Kokoschkas Lehrtätigkeit wird vom amtlichen Fachinspektor mit »Nicht genügend« beurteilt. Der »Gesellschaftsmaler« Kokoschka, wie ihn Karl Kraus abschätzig beschreibt, kümmere sich nicht um den Lehrplan, lasse die Mädchen nach den Methoden der »Übermodernen« zeichnen: »Von einer Unterweisung, einem Unterrichte konnte keine Rede sein.« Kokoschka, den die »Fraudoktor« in einem »höchst bedauerlichen Zustand« und vor allem knapp bei Kassa kennengelernt und als Lehrer für Freihandzeichnen für die zweite Lyzealklasse im Schuljahr 1911/12 engagiert hatte, besaß keine Lehramtsprüfung. Die hatte auch weder Arnold Schönberg, der die Mädchen in Musik unterrichtete, noch Architekt Adolf Loos. Die Herren waren hingegen Meister ihres Fachs, konnten begeistern und den jungen Damen Einsichten vermitteln, die so mancher amtlich geprüfte Lehrer im Gymnasium nicht im Ansatz hatte. Immerhin erhält die Schwarzwald-Schule sechs Jahre nach der Gründung das Recht, Reifeprüfungen abzuhalten.

Eugenie Schwarzwald formuliert ihre pädagogischen Prinzipien: »Die Autorität darf sich nicht in Strenge, sondern in Liebe auswirken. Der Lehrer biete der Jugend Freiheit, Freundschaft und Freude in reichem Maße. Aber auch Freiheit muß durch Selbstdisziplin erworben werden.« Das sind Grundsätze, die auch 120 Jahre später noch gültig sein sollten, es aber noch immer nicht sind.

Adolf Loos wird zum viel gesehenen Gast der Familie Schwarzwald und stattet im Jahr 1905 ein kleines, einstöckiges Palais im Hinterhof des Hauses Josefstädter Straße 68 mit seinen Möbelentwürfen aus. Die Familie freundet sich mit dem Architekten an. 1912 stellt Eugenie Schwarzwald Loos' Räumlichkeiten in ihrem Lyzeum für seine eigene »Bauschule« zur Verfügung, weil ihm die Kollegen an der Technischen Universität buchstäblich den Zeichentisch vor die Türe stellten. Nachdem Otto Wagner an der Akademie für bildende Künste emeritieren musste, waren einige Wagner-Schüler, darunter Richard Neutra und Rudolph Michael Schindler, zu Loos gekommen und hatten ihn aufgefordert, sich um die Nachfolge Wagners zu bemühen. Loos fühlte sich geschmeichelt, wusste jedoch, dass er im k. u. k. Universitätsbetrieb keine Chance auf einen eigenen Lehrstuhl haben würde. Zu radikal waren seine Ansichten, zu modern seine Bauten, zu eindeutig seine Wertung von Kollegen, zu kritisch seine Haltung in Wien. So macht(e) man in Wien keine akademische Karriere. Im ersten Jahr seiner »Bauschule« zahlten gerade einmal drei »ordentliche Hörer« pro Semester 25 Kronen Schulgeld an Loos. Der später weltberühmte Architekt unterrichtete aber zahlreiche außerordentliche Studenten in seiner Privatschule. Sie ignorierten das per Aushang am Schwarzen Brett der Technischen Hochschule deklarierte Verbot, Vorträge von Loos zu besuchen. »Den jungen Leuten steht die Verachtung des Ornaments auf der offenen Stirne geschrieben.«

Die Wohnung der Familie Schwarzwald wird so etwas wie das zweite Wohnzimmer von Adolf Loos. Dort trifft er auf den damals bekannten Schriftsteller Jakob Wassermann, ebenfalls ein häufiger Gast in der Schwarzwald-Wohnung. Wassermann beschreibt seine Gastgeberin als »eine Frau von untersetzter Statur, starkhalsig, starknackig, starkblickend, kurzhaarig, dunkel von Prägung, straff von Muskeln, entschlossen in der Bewegung, mit einer Stimme, die in der Ruhe etwas verängstigt Flehendes, in der Erregung etwas von Fanfare hat. Ihr kurzgeschnittenes Haar verlieh ihrer Gestalt eine männliche Wirkung, mit einem Körper, den eine Überfülle von Blut speist und in schier beängstigender Lebendigkeit erhält: ja: Vollblut, dies gibt sich auf den ersten Blick kund. Frau von edelster Rasse.« Damals durften Schriftsteller, ohne sich des Vorwurfs des Body-Shamings aussetzen zu müssen, so schreiben. Eugenie Schwarzwald war jedenfalls eine starke Frau, die bewusst von einem bürgerlichen Fundament aus die emanzipatorischen Bestrebungen der Frauen förderte, eine konservative Revolutionärin.

Neben ihrer Lehrtätigkeit hielt sie regelmäßig Vorträge im Ersten Wiener Frauenklub, gehörte zum Vorstand des Bundes Österreichischer Frauenvereine und leitete eine Anti-Alkohol-Kommission. Mit ihren Haltungen eckte sie in der Wiener Gesellschaft an. Und sie war sich dessen bewusst. In der *Neuen Freien Presse* beklagte sie die Fantasielosigkeit der gesellschaftlichen Konversation: »Zwei Jahrzehnte lang war ich von meinen Zeitgenossen auf zwei Gesprächsthemen fixiert. Ich hatte unvorsichtigerweise das Doktorexamen gemacht, also musste man mit mir über Wert und Unwert des Frauenstudiums sprechen. Ich trank keinen Alkohol, die ganze Tischgesellschaft musste sich also bemühen, mich zu ihm zu bekehren, während ich nicht den leisesten Versuch machte, die Abstinenz zu predigen.«

Neben ihren pädagogischen Ambitionen entfaltet Eugenie Schwarzwald eine kaum zu überblickende Fülle an philanthropischen und volkserzieherischen Aktivitäten. Gegen die »irrsinnige Fleischesserei wienerischer Gastwirtweisheit« setzt sie eine Aktion, »Obst für das Volk«, die voll guter diätischer Absichten an den Wiener Essgewohnheiten scheitert. Auch die Weinseligkeit der Wienerinnen und Wiener verursacht der Abstinenzlerin Kopfschmerzen. Sie verfolgt die Idee von »Speisehäusern ohne Trinkzwang«. Im dritten Kriegsjahr gründet sie einen Verein, der seinen Mitgliedern eine zum Selbstkostenpreis berechnete warme Mahlzeit pro Tag verspricht. Tatsächlich dampfen im März 1917 die Suppenkessel in der ersten Gemeinschaftsküche am Wiener Alsergrund. Mitten in der Hungerkrise des Weltkriegsjahres gelingt es »Fraudoktor«, Lebensmittel aus der Schweiz, Dänemark und Polen nach Wien zu bekommen. Und schon wirbelt Schwarzwald zum nächsten Projekt. Im März 1917 gründet sie den Verein Wiener Kinder aufs Land, womit schon der Vereinszweck beschrieben wird. Großstadtkinder sollen aufs Land geschickt und dort verpflegt werden. Die Kaiserstadt hungert, und Wiens großbürgerliche Philanthropen wollen helfen. Auch der Schriftsteller Robert Musil ist zahlendes Mitglied des Vereins zur Errichtung und Erhaltung von Gemeinschaftsküchen. Dennoch bleibt Musil auf ironischer Distanz zur Wohltäterin. Er beschreibt Schwarzwalds umtriebige Vereinsmeierei als »Nebeneinander von Wohltun und Sichwohltun«.

Ihren Arbeits-, ihren Lebensstil beschreibt Jakob Wassermann ebenso atemlos, wie er sie erlebt: »Sie muß Briefe schreiben, Ansprachen halten, telephonieren, bitten, betteln, zürnen, lachen, weinen, danken; sie muß Beschuldigungen widerlegen, Zweifler umstimmen, Nörgler aufheitern, Ehrgeizige beschäftigen, Ängstliche beschwichtigen, Habgierige befriedigen, Heißsporne vertrösten, Machthaber vergewaltigen oder überlisten, Vordringliche zurückweisen, Gelangweilte ermuntern … Wer ihr zusieht, und ich habe ihr oft zugesehen, faßt nicht dies ungeheure Maß Vitalität, von Ausdauer, von Hartnäckigkeit, von Leidenschaft, von zielender Gewalt.«

In der feineren Wiener Gesellschaft wird »die Schwarzwald« zwar bespöttelt, aber ihre Gemeinschaftsküchen bleiben keine Marotte einer gelangweilten Society-Dame. Auch in den Jahren nach dem Weltkrieg versorgen ein Dutzend Küchen und vier Heime Tausende Menschen. Der von Schwarzwald gegründete Verein expandiert ins Wiener Umland. Im Lainzer Tiergarten wird 1921 eine von Adolf Loos eingerichtete »Siedlungsküche« eröffnet, in Reichenau an der Rax, in der Hinterbrühl bei Mödling und am Grundlsee entstehen Erholungsheime des Schwarzwald-Vereins. Ihr Ehemann kann seine Kontakte aus dem Finanzministerium nützen. In der Republik wird der Jurist Leiter der Kredit- und Währungssektion und Sektionschef, später Direktor der Dynamit-Nobel AG und Verwaltungsrat etlicher Konzerne.

Zur Finanzierung der vielfältigen Aktivitäten »schnorrte« Eugenie Schwarzwald jeden ungeniert an, dem sie über den Weg lief. Dabei blieb sie nicht nur dezent. Friedrich Torberg mokierte sich über ihren »Prominentenfang«, und auch Hilde Spiel glaubte, »eine penetrante Rührigkeit« erkennen zu müssen. Spott und literarische Überhöhung müssen in Wien der 1920er-Jahre als Anerkennung für Eugenie Schwarzwalds umfangreiches Wohlfahrtswerk gewertet werden, das freilich weitgehend unpolitisch und karitativ blieb. Der am Altausseer See residierende Jakob Wassermann versteht: »Man kann nicht ungestraft Jahr um Jahr eine

ganze Gesellschaftsklasse und Gesellschaftsverfassung beschä-
men ... ohne Unwillen und schließlich Spott zu erregen.«

Die »Fraudoktor« engagierte sich sozial, aber nicht im Rahmen
der politischen Sozialdemokratie, sie propagierte Selbsthilfe und
Eigeninitiative mit und aus einem scheinbar unerschöpflichen
Ideenfundus. Von den staatlichen Einrichtungen der jungen Republik, die damals erst mühevoll aus den Trümmern der Monarchie
wuchs, erwartete sie wenig. Dabei wollte sie nicht nur das Leben
der Wiener verbessern, sie glaubte auch, das »hungernde Deutschland« retten zu können, und schuf im Herbst 1923 ein Aktions-
komitee Österreichische Freundeshilfe. Wer – inflationäre –
150 000 Kronen spendete, konnte »einem bedürftigen Deutschen
einen Monat lang eine warme Mahlzeit täglich sichern«.

In ihren Zeitungsartikeln und Essays bleibt Schwarzwald selt-
sam unpolitisch, auch wenn manche Sätze als Andeutung gelesen
werden können. Den Aufstieg der Nationalsozialisten in Deutschland und in Österreich sowie die Etablierung eines autoritären
Ständestaates in Wien blendet sie aus – in Worten, nicht in Taten.
Sie hilft nach 1934 verfolgten Sozialdemokraten und kümmert
sich um jüdische Flüchtlinge, die nach Hitlers Machtergreifung
nach 1933 zunächst Schutz in Wien finden.

Am Beginn des Jahres 1938 fährt Eugenie Schwarzwald nach
Kopenhagen, um sich einer schweren Krebsoperation zu unterzie-
hen. Den sogenannten »Anschluss« ihres Österreich ans Hitler-
Reich verfolgt sie aus der Ferne. Ihr Ehemann Hermann Schwarzwald bleibt in Wien. Eugenie versucht, zunächst vergeblich, ihn
zur Flucht vor den neuen NS-Herrschern zu bewegen. Erst 1939
folgt Hermann seiner Frau ins Schweizer Exil nach Zürich. Er wird
nicht lange in Freiheit leben. Schon 1939 stirbt er. Auch die Brust-
krebserkrankung von Eugenie verschlimmert sich. Sie lebt in
Zürich in einem »Zustand der Unsicherheit«. Soll sie nach dem Tod
ihres Mannes in der Schweiz bleiben oder doch weiter nach England, in die USA flüchten?

Über die Entwicklungen in Wien ist sie entsetzt, eigentlich verstört: »Was ist das, wenn Zehntausende Wiener, deren Kindern ich

das Leben gerettet habe, ›Heil Hitler!‹ rufen?« Eugenie Schwarzwald muss nicht mehr weiter fliehen. Im August 1940 stirbt sie in
Zürich. Auf ihrer Parte steht »schmerzlos entschlafen«. Ihre Schule und ihre Wohltätigkeitsvereine sind von den Nationalsozialisten längst geschlossen oder in NS-Organisationen eingebunden.
Das Vermögen der jüdischen Familie Schwarzwald wird »arisiert«,
also gestohlen.

*Pola Negri (Barbara Apolonia Chałupiec). Ein polnischer Stummfilmstar erobert in den 1930er-Jahren für die deutsche Filmindustrie die Welt des Kinos. Adolf Hitler liebt die Streifen mit dem schwarzhaarigen Vamp. Sie entzieht sich aber der Macht und dem Geld der NS-Filmindustrie.*

# Pola Negri (Barbara Apolonia Chałupiec)

*»Ne Polin isse, schwarzhaarig isse,*
*also heeßste Pola Negri«*

D ie Filmbegeisterten haben ihre ersehnte Sensation. Seit Tagen
schon wird der Besuch der berühmten Schauspielerin Pola
Negri in den Gazetten angekündigt. Die schwarzhaarige Diva ist
auf Werbetour für ihren neuesten Film und macht kurz in Wien
Station. Die Feuilletonisten der Wiener Blätter spitzen ihre Blei-
stifte und bemühen sich um distanziert-ironische Bewunderung
der »Vergöttlichten«. Ein namenloser Redakteur der eher links-
liberalen Zeitung *Der Tag* findet sich zum Pressetermin im Wiener
Ringstraßenhotel, dem Grand Hotel, ein und berichtet in der
Sonntagsausgabe vom 29. August 1937 über einen »Tee mit Pola
Negri«: »Sie sieht wie ein Filmstar aus, in einem Kleid aus Gold-
lamé, im Pelzcape, ein flottes, braunes Hütchen auf das lange
nachtschwarze Haar gedrückt, und hinter langen, langen Augen-
wimpern ein großer, großer schimmernder Blick: ›Die interessante Frau‹, wie sie im Tonfilm lebt und liebt und leidet. Aber im
Leben lächelt sie, viel. Und schön. Blitzlicht flammt auf – ach so!
Auch das für ein Photo? Nein, sie lächelt auch dann, wenn nicht
geblitzt wird. Sie streift das Pelzcape ab und die Pose. Sie liebt die
großen Auftritte, aber sie hält sie nicht durch. Hinter dem Film-
gesicht lebt eine hundertprozentige Frau, die nicht Masken und
Posen mag, die gern lacht, wenn sie will, nicht bloß, wenn sie muß.
Und die auch gewiß einmal weinen muß, wenn sie es gerade nicht
soll. Sie sieht wie ein Filmstar aus, aber hinter dem Make up ist
leidenschaftliche Echtheit.«
Pola Negri absolviert den Pressetermin in Wien nicht viel
anders, als Promotionauftritte 80 Jahre später stattfinden. Sie
kommt um 12.40 Uhr aus Prag auf dem Franz-Josefs-Bahnhof an
und wird nach langer Bahnfahrt von der Apollo-Jazz-Band

begrüßt. Wiens *Film-Zeitung* hat die Ankunft verraten. »Diesem Besuch der berühmten Schauspielerin ist um so größere Bedeutung beizumessen, als es das erste Mal im Laufe ihrer Karriere ist, daß Pola Negri sich dem Wiener Publikum vorstellt.«

Sinnigerweise spielen die Musiker den Donauwalzer von Strauß und das *Mazurka*-Lied aus Polas gleichnamigem und auch erfolgreichstem Film unter der Regie des Wieners Willi Forst. Sie lächelt überrascht, gerührt und fährt ins Grand Hotel gegenüber dem Imperial. Umkleiden. Und rasch weiter zur Filmpremiere von *Madame Bovary* ins Apollo-Kino. Der Star wird sich nach der Premiere feiern lassen (müssen) und zum Heurigen gehen (müssen), lächeln (müssen) und spät zu Bett gehen. Die Wiener Kritiker sind freundlich. Nach dem überragenden Erfolg von *Mazurka* sind die Erwartungen hochgesteckt. Pola Negri erfüllt sie. Am Sonntag, dem 29. August 1937, schreibt *Der Tag*: »Die Regie Gerhard Lamprechts befolgt Flauberts Maxime an die Künstler: ›Sei konzis und immer brennend!‹ Das ist Pola Negri und damit bekommt der Film sein Gesicht und seine Bedeutung. Sie gibt dieser großen klassischen Frauengestalt aus dem bürgerlichen Zeitalter die leidvolle Einsamkeit und den Traum des Herzens, das in der Leidenschaft, in der Liebe endlich Erfüllung, endlich Heimat zu finden glaubt. ... Die Pola Negri als Madame Bovary in der Provinz ist ein Schwan mitten unter gefräßigem Geflügel, das den stolzen Eindringling mit Schnabelhieben verfolgt und endlich zur Strecke bringt. ... Die Liebhaber bleiben im Schatten der überragenden Pola Negri.«

Schon am nächsten Morgen gegen elf Uhr erscheint die Diva vor Fotografen und Berichterstattern der vollzählig versammelten Wiener Presse im Nobelhotel (pünktlich zur verabredeten Stunde!). Hunderte Fans haben sich vorm Hotel versammelt und warten: »Es ging um nichts Geringeres, als ein Lächeln einer Vielbewunderten zu erhaschen. Das Goldlamékleid ist bezaubernd, das Fuchscape fällt mit ungewollter Lässigkeit, das braune Samtbarett sitzt keck auf dichten, tiefschwarzen Locken.«

Im Empfangssalon des Luxushotels wird der vergötterte Star

der Stummfilmzeit einige höfliche Sätze über Wien und die Wiener plaudern. Die kritischen Wiener Betrachter sind großzügig: Interessante Frau! Dabei ist die 40-jährige Pola Negri sichtbar müde. »Die schon verlebten Stunden in Wien haben sie tüchtig angestrengt. Man ist nicht erstaunt darüber, wenn man hört, dass die Künstlerin zum ersten Mal in Wien weilt – und vom Ehrgeiz besessen war, die Stadt der Gemütlichkeit gleich am ersten Abend gründlich kennen zu lernen«, berichtet *Der Tag*.

Die Diva ist am Höhepunkt ihrer Berühmtheit, jedenfalls aus europäischer Sicht. Denn der aus Hollywood wieder nach Deutschland zurückgekehrte Star hat ein »Comeback« in der Tonfilmepoche geschafft. Viele andere Größen der frühen Zelluloidbranche sind am »Silver Screen« verblasst, konnten ihren an Pantomime gemahnenden Schauspielstil nicht mehr ändern. Pola Negri aber ist wieder da, nicht an der US-Westküste, aber in Berlin, London, Paris und kurz auch in Wien. Zehn Jahre lang hat die Stummfilmdiva über Hollywood geherrscht, ist dort ein Star geworden, ehe der Tonfilm ihre amerikanische Karriere zum Verstummen gebracht hat. Ihr deutlicher polnischer Akzent und die hohe Stimme sind plötzlich fürs amerikanische Publikum nicht mehr sexy genug.

Die in der Silvesternacht 1894 im kleinen pommerschen Dorf Lipno geborene Mimin hat nach Drehbüchern nicht bloß gespielt, sie hat auch so gelebt. Romane werden über ihr Leben geschrieben. Schon der Geburtstag ist möglicherweise Fiktion. Ihre Mutter Eleonora von Kiełczewska war eine polnische Adlige, der Vater allerdings ein aus der Slowakei ins damalige Zarenreich eingewanderter ungarischer Installateur, der später nach Sibirien verbannt wurde. In manchen Biografien erblickt Fräulein Chałupiec erst am 3. Jänner 1897 das zu jener Zeit, an jenem Ort eher trübe Licht der Welt. Die Sterne sagen ihre Zukunft nicht voraus: die Höhen und Tiefen einer Schauspielgöttin, die in den 1920er-Jahren auf einer Stufe mit Marlene Dietrich oder Greta Garbo stand, die sich mit Gloria Swanson um den Titel einer Königin von Hollywood stritt, ein Leben, das Leinwandliebesdrama mit privaten Affären überblendete, sodass Wirklichkeit und Drehbuch miteinander eins wurden.

Eine Frau kämpft um ihren Aufstieg in einer Glitzerwelt, die nach dem Weltkrieg noch glamouröser war und noch heller glänzte, als wir es uns in unserer Netflix-Serienroutine vorstellen mögen. Barbara Apolonia Chałupiec tanzt schon als Kind im Ballett. Sie erhält in Warschau und später in St. Petersburg eine gediegene und in jenen Tagen auch brutal-strenge Ausbildung im Corps de Ballet, die sie aber wegen einer Tuberkulose-Erkrankung abbrechen muss. Auf der Bühne bleibt die junge Frau. Als 16-Jährige erhält (A)Pol(oni)a ein erstes Engagement am Warschauer Teatr Maly. Sie selbst liebt »tragisch-mimische« Szenen, wie die Hauptrolle in Gerhart Hauptmanns *Hannele*. Mit 17 Jahren ist sie bereits ein Star des Theaters, aber auch der Varietés, wo sie mit einer körperbetonten Version eines »polnischen Tangos« die Männerherzen schneller schlagen lässt. Nach einem Jahr wird sie ans Hoftheater in Warschau engagiert und spielt dort eine »Traumrolle« als schwarze Tänzerin im Harem eines Sultans, offenbar sehr überzeugend. Die Pantomime heißt *Sumurûn* und begeistert das Publikum und den polnischen Regisseur Ryszard (David) Ordynski, der mit dem geborenen Wiener Max Reinhardt in Berlin am Deutschen Theater arbeitet. Er engagiert sie direkt für die polnische Premiere von Max Reinhardts Inszenierung von *Sumurûn*. Mit dieser Rolle wird Pola Negri später am Deutschen Theater in Berlin gastieren. Reinhardt holt die junge Frau nach Berlin. Ihre ersten Filme werden aber noch in Polen gedreht. Schon ihr Leinwanddebüt trägt einen programmatischen Titel: *Sklavin der Sinne*. Pola Negri gibt den Vamp. Sie wird dieser Rolle treu bleiben.

Nach dem Ende des Ersten Weltkrieges eröffnet sich für Pola Negri die Chance ihres Lebens. Mit dem Komödien- und Historienregisseur Ernst Lubitsch, der sie in Berlin unter seine Fittiche nimmt, dreht die Polin sechs Filme, die ihren Ruf als ernsthafte Schauspielerin prägen. Lubitsch beschreibt seinen neuen Star berlinerisch knapp: »Ne Polin isse, schwarzhaarig isse, also heeßte Pola Negri.« Er kann es aber auch ein wenig emphatischer. Pola sei ein »Feuer großer Klasse« – die Erfindung des Vamps. Ihr eher abwechslungsreiches Privatleben, ihre Affären sorgen für genau jene Skandälchen, die dem Kartenverkauf an den Kinokassen förderlich sind.

Pola Negri setzt aber, abgesehen von ihren dunklen Augen und dem lasziven Gehabe, Maßstäbe in der Schauspielkunst. Sie ändert und verändert den Stil, mit dem Schauspieler in Stummfilmen – aus heutiger Sicht – lächerlich überzogen agieren. Ihr Spiel ist realistisch, dramatisch und mit vollem Einsatz ihres Körpers. Pola Negri lässt sich schon mal am Set echt verprügeln – und wird dabei verletzt: »Wenn die Rolle es erfordert, schrecke ich vor keinen Mitteln zurück, wenn sie auch oft auf meine Gesundheit schädlich wirken. Ich erkenne nur solch ein Spiel mit voller Hingabe an.«

Mit ihrer Darstellung der Madame Dubarry unter der Regie von Lubitsch wird die Polin 1919 endgültig zum Star. Sie spielt in bis zu fünf Filmen pro Jahr, Text müssen die Schauspieler ja keinen lernen. *Madame Dubarry* wird auch in Amerika ein Kassenschlager, freilich unter dem Titel *Passion*. Ihr Förderer und Mentor Ernst Lubitsch lädt den Stummfilmstar 1922 aus Deutschland ein auf die Reise über den Atlantik, nach Amerika, nach Hollywood.

Dort nimmt sie eines der größten Studios unter Vertrag: Paramount Pictures. Sie ist die erste europäische Schauspielerin, die den Sprung ins amerikanische Filmgeschäft schafft. Die Filmbosse zahlen eine Jahresgage von 250 000 Dollar, eine ungeheure Summe für einen Stummfilmstar, noch dazu aus Europa.

Fräulein Negri soll zur Konkurrentin von Gloria Swanson aufgebaut werden. Die Rivalität zweier Diven ist gut fürs Geschäft und wird medial zelebriert. Geadelt wird Pola durch den Segen von Sarah Bernhardt, die Pola Negri als ihre legitime Nachfolgerin als Fixstern am Schauspielhimmel betrachtet. Wieder waren es ihre dunklen Augen, mit denen sie sich hohe Gagen und schöne Männer eroberte. In Hollywood, dem legendären Tinseltown, liegen ihr bald die mächtigsten Männer der Filmindustrie zu Füßen, obwohl sie ab 1919 mit dem polnischen Grafen Eugeniusz Dąmbski verheiratet ist, den sie aber in Hollywood rasch vergisst. Ihre dunkel (geschminkten) Augen und die lackierten Fußnägel – offenbar ein erotisches Novum – faszinieren. Mit Charlie Chaplin hat sie eine, wie kann es anders sein, »leidenschaftliche« Affäre, die der Komiker freilich leugnet. Für den frauenbetörenden Stummfilmkollegen Rudolph (Rodolfo) Valentino wird Pola Negri die letzte Geliebte und Verlobte sein. Er stirbt mit 31 Jahren an den Folgen einer Bauchfellentzündung, nicht gerade in ihren Armen, aber ihr Auftritt bei Valentinos Begräbnis wird zur größten Szene für Pola. Weinend bricht sie vor aller Welt und rund 100 000 Trauergästen an seinem Sarg ohnmächtig zusammen. Eine schönere »Witwe« hat die Welt noch nicht gesehen.

Die Trauer hält nicht ewig, ein paar Wochen. Überraschend schnell, schon im April 1927, ehelicht Pola Negri in Paris einen geheimnisvollen georgischen Prinzen. Serge Mdivani mag zwar kein echter Prinz sein (was ist schon ein echter Prinz?), er und sein Bruder haben aber reichlich Geld mit Ölgeschäften verdient. »Seit gestern ist Pola Negri Prinzessin – sie war schon lange eine Königin«, schreibt ein französisches Blatt. Pola Negri besitzt in Frankreich das Château de Rueil-Seraincourt aus dem 17. Jahrhundert mit kleinem Park, Teich und einer Fasanerie. Eigentlich war das kleine Schloss als Liebesnest für Pola und Rodolfo Valentino gedacht. Als Prinzessin überstrahlt Pola Negri ihre Rivalin Gloria Swanson. Diese ist mit dem französischen Lebemann, Filmproduzenten und dreifachen olympischen Goldmedaillen-Gewinner im Fechten, James Henry de La Falaise, verheiratet und demnach auch in die alte europäische Aristokratie aufgestiegen. La Falaise ist freilich »nur« ein Graf. Die »Königin von Paramount« muss ihren Thron an Prinzessin Pola abtreten. Die Ehe mit dem Georgier hält allerdings nur ein paar Jahre. Serge Mdivani beginnt ein Verhältnis mit der amerikanischen Opernsängerin Mary McCormic, woraufhin Pola nicht unerwartet die Scheidung einreicht. Beim Gerichtstermin kommt es noch einmal zur Versöhnung, die allerdings nicht lange hält. Serge heiratet im April 1931 die Operndiva Mary McCormic und steigt wieder ins spekulative Ölgeschäft ein. Die Trennung von Pola bringt dem Prinzen kein Glück. Mdivani verunglückt – immerhin sehr stilvoll – beim Polo. Er stürzt vom Pferd und bricht sich das Genick. Pola Negris Aufstieg geht hingegen weiter. Sie dreht nach dem tödlichen Unfall des Ex-Gatten ihren ersten Tonfilm, *A Woman commands* (1932), in dem sie auch singt. Das Lied *Paradise* wird zum Hit.

Apolonia Chałupiec hat es aus einem polnischen Kaff ins Scheinwerferlicht der Welt gebracht. Ihr Leben muss nicht als Script geschrieben werden, ihre Affären müssen nicht erst Publicity-Abteilungen erfinden. Der Autor des *Tages* erinnert seine Leser im Wien des Jahres 1937: »Sie hat eine Jugend gehabt, in der sie Chałupiec hieß und einer Schauspielerin morgens den Kaffee ins Mietzimmer brachte. Sie ist Gräfin geworden und Prinzessin, sie ist es lang nicht mehr, aber als man glaubte, sie sei auch nicht mehr die Pola Negri, da hat sie im Tonfilm die gleiche Meisterschaft gezeigt wie im Stummfilm. Sie geniert sich gar nicht, davon zu erzählen, daß sie im Jahre 1918 zum letzten Mal auf einer Bühne gestanden ist und also nun schon neunzehn Jahre Sehnsucht hat, wieder Theater zu spielen. Diese neunzehn Jahre waren bis zum Rande voll, nicht nur mit Filmruhm, sondern auch von nicht immer rühmlichem Erleben. Und zuweilen konnte sie weder vor die Kamera noch unter Menschen gehen. Immerhin war es ein eigenes Schloß, in das sie sich zurückziehen konnte, nicht bloß eines in Beverly Hills, auch eines in Frankreich und eines in der Schweiz.« Dort lebt die von ihrem Ehemann verlassene Mutter Polas.

Die Beziehung zwischen Mutter und Tochter ist eng. Der Vater beziehungsweise Ehemann ist aus dem Leben der zwei Frauen verschwunden. Mama Chałupiec gibt ihrer damals zwölfjährigen Tochter Apolonia den Fantasienamen »Pola Negri«, weil der »Backfisch« in die Gedichte der Italienerin Ada Negri verknallt ist. Apolonia verschwendet ihre jugendliche Begeisterung an keine Unwürdige. Ada Negri gilt heute als »vergessene Königin der italienischen Poesie«. Rilke schätzte sie. Ihr lyrisches Frühwerk rückt die soziale Frage in den Vordergrund. Die Lehrerin aus Lodi, in der Nähe von Mailand, wird zur gefeierten Schriftstellerin. Ihre Gedichtbände

*Fatalità* und *Tempeste* werden in zahlreichen Auflagen gedruckt und in viele Sprachen übersetzt. Ihrem Nachruhm schadet ein Vorwort. Für den autobiografischen Roman *Stella mattutina* schreibt ihr einstiger sozialistischer Wegbegleiter Benito Mussolini die Einleitung. Das kommt nach 1945 nicht gut an.

Auch Pola Negri gerät in den 1930er-Jahren in den Bannkreis der Politik, sie streift an den NS-Machthabern an, zwangsläufig, doch ohne sich nachhaltig zu beflecken. Sie ist Polin, macht aber mit der Berliner UfA auch nach 1934 noch Filme und Karriere. Die NS-Filmindustrie lockt Pola aus Hollywood mit dem Versprechen üppiger Gagen in die Hauptstadt des Deutschen Reichs. Der deutsche Filmmarkt ist nach dem amerikanischen der zweitgrößte der Welt. Millionen Deutsche suchen Woche für Woche in den Lichtspieltheatern Vergnügen. Adolf Hitler persönlich schätzt die Dunkelhaarige mit dem charakteristischen schwarzen Lidschatten, dem, wie Zeitgenossen sagen, »wilden Blick« und ihrer Begeisterung für Stiefel und Turban. Sie ist so etwas wie der erste »Vamp« der Filmgeschichte, so ziemlich das Gegenmodell des NS-Rollenbilds einer braven deutschen arisch-germanischen Mutter und Gattin.

Der für die Filmindustrie zuständige Propagandachef Joseph Goebbels verfällt den körperlichen Reizen vieler Schauspielerinnen, deren Karriere und Existenz von den Launen des »Bocks von Babelsberg« abhängen. Goebbels hat über Jahre ein Verhältnis mit der tschechischen Schauspielerin Lída Baarová. Der Nazi-Propagandaminister will Frau Baarová sogar heiraten, seine Frau Magda, geborene Quandt, mit den Kindern sitzen lassen. Das ist zu viel. Trauzeuge Adolf Hitler spricht ein Machtwort und befiehlt Goebbels die Trennung von der tschechischen Leinwanddiva.

Pola Negri ist nicht sein Fall. Goebbels wittert bei der Polin jüdische Vorfahren und ist damit antisemitischer als sein »Führer«. Hitler persönlich soll Goebbels befohlen haben, allen Gerüchten, Pola sei nicht ganz so arisch, entgegenzutreten. *Mazurka* ist der Lieblingsfilm des Reichskanzlers, den er sich immer wieder in den langen Nächten am Obersalzberg vorspielen lässt. Auch das

Engagement Polas für den Willi-Forst-Film *Mazurka* sei ein ausdrücklicher Wunsch des »Führers« gewesen, der gelegentlich auch Besetzungslisten diktiert.

Im Gegensatz zu vielen anderen Unterhaltungsstars im Dritten Reich lässt sich die Polin aber nicht von der NS-Propaganda vereinnahmen. Sie geht auf Distanz und sie hat politisches Gespür. Nach *Mazurka* und *Madame Bovary* stürzt sich Pola ins nächste Projekt. *Die fromme Lüge* wird im Juni 1938 im Apollo-Kino aufgeführt, da ist Wien schon nicht mehr die Hauptstadt eines eigenständigen Staates. Die gleichgeschaltete Filmkritik lobt das Werk. »Einer der größten deutschen Filme, der letzten Jahre«, schreibt der *NS-Telegraf*. Für zwei Jahre im Voraus ist die Laufbahn der Künstlerin vertraglich mit der Berliner UfA abgesteckt. »Es gilt noch viele Träume in die Tat umzusetzen«, umschreibt die Schauspielerin jene Zwänge, denen sie sich entziehen wird.

Immer öfter »urlaubt« sie im Ausland, erkrankt und kann nur mit Lockungen und Drohungen zur Mitarbeit an deutschen Filmen bewogen werden. Nach der Pogromnacht im November 1938 hat Pola Negri genug gesehen. Sie verlässt Deutschland und lässt die unterschriebenen Filmverträge platzen. 1941 kommt der einst gefeierte Star wieder in die USA und wird dort auch wegen ihrer Arbeit in Nazi-Deutschland zunächst auf Ellis Island interniert. Schließlich bekommt Pola Negri zwei kleinere Filmrollen. Ein Stern ist gesunken. Das *Illustrierte Familienblatt* zieht schon 1937 eine Lebensbilanz: »Manchmal ging's dann im Leben ein wenig schief, aber dann wurde die Frau Gräfin und die Frau Prinzessin einfach wieder Pola Negri, die Filmschauspielerin, die Königin des Films, in dem sie Frauenliebe und Frauenleid so bezwingend und echt spielt, daß man mit ihr mitgeht, viel mehr mitfühlt, als mit den wirklichen Begebenheiten, in denen Pola Negri die Hauptrolle übernehmen mußte.«

Nach dem Zweiten Weltkrieg unternimmt die Diva noch ein paar Versuche, ins Filmgeschäft zurückzukommen. Ihre Zeit ist aber vorbei. Der Stummfilmstar widmet sich dem Immobiliengeschäft in Texas, wo sie im Alter von 92 Jahren stirbt. »Sie will es

so gern, glücklich sein. Sie lacht so gern. Nur in den Augen, hinter den langen, langen Wimpern des Filmstars, ist für Momente die tiefe, tiefe Traurigkeit einer erlebnisreichen Frau zu sehen. Sie nimmt Abschied. Wieder im Cape, wieder in der Pose des großen Filmstars. Blitzlicht flammt auf. Sie war darauf gefaßt. Sie ist immer darauf gefaßt. Fast immer.« In einem Interview zieht sie eine Lebensbilanz: »Ich habe zwei Weltkriege überlebt, vier Revolutionen und fünf Männer.« Bei den Männern bleibt Pola Negri unpräzise. Es waren nur drei Ehemänner, aber deutlich mehr Affären als fünf.

# Eleanor Roosevelt

......................................................

*»Die Zukunft gehört jenen, die an die Schönheit
ihrer Träume glauben«*

E s war einfach eine spontane Idee, die nur in wirklich »besseren
Kreisen« aufblitzen kann. Amelia Earhart hat an diesem
20. April 1933 einen charmanten Vorschlag. Die Abendgesellschaft
könnte doch mal rasch, bevor die Nachspeise aufgetragen wird,
einen kleinen Rundflug von Washington nach Baltimore und
retour unternehmen. Eleanor Roosevelt hat die Fliegerin Amelia
Earhart und ihren Ehemann zu einem formellen Dinner ins Weiße
Haus geladen. Der amerikanische Präsident Franklin Delano Roosevelt ist praktischerweise nicht daheim, die First Lady übernimmt das Kommando. Unter den Abendgästen befindet sich
auch Captain Thomas Wardwell Doe, Präsident der Eastern Air
Transport. Die animierte Gesellschaft lässt sich in Limousinen die
drei Meilen zum Hoover Field Airport fahren und besteigt eine
zweimotorige Maschine der Eastern.

Amelia Earhart und Eleanor Roosevelt. Der Fliegerstar und die
Präsidentengattin. Die beiden außerordentlichen Frauen haben
sich angefreundet. Und obwohl zwei Piloten für den Flug an Bord
sind, übernimmt Earhart das Steuer, im langen weißen Seidenkleid und mit Stöckelschuhen. Die First Lady nimmt am Sitz des
Copiloten Platz und darf über Washington kurz die Steuerknüppel
übernehmen. Roosevelt hat immerhin einen Pilotenschein für
Anfängerinnen, ist aber nie selbstständig geflogen. Der Präsident
hält die Fliegerei für zu gefährlich.

Nach dem kurzen Rundflug, bei dem die Gesellschaft das Weiße Haus aus der Luft bewundert und die Lichter von Washington
unter den Flügeln glitzern, lassen sich Mrs. Earhart und die Präsidentengattin nach der Landung auf dem Hoover Airfield vorm
Flugzeug in Abendrobe ablichten. Für die *Baltimore Post*. Dann

Eleanor Roosevelt. Die erste Gattin eines amerikanischen Präsidenten, die den Begriff »First Lady« mit Inhalt füllt und für Franklin D. Roosevelt vor und während des Zweiten Weltkrieges viele Aufgaben übernimmt. Ihre große Liebe gehört nicht dem untreuen Mann, sondern einer Frau.

geht's zurück zum Abendempfang, die Nachspeise wird serviert. Washington 1933. Für die »bessere Gesellschaft« scheint es keine Grenzen zu geben.

Eleanor Roosevelt heißt schon vor ihrer Hochzeit mit dem ehrgeizigen Jungpolitiker Franklin D. Roosevelt: Roosevelt. Die junge Eleanor ist eine Nichte des früheren Präsidenten Theodore Roosevelt und mit ihrem künftigen Ehemann weitschichtig verwandt. Die Roosevelts sind eine der mächtigen amerikanischen Dynastien, die über Generationen Reichtum und politischen Einfluss bewahren können. Im Idealfall lassen sich die Familienwurzeln bis zu den Gründervätern Amerikas zurückverfolgen. Und die Roosevelts gehören zum erweiterten »Clan« der Livingstones, der immerhin zwei Präsidenten in Weiße Haus gebracht hat. Es sind die wirklich »feinen Leute« des weißen protestantischen Ostküsten-Establishments, bei denen Geld eine untergeordnete Rolle im Leben spielt. Es ist im Überfluss vorhanden, aber es macht nicht immer glücklich.

Eleanors Mutter Anna Hall zeigte keine besondere Affektion zur Tochter, die sie als wenig gelungen betrachtet. Für die Mutter ist körperliche Schönheit, gerade bei Töchtern, unerlässlich. Das schlaksige Mädchen mit dem charakteristischen Vorbiss entspricht nicht den Idealen der Mutter. Das »hässliche Entlein« wird, wie in diesen »besseren Kreisen« üblich, von Nannys betreut. Eleanor findet sich selbst »unansehnlich«, kommt aber als Teenager zur tröstlichen Erkenntnis, dass Schönheit auch im Geist liegen kann, nicht alles hänge von körperlicher Schönheit ab. Zu ihrem Vater Elliott entwickelt Eleanor ein liebevolles Verhältnis. Doch das Familienoberhaupt trinkt viel und stirbt früh, auch die Mutter überlebt diese Ehe nicht lange.

Eleanor ist mit zehn Jahren Vollwaise und wird von der Großmutter in ein englisches Internat gesteckt. Diese Jahre werden die glücklichste Zeit ihres Lebens. Mit 18 wird das Mädchen wieder nach Hause beordert. Junge Frauen in dem Alter müssen »in die Gesellschaft eingeführt« und alsbald an einen möglichst reichen Mann verheiratet werden. Sie findet den lebhaften und gut aussehenden entfernten Verwandten Franklin Delano durchaus interessant. Er wiederum ist von ihrem wachen Verstand und der Ernsthaftigkeit der jungen Frau angetan.

Der Bräutigam steht freilich unter dem Einfluss seiner Mutter Sara, die für ihren Sohn eine hübschere Braut im Auge hat. Die Mutter ist die dominierende Bezugsperson für Franklin. Das wird sie auch in der Ehe bleiben. Drei Jahre lang dauert die unüblich lange Verlobungszeit der beiden Roosevelts, ehe Frau Mama einer Eheschließung zustimmt. Die muss am St. Patrick's Day in New York stattfinden. Zum Altar wird sie am 17. März 1905 von einem anderen Roosevelt geführt: Theodore Roosevelt, Präsident der Vereinigten Staaten.

Eine Hochzeit als Staatsereignis, mit dem der Ehealltag nicht mithalten kann. Mutter Roosevelt kauft dem jungen Paar ein nobles New Yorker Townhouse, zieht aber gleich mit ein. Es wird eine Ehe zu dritt. Nur mit großem Aufwand kann die junge Ehefrau den Einfluss der Schwiegermutter auf ihren Ehemann zurückdrängen. Die dominante Dame hat ein gewichtiges Argument auf ihrer Seite: Sie kontrolliert die Finanzen ihres Sohnes. Für Eleanor werden die ehelichen Pflichten tatsächlich zu Pflichten, Spaß an der körperlichen Begegnung im Eheleben entwickelt sie kaum. Dennoch bekommt sie in den ersten zehn Jahren der Ehe sechs Kinder. Die Erziehung will auch die Schwiegermutter übernehmen. Konflikte sind programmiert. Glücklich verläuft die Ehe nicht.

Ende August 1918 kehrt Franklin nach einer mehrwöchigen Inspektionsreise, bei der er Einrichtungen der US-Navy und der französischen Verbündeten besichtigt hat, aus Europa zurück. Er ist an der »Spanischen Grippe« erkrankt. Das Wiedersehen wird zum Schock, Franklin hat nicht nur das Virus im Gepäck. Eleanor räumt den Koffer ihres Gatten aus und findet unter der Wäsche ein ganzes Bündel an Briefen, die eine innige Affäre mit Lucy Mercer belegen. Ausgerechnet mit Lucy Mercer. Die um sieben Jahre jüngere Frau arbeitet für Eleanor seit fünf Jahren als Sekretärin. Attraktiv, tüchtig, sie wird zum Familienmitglied – mehr, als der

Ehefrau lieb sein kann. Eleanor macht dem angehenden Politiker, der gerade die ersten Sprossen der Karriereleiter emporgestiegen ist, ein knallhartes Angebot: Scheidung.

Doch das kommt für Schwiegermutter Sara nicht infrage. Eine öffentliche Affäre und eine Trennung würden die weitreichenden Ambitionen ihres Sohnes ruinieren. Sie droht ihm, falls er der offiziellen Trennung zustimmen sollte, jede finanzielle Unterstützung einzustellen. Eleanor formuliert einen Kompromiss: Franklin muss sofort die Beziehung mit Lucy Mercer beenden, und er darf nie wieder mit seiner Frau ein Bett teilen. Den zweiten Teil der Vereinbarung setzt das Ehepaar konsequent um. Eleanor und Franklin bilden fortan eine Art politische Zweckgemeinschaft mit dem Ziel, gemeinsam ins Weiße Haus einzuziehen. Ihr ist die Rolle des »moralischen Gewissens« zugedacht.

Die innige Beziehung zur Geliebten, die bald nach der offiziellen Trennung einen wohlhabenden Herrn Winthrop Rutherfurd ehelicht, wird der spätere Präsident nie beenden. Wie körperlich die Affäre war, darüber streiten die Biografen Roosevelts bis heute. Sie wird jedenfalls im April 1945 in der Stunde seines Todes bei ihm am Bett im »kleinen Weißen Haus« in Warm Springs, Georgia, wachen. Eleanor nicht. Seit seiner ersten von vier Präsidentschaften (eine Begrenzung der Amtszeiten gibt es kriegsbedingt nicht) zieht sich FDR in diesen winzigen Kurort zurück. Das Schwimmen im warmen Mineralwasser hat einen lindernden Einfluss auf seine Polio-Erkrankung. Hier in Warm Springs nimmt der Präsident auch zwischen 1933 und 1944 seine »Fireside chats« (Radio-Ansprachen) vorm offenen Kamin auf Schallplatte auf. Nur wenige Tage vor der totalen Niederlage Hitler-Deutschlands stirbt FDR an einem Gehirnschlag. Das Weiße Haus versucht die Anwesenheit der (seinerzeitigen) Geliebten Lucy Mercer Rutherfurd zu vertuschen, auch die First Lady erfährt zunächst nichts über die genauen Umstände des Präsidententodes.

Roosevelts Geschichte ist auch eine Leidensgeschichte. 1921 erkrankt der spätere Senator und Präsident an Kinderlähmung; seine Beine bleiben unbeweglich, er kann nur mithilfe eines

Metallgerüstes stehen. Zeitungen und Wochenschau-Aufnahmen blenden die Krankheit des Politikers vollständig aus. Seine Frau übernimmt viele öffentliche politische Auftritte, hält Hunderte Vorträge und Reden: »Ich bin seine Beine«, sagt sie, und ist doch viel mehr.

Über Jahrzehnte erfährt die amerikanische Öffentlichkeit nicht, dass Franklin D. Roosevelt teilweise gelähmt ist. Ein »Krüppel« hätte damals nie Präsident werden können. Die Presse schweigt auch über seine Affäre. Nach dem Ersten Weltkrieg und nachdem Amerikanerinnen 1920 das Wahlrecht erhalten haben, rückt Frauenpolitik aus dem sektiererischen Eck ins Zentrum der Politik. Dutzende Millionen Wählerinnen sind jetzt zu gewinnen. Eleanor Roosevelt engagiert sich vor allem in der Frauenpolitik. Die strategischen Interessen ihres Gatten treffen sich mit ihren persönlichen politischen Absichten. Frau Roosevelt übernimmt 1928 den Vorsitz des Bureau of Women's Activities for the Democratic National Committee und bereitet die Kandidatur ihres Mannes fürs Oval Office vor. Ihr Engagement im Vorwahlkampf für die Präsidentschaft wird ihr Privatleben verändern.

Für die Nachrichtenagentur Associated Press begleitet die Journalistin Lorena Hickok die Frau des Kandidaten auf ihren Wahlkampfreisen. Eleanor und Lorena verlieben sich ineinander. Die Politikergattin schreibt der Journalistin täglich seitenlange Briefe. Es sind auch Liebeserklärungen mit eindeutigen Botschaften: »I want to put my arms around you & kiss you at the corner of your mouth.« Die zwei Frauen werden »unzertrennbar«, auch wenn sie einmal nicht miteinander sein können. »I can't kiss you, so I kiss your ›picture‹ good night and good morning!« Die Liebe zwischen den beiden Frauen überschreitet nicht nur Konventionen, sondern auch soziale und gesellschaftliche Abgründe.

Lorena Hickok stammt aus eher schlichten Verhältnissen in South Dakota. Als Jugendliche wird sie von ihrem Vater vergewaltigt, sie entflieht sehr früh in die Unabhängigkeit des Jobs als Reporterin. Die Distanz zum gewalttätigen Vater rettet sie. Im Gegensatz zum finanziellen Überfluss der Ostküstenaristokratie muss Lorena aufs Geld schauen. Von Eleanor wird sie mit Geschenken überhäuft. Die Reporterin bekommt einen azurblauen Chevrolet vor die Wohnung gestellt. Sie tauft das Gefährt »Bluette«. Kurz nach der Angelobung Franklin D. Roosevelts zum Präsidenten brechen Eleanor und »Hick« mit dem Sportwagen der First Lady zu einer Liebesreise nach Kanada und durch die Neuengland-Staaten auf. »We had new love and this beautiful country, reckless and wide. ... We glided from place to place, in love, in rapture, enjoying each day, all day.«

So viel Nähe verträgt sich mit distanzierter Berichterstattung schlecht. Hickoks Stellung als Reporterin der mächtigen Associated Press und ihre private Nähe zur First Lady werden untragbar. Eleanor lässt ihre Freundin bei einer staatlichen Agentur anstellen. Lorena Hickok wird zur Beraterin der First Lady mit Büro und Wohnung auf der Pennsylvania Avenue. Natürlich ist sie 1933 zur Inaugurationsfeier des gewählten Präsidenten Franklin D. Roosevelt geladen. Die Frau des Präsidenten trägt deutlich sichtbar einen Saphirring, den ihr die Journalistin der Associated Press geschenkt hat.

Die gleichgeschlechtliche Affäre der Präsidentengattin bleibt FBI-Direktor J. Edgar Hoover und seinen Spitzeln nicht verborgen. Hoover lässt umfangreiche Überwachungsprotokolle anlegen. Roosevelts Liberalismus und ihr Eintreten für Frauenrechte und für die Rechte der Afroamerikaner sind dem machtbewussten und erzkonservativen FBI-Chef ein Dorn im Auge. Der demokratische Präsident und seine Frau sind ihm suspekt.

Die Journalistin definiert für Eleanor die Rolle einer First Lady völlig neu. Eleanor lächelt keineswegs nur an der Seite ihres Präsidentengatten, sie entwickelt eine eigene politische Agenda. In den späten 1930er-Jahren ist berufliche Eigenständigkeit für Frauen keineswegs selbstverständlich. Roosevelt wird ein – durchaus umstrittenes – Vorbild eines neuen Frauentyps. Als First Lady lädt sie zu wöchentlichen Pressekonferenzen in den Regierungssitz des Präsidenten ein. Ungewöhnlich: Nur weibliche Journalisten (»The press girls«) dürfen daran teilnehmen. Das führt dazu, dass jede

203

Zeitungsredaktion zumindest eine Frau als Redakteurin anstellen muss, um nicht von Informationen aus dem Weißen Haus abgeschnitten zu sein. Vorgeblich spricht Eleanor nur zu »unpolitischen« Themen. Tatsächlich gibt sie über weite Strecken die politische Agenda vor und wird so etwas wie das moralische Gewissen der Roosevelt-Administration. Sie arbeitet eng mit der National Association for the Advancement of Colored People (NAACP) zusammen und bekämpft die offene Rassendiskriminierung.

Mit Beginn des Zweiten Weltkrieges versucht Eleanor stärkeren Einfluss auf ihren Gatten auszuüben. Sie spricht sich etwa für die stärkere Aufnahme jüdischer Flüchtlinge in Amerika aus – freilich mit geringem Erfolg. Das Außenministerium blockiert die Lockerung der Visabestimmungen, und auch der Präsident folgt seiner Frau nur in vergleichsweise wenigen Ausnahmen.

Ihr öffentliches Profil schärft die First Lady durch das Verfassen einer täglichen Zeitungskolumne, die in zahlreichen syndizierten Blättern gedruckt wird. In *My Day* gibt sie praktische Haushaltstipps, ist als Lebensberaterin tätig, lässt aber immer wieder ihre politischen Ansichten einfließen. Sie unterstützt die Politik des New Deal ihres Präsidentengatten und der Demokratischen Partei, die mit staatlichen Interventionen das Land aus der Depression der 1930er-Jahre holen wollen.

Mit dem Kriegseintritt der USA im Dezember 1941 widersetzt sie sich den Plänen zum kriegsbedingten Abbau der Wohlfahrtsprogramme. Auch das relativ neue Medium Radio nutzt Eleanor. Sie ist Gastgeberin einer wöchentlichen Radioshow des CBS-Netzwerks, die sich mit gesellschaftlichen Phänomenen beschäftigt, etwa: »Können Kinder durch Gewaltdarstellungen in Filmen beeinflusst werden?« Die Präsidentengattin verliest auch gleich selbst Werbebotschaften, etwa für eine Matratzen-Firma, deren Umsätze sich verdoppeln. Das stattliche Honorar von 3000 Dollar pro Sendung spendet Roosevelt immerhin an karitative Organisationen.

Die politische Opposition kritisiert dennoch die massive Öffentlichkeitsarbeit der First Lady und zweifelt, ob tatsächlich jedes Honorar für wohltätige Zwecke verwendet wird. Eleanor ist deutlich mehr in der Öffentlichkeit präsent als der Präsident selbst. Seine fortschreitende Erkrankung hindert Franklin D. Roosevelt am Höhepunkt des Zweiten Weltkrieges an vielen Auftritten. Für die Amerikaner wird die First Lady zur mächtigsten Frau des 20. Jahrhunderts – und direkten Gegenspielerin von Josef Stalin und Adolf Hitler.

Mit dem Tod des Präsidenten scheint auch die Karriere seiner First Lady beendet. Am 12. April 1945 erklärt sie Reportern: »The story is over.« Sie ist überzeugt, dass ihr Einfluss ohne den populären Präsidenten sinken würde.

Doch Roosevelts Nachfolger Harry S. Truman ernennt Eleanor zur ersten amerikanischen Botschafterin bei den 1945 in San Francisco gegründeten Vereinten Nationen. Als Vorsitzende der UNO-Menschenrechtskommission wirkt sie maßgeblich an der Verfassung der *Allgemeinen Erklärung der Menschenrechte* mit. Drei Jahre lang wurde von Diplomaten um den Text gerungen. Eleanor Roosevelt hat dank ihrer Position als Vertreterin der neuen Supermacht Amerika, aber auch durch ihre Persönlichkeit das letzte Wort. Nach der Einigung verkündet sie: »Die Deklaration wird für Millionen von Menschen Hilfe, Wegweiser und Inspiration sein.« Und damit untertreibt sie die Bedeutung dieses Dokuments. Bis zu ihrem Tod 1962 bleibt sie in der internationalen Politik. »Die Zukunft gehört jenen, die an die Schönheit ihrer Träume glauben.«

*Wallis Warfield Simpson. Für diese Amerikanerin opfert Englands König Edward VII. seine Krone. Die dramatische Liebesgeschichte, die zur Staatsaffäre wird, findet an überraschenden Schauplätzen statt. Im Wiener Hotel Bristol, am Wolfgangsee und auf einem kleinen Schloss im Gailtal.*

# Wallis Warfield Simpson

.................................................................................

*»Mit dem tiefsten persönlichen Schmerz wünscht
Wallis Simpson bekannt zu geben, dass sie jede Absicht,
seine Majestät zu ehelichen, aufgegeben hat«*

Das ist Liebe. Gerade eben erst in Wien angekommen und beim
Hintereingang des Hotels Bristol in der Mahlerstraße vorge-
fahren, bezieht der Herzog von Windsor mit Gemahlin Wallis
Simpson eine Suite in der obersten Etage des Ringstraßenhotels
und lässt sich von dienstbaren Geistern die Ingredienzen für einen
Cocktail bringen. Das Wiener Blatt *Morgen* ist im September 1937
über die Details informiert. Der herzogliche Chauffeur plaudert
eben gern. Der Wallis-Cocktail hat es schon in jenen Tagen zu eini-
ger Berühmtheit gebracht. Den Leserinnen und Lesern wird auch
das herzogliche Rezept verraten. Der Nachmittagstrunk des ehemaligen englischen Königs Edward VII., den er für seine Angetraute kreiert hat, besteht laut *Morgen* »aus einem Teil Pfefferminz,
einem Teil Cointreau, zwei Teilen Gin und dem Saft einer halben
Zitrone. Den Namen verdankt er seiner blauen Färbung, die er von
dem gewissen blauen Cointreau bezieht, den Bols zu Ehren von
Mrs. Wallis Warfield hergestellt hat.«

Das mondäne Paar besucht Wien am Ende seiner Flitterwochen, die der zurückgetretene König mit seiner Herzensdame ausgerechnet im Kärntner Gailtal auf dem ländlichen Schloss Wasserleonburg am Fuße des Villacher Hausbergs Dobratsch verbringt.
Es ist ein alpenländischer Schlusspunkt der berühmtesten Affäre
des 20. Jahrhunderts.

Ein englischer König verzichtet eher auf die Krone des britischen Empires als auf die Ehe mit einer zwei Mal geschiedenen
amerikanischen Bürgerlichen. Am 5. Juni 1937, eine Viertelstunde
nach Mitternacht, erreicht Seine Königliche Hoheit mit Frau
Simpson nach der Vermählung im Schloss Cande in der Touraine

im Loiretal den kleinen Ort Nötsch im Gailtal, der zur Gemeinde Saak unweit der italienisch-österreichischen Grenze gehört. Die örtliche Gendarmerie ist alarmiert und riegelt den Besitz des Grafen Paul von Münster mit 35 Wachmännern »luftdicht« ab. Das prominente Paar will den ganzen Sommer im Gailtal flittern. Edward liebt das Golfspiel in der Umgebung des Wörthersees, die Jagd, und irgendwie mag er auch Österreich, diese kleine Alpenrepublik, die sich dem politischen Zugriff des ehemaligen Landsmanns Adolf Hitler entziehen will und um die staatliche Unabhängigkeit gegen Nazideutschland kämpft. Internationales Interesse ist für das Land überlebenswichtig. Der zum Herzog degradierte König hatte schon von Ende März 1937 bis zum 3. Mai im Landhaus zu Appesbach am Wolfgangsee auf die offizielle Scheidung seiner Geliebten Wally von ihrem Ehegatten, einem Herrn Simpson, gewartet, ehe er von Salzburg aus mit dem Orient-Express nach Paris eilen konnte und die frisch Geschiedene endlich einen Monat nach der »Wiedervereinigung« ehelichen durfte. Das Paar will freilich nicht in Frankreich bleiben. Ihn zieht es in die Alpenrepublik.

Schneller als der Herzog sind Dutzende englische Journalisten nach Kärnten gereist. Sie und eine betuchte internationale Klientel werden die Wörtherseeregion im Sommer 1937 beleben. Die besseren Quartiere sind ausgebucht. Die Kärntner Lokalpresse vermeldet: »Außerhalb der Bannmeile haben sich nicht nur die Sonderkorrespondenten sämtlicher englischer Blätter häuslich niedergelassen, sondern in ganz Kärnten treffen Zimmerbestellungen der englischen Hocharistokratie ein. Das Golfhotel in Dellach ist bereits für zwei Monate ausverkauft, und auch der Wörthersee hat eine englische Invasion zu verzeichnen.«

Ansichtskarten vom Schloss Wasserleonburg, sonst üblicherweise kein großer Renner, werden massenweise gekauft. Überhaupt sieht der türkise Wörthersee in dieser Sommersaison an seinen Gestaden viele Prominente wandeln. Nicht nur Bundespräsident Wilhelm Miklas, auch der Exkönig von Spanien und der frühere König von Siam werden in Kärnten erwartet.

Warum das internationale Celebrity-Paar die Gailtaler Einschicht für die Hochzeitsreise wählt? Vielleicht gerade deshalb, weil Saak und das kleine Schloss mit den mittelalterlichen Wurzeln wirklich weitab von jedem Scheinwerferlicht ist. Das dem Grafen Paul von Münster gehörende Schloss war in diesen Sommertagen an Graf Franz Kement Franken-Fiertorpff verpachtet, der seine Räumlichkeiten wiederum für drei Monate dem königlichen Paar überlässt. Der Herzog kennt das Schloss, und er kennt das Jagdrevier, in dem es Hirsche, aber auch Gämsen zu erlegen gibt. Schon im Februar 1937 weilt Edward VII. für ein paar Tage in Wasserleonburg. Nicht allein natürlich. Auch ein englischer König ohne Krone hat gewisse Ansprüche. Als Privatsekretär amtiert ein Reserveoffizier seiner Majestät, Sir Dudley Forwood. Er ist Angehöriger der britischen Gesandtschaft in Wien. Der Großteil der umfangreichen Dienerschaft besteht aber erstaunlicherweise aus Österreichern. Und selbst das Automobil des Herzogs von Windsor trägt ein österreichisches Kennzeichen. Die Zeitungen haben in den späten 1930er-Jahren durchaus schon Klatschseiten, und die Reporter zeigen sich bestens informiert. So wird die Leserschaft des Jungverheirateten informiert: »Am ersten Tag seines Aufenthaltes hatte der Herzog von Windsor für seine junge Frau eine zarte Aufmerksamkeit. Er bestellte nämlich dasselbe Menü, das sie in Wien im Hotel Sacher gehabt hatten, als sie beide, er als englischer König, sie als Missis Simpson zum erstenmal gemeinsam in Österreich gewesen waren. Es gab also kalte Bouillon, Krebsragout, blaue Forellen mit Butter, Wiener Schnitzel mit gemischtem Salat und Sachertorte mit Schlagobers. Die zwei ersten Tage hat das herzogliche Paar das Schloss nicht verlassen.« Angesichts des kalorienreichen Dinners erscheint das verständlich. Immerhin unternimmt der aristokratische Engländer auch sportliche Aktivitäten. »Der Herzog hat am Sonntag nach dem zweiten Frühstück im großen Schwimmbassin des Schlossparkes ein Bad genommen.« Wallis unterhält sich derweilen mit der Schlossherrin.

Die Frau, um derentwillen König Edward die englische Monarchie beinahe zum Einsturz gebracht hat, wurde als Bessie Warfield

im amerikanischen Bundesstaat Maryland geboren. Junge Mädchen aus der gehobenen Mittelschicht durften damals nur ein Ziel haben: möglichst rasch einen möglichst reichen Mann vor den Traualtar zu schleppen, um dadurch ihre soziale Stellung auszubauen. Bessie arbeitete hart an sich. Selbst den Vornamen legte sie ab. Bessie erinnerte sie viel zu sehr an Kühe und Pferde. Wallis klang schon mehr nach Upperclass.

Wallis' erstes romantisches Erlebnis im Jahr 1916 führte gleich zur Heirat mit einem schönen und jungen Marineflieger. Die Ehe mit dem Mann aus Chicago, Earl Winfield Spencer, währte immerhin neun Jahre. Wallis begründete ihre Scheidungsklage damit, ihr Gatte habe sie verlassen und seitdem nichts zu ihrer Unterstützung beigetragen. Das reichte dem Gericht. Tatsächlich hatte sich der kühne Flieger als gewalttätiger Alkoholiker entpuppt, der die Ehefrau schon mal ans Bett fesselte, wenn er nächtens durch Bars zog.

Die nächsten zwei Jahre verbrachte die vom Ehemann befreite Wallis Spencer teils in Amerika, teils auf Reisen in Europa. Dabei freundete sich die Geschiedene mit dem Ehepaar Simpson aus New York an. Ernest Simpson hat den Vorteil, in der väterlichen Firma angestellt und finanziell wohlversorgt zu sein. Der ehemalige Harvard-Student und frühere Offizier der englischen Coldstream-Garde, immerhin eines von fünf Lieblingsregimentern des Königshauses, zeigt Interesse an der alleinstehenden Wallis. Sie an ihm. Die Spencers lassen sich 1927 scheiden. Wallis heiratet 1928 den Industriellensohn und Schiffsbroker in aller Stille.

Ernest Simpson kann »Bessie« das finanzielle Fundament bieten, um gesellschaftlich weiter aufzusteigen. Mit Geld sind Extravaganzen leichter zu leben als ohne. Die große Liebe war es nicht. Wallis werden zahlreiche Liebschaften unterstellt.

1931 begegnet die 35-jährige Frau Simpson dem englischen Thronfolger und begehrtesten Junggesellen seiner Zeit auf einer Party der amerikanischen Diplomatentochter Thelma Furness. Die junge Frau eines englischen Schiffsmagnaten gilt als »Glitzergeschöpf der transatlantischen Luxusdampfer-Society«. Ein It-Girl der 1930er-Jahre.

Das Ehepaar Simpson und der künftige König. Nach der Party, bei der man sich offenbar amüsiert, lädt der Prinz die Amerikaner zu einem Wochenende auf seinen Landsitz Fort Belvedere ein. Aus der Einladung wird Routine. Die Simpsons verbringen zahlreiche Landpartien mit dem künftigen König, und Edward nimmt die Gegeneinladung zu den täglichen (!) Cocktail-Partys im Appartement der Simpsons in Bryanston Court gleich beim Marble Arch an. So kommen einander der Kronprinz und die Amerikanerin immer näher. Das *Salzburger Volksblatt* weiß anno 1937 zu berichten: »Sie entwickelte sich zu einer lebhaften, witzigen und geschickten Gesellschafterin. Ganz gleichgültig, wie lange eine Einladung oder eine ›Partie‹ dauerte, Wally war stets das belebende Element. In der Londoner Gesellschaft sprach man davon, daß sie ›so furchtbar amüsant‹ und so nett ›amerikanisch‹ sei.« Wobei »amerikanisch« in London nicht unbedingt als Kompliment zu werten war.

Während sich der Ehemann nach dem Dinner höflich zurückzieht, bleibt Edward oft bis zum frühen Morgen, allein mit Wallis oder in Begleitung seiner damaligen Geliebten Thelma. Der eher stoische Ehemann lächelt und schweigt. Was hätte er für Alternativen gehabt? Den englischen König des Hauses zu verweisen? Unmöglich.

Die Vorliebe des Engländers für amerikanische Frauen hat System. Die hocharistokratischen englischen Jungfrauen, die ihm als standesgemäße Bräute angeboten werden, verachtet Edward. Ihn interessieren erfahrene, ausschließlich verheiratete und zumindest etwas exaltierte Damen. Schon in den »wilden« 1920er-Jahren hat Edward, Prince of Wales, eine heftige, wenngleich eher kurze Affäre mit der amerikanischen Filmschauspielerin Mildred Harris. Er tröstet die 21-Jährige nach der Scheidung ihrer Ehe mit dem Stummfilm-Superstar Charlie Chaplin, den Mildred schon in sehr jugendlichem Alter von 17 Jahren heiratet, um sich zwei Jahre später unter gegenseitigen Beschuldigungen gewisser sexueller Eskapaden wieder zu trennen. Hollywood eben.

Edward war eine internationale »Celebrity«. Sein Aussehen, sein exzentrischer Kleidungsstil, die lässige Noblesse und die Karrieregarantie, irgendwann König von England und Indien zu werden, machten den Prince of Wales zum meistfotografierten Mann auf Erden. Seine wechselnden Beziehungen zu schönen, aber nicht immer ganz standesgemäßen Frauen verursachten zwar der königlichen Familie schlaflose Nächte, änderten aber wenig am Lebens- und Liebesstil des Lebemanns. König George V. versuchte mahnend einzugreifen, resignierte aber bald: »Nach meinem Tod wird sich Edward innerhalb von zwölf Monaten komplett zerstören.« Mit dieser Vorhersage sollte der König recht behalten.

Ehe er sich der Amerikanerin Thelma widmet, hat der Kronprinz noch eine längere Affäre mit Freda Dudley Ward, der Gattin des Fraktionsvorsitzenden der Liberalen im Unterhaus. Der Politiker leidet und schweigt. Eine »stiff upper lip« ist in solchen Fällen gefragt.

Im Februar des Jahres 1934 schifft sich Thelma zum Besuch ihrer Zwillingsschwester Gloria Vanderbilt ein und überquert den Atlantik im Luxusliner, nicht ohne vorher ihre Freundin Wallis Simpson beim Lunch im »Ritz« zu bitten, ein wenig auf Edward aufzupassen: »Oh, Thelma, der kleine Mann wird so einsam sein!« Der »kleine Mann« war immerhin der Prince of Wales, wobei mit »Little Man« durchaus auch ein konkreter Körperteil Edwards angesprochen worden sein könnte. Denn, wie in Londons Society getratscht wurde, soll eben jener für die Männlichkeit entscheidende Teil keineswegs imperiale Größe gehabt haben. Wallis erfüllt den Auftrag ihrer Freundin genau, überaus genau. Edward lädt Wallis samt Ehemann zur Sommerfrische ins mondäne Biarritz ein. Mr. Simpson weiß, was erwartet wird, er entschuldigt sich wegen dringender Geschäfte. Sie wird die Geliebte des Thronfolgers.

Nach ihrer Rückkehr reagiert die abservierte Society-Lady Thelma verständlich unwirsch – »Du hast dich besonders intensiv um ihn gekümmert« – und beklagt offen die »Eiseskälte« ihres Verflossenen. Der von der Damenwelt umschwärmte Königssohn zeigt wenig Empathie. »Thelma ist ein Biest«, lässt Seine Königliche Hoheit unelegant verlauten. Sie wird nie mehr zum Weekend nach Fort Belvedere eingeladen, Wallis regelmäßig. Edwards Diener muss am Morgen nach einer derartigen Fete eine schockierende Feststellung machen: Als er das Frühstück ans Bett servieren will, findet er den Thronfolger nicht unter seiner Bettdecke, die Laken sind unbenutzt. Sein Herr hat die Nacht im Zimmer von Frau Simpson verbracht. Der gehörnte Ehemann tut wieder, was von ihm erwartet wird, er geht auf Reisen, überlässt seine Frau dem Thronfolger.

In einer Welt der Waren und Geschäfte hat auch Untreue einen Preis. Der Amerikaner Simpson erhofft sich vom künftigen englischen König lukrative Kontakte, jedenfalls aber einen Adelstitel. Edward und Wallis leben ihre Affäre offen aus. Während der Prinz Golf spielt, kümmert sich Frau Simpson um die Menüfolgen und spaziert mit den königlichen Hündchen Cora und Jaggs durch den Park. Diese Tierliebe belohnt Edward. Er schenkt Wallis einen Cairn Terrier, den er »Slipper« nennt. Der kleine Hund wird in der aufziehenden Affäre eine wichtige Rolle spielen.

Wann die sexuelle Beziehung zwischen den beiden wirklich beginnt, bleibt unbeantwortet. Die Liebesbriefe, die Edward ab dem Herbst 1934 schreibt, sind ein Quell psychologischer Analysen – ein Schrei nach Verehrung, Schutz und Anbetung seiner Geliebten. Sie behandelt den künftigen König wie ein hypersensibles Kind im Internat. Er unterwirft sich Rollenspielen, bettelt um eine Zigarette, putzt ihre Schuhe und darf ihre Zehennägel bemalen. Der Kronprinz soll auch ein eher retardiertes Sexualverhalten gepflegt haben, über das Geheimdienstquellen genussvoll spöttisch berichten. Die knabenhafte Figur von Wallis mag durchaus auch seine latent homoerotischen Neigungen befriedigt haben.

Ihre strenge Zuneigung belohnt Edward mit millionenteuren Juwelen aus dem Familienschatz der Windsors. Die Londoner Gesellschaft ist schwer indigniert. Auch konservative Politiker beginnen das Verhältnis zu kritisieren. Premierminister Stanley Baldwin wird zitiert: »Wenn sie wenigstens eine respektable Hure wäre, würde mich das nicht stören.«

Frau Simpson entsprach keinen gewöhnlichen Schönheitsidealen, dafür war sie zu dünn. Sie hat, wie der *Spiegel* eher uncharmant schreibt, die Figur eines unterernährten Chorknaben und war – mit Anfang 40 – in den Augen der damaligen »besseren Gesellschaft« zu alt für eine Mätresse des Königs. Aber Wallis Simpson war eine intelligente, selbstbewusste, mondäne Frau. Ihr kantiges Gesicht mit breiter Stirn und eminenter Nase wirkte wie holzgeschnitzt. Sie war kein Püppchen, vielleicht deshalb interessant. Doch eben wegen dieser äußerlichen Unvollkommenheiten hatte Wallis gelernt, Männer durch andere Fähigkeiten zu überzeugen als bloß durch passive Schönheit. Wallis Simpson soll durchaus auch besondere Fähigkeiten im Umgang mit sexuell schwierig veranlagten Männern gehabt haben. Wieder sind es pikante Geheimdienstberichte, die von Aufenthalten der früheren Frau Spencer mit ihrem damaligen Piloten-Ehemann in chinesischen »Purpurpalästen« wissen wollen. Dort habe sie die Techniken des Fang-chung-shu eingehend studiert. Der englische MI6 hält verfeinerte Liebeskünste generell für perverse Praktiken.

Im Februar 1935 adeln die beiden den Tiroler Wintersportort Kitzbühel. Sie schnallen sich Holzlatten an die Beine und stapfen über die Übungswiese hinterm Grand Hotel. Der Prinz und seine Begleiterin, die von den Zeitungen konsequent nicht erwähnt wird, haben bald den Ruf als Spätaufsteher. Vor Mittag beginnt der Prinz nicht mit seinen Skiübungen, die er mit mäßiger Begeisterung absolviert. Der 40-Jährige war das letzte Mal 1914 auf Skiern gestanden. Die Wiener Zeitschrift *Bühne* widmet dem Besuch des »Prince Charming« eine vielseitige Fotoreportage und hadert mit dem Winter. »Die Wetterlage war nicht gerade günstig. Und wenn auch die Lawinen in der Schweiz genauso niedergehen wie in Österreich, daß sie gerade die Route des Arlbergexpreß verlegen mußten, war nicht höflich von ihnen.«

Er nahm die alpinen Wetterunbilden augenscheinlich mit Gelassenheit auf, obwohl er mit vier Stunden Verspätung am Kitzbüheler Bahnhof eintraf. Ihn erwartete weder der Bürgermeister

*Zur Übungswiese in Kitzbühel: Prinz »Bertie« und Wallis Simpson im Februar 1935*

noch Mädchen mit Blumenstrauß oder eine Blasmusikkapelle mit Marketenderin. Edward, genannt »Bertie«, hatte sich jeden offiziellen Empfang verbeten. Er reiste schließlich inkognito als Earl of Chester. Die Bezirkshauptmannschaft hatte pflichtschuldig vor der Ankunft des Windsors alle Kitzbüheler und auch die ausländischen Hotelgäste informiert, den Prinzen einfach nicht zu beachten und keine Aufläufe zu veranstalten. Und die Tiroler hielten sich an die Vorgabe, wahrscheinlich genauer, als dem Prinzen lieb war. Das Grand Hotel schickte zum Empfang der Entourage nur den Lohndiener Johann, rüstete ihn aber immerhin mit weißen Glacéhandschuhen aus. Der Thronfolger trug bei der Ankunft einen grauen Reisepelz, einen hochgebundenen Schal und einen steifen schwarzen Hut. Die *Wiener Kronen-Zeitung,* eigens mit einem Sonderberichterstatter angereist, wunderte sich ein wenig über das Outfit des hohen Gastes, resignierte aber weltstädtisch: »Wenn schließlich ein Prinz von Wales zum Sportpelz den Melon trägt, so muß man das zur Kenntnis nehmen.«

Der Wintersportort präsentiert sich von seiner grauen Seite. Seit Tagen hat es Anfang Februar geregnet. Der Schnee ist in

Matsch verwandelt. Was den Prinzen und Mrs. Wallis Simpson nach Kitzbühel geführt hat? Wahrscheinlich war es die Überredungskunst des österreichischen Botschafters in London, der dem Paar auch gleich eine Trachtenausstattung zum Geschenk machte. »Bertie« sorgt für eine gute Auslastung der örtlichen Hotellerie. Im Grand Hotel sind 14 Zimmer gebucht, und gelegentlich speist der vorgebliche Earl auch im Speisesaal des Hotels. Zur Bedienung hat man eigens einen Oberkellner aus Bad Gastein geholt. Obwohl er ja unbeachtet bleiben sollte, wird seine Ski-Ausrüstung kritisch beäugt, immerhin gilt Edward als Stilikone seiner Zeit. Es wird notiert, dass der Prinz einen blauen Skianzug mit einer roten Krawatte trägt und in diesem sportlichen Dress bis in die Spätnachmittagsstunden verbleibt. »Er tanzt sogar in den schweren Sportschuhen.«

Mit wem er tanzt, verrät kein einziges englisches und österreichisches Blatt. Wallis Simpson wird, wie erwähnt, bei der Berichterstattung komplett ausgeblendet – selbst die *Wiener Kronen-Zeitung* schweigt über die königliche Begleitung. Nur in der *New York Times* erscheint ein Foto des Prinzen mit Mrs. Simpson. Darauf hat nun die Bezirkshauptmannschaft wirklich keinen Einfluss.

Im Herbst weilen Edward und Wallis schon wieder in Wien und Budapest. Das Paar steigt im Bristol ab. Im Hotelgästebuch trägt sich Edward Albert Christian George Andrew Patrick David als Prince of Wales ein, bei einem weiteren Besuch 1936 firmiert er bereits als King Edward VIII. Seine Geliebte nächtigt auch damals schon mit ihm in der geräumigen Suite mit immerhin drei Schlafzimmern. Während die britische Presse über die Eskapaden des Thronfolgers eisern schweigt, ist der Rest der Welt über die Liaison des künftigen Königs bis ins Detail informiert.

Im Herbst 1936 spitzt sich die Liebesaffäre zu einer Staatskrise und zu einem Machtkampf zwischen dem König, der konservativen Regierung und der anglikanischen Kirche zu. In den acht Wochen zwischen dem 16. Oktober und dem 11. Dezember 1936 verdichtet sich die Affäre, die mit der Abdankung des Königs enden wird. Die Fronten werden bezogen. Verbündete beziehen Position. Während der König den Eigentümer des *Daily Express* und des *Evening Standard*, William Maxwell Aitken, auf seine Seite ziehen kann, ergreifen die *Times* und ihr Herausgeber Geoffrey Dawson die Partei von Premierminister Stanley Baldwin.

Am Wochenende um den 17. Oktober berät der konservative Regierungschef mit führenden Mitgliedern seiner Partei die weitere Vorgangsweise. Die Herren fürchten, dass die Ehe von Frau Wallis Simpson geschieden und damit die formale Hürde für eine Hochzeit des Königs mit der Amerikanerin fallen könnte. Eine Heirat noch vor der für Mai 1937 festgelegten Krönung wäre zeitlich möglich. Das ist für den britischen Regierungschef und die konservative Gesellschaft des Inselreichs eine Katastrophe.

Baldwin trifft den König und will, dass seine Geliebte die Scheidungsklage zurückzieht. Edward lehnt entrüstet ab. Am Tag vor dem Gerichtstermin in der ostenglischen Stadt Ipswich beginnt die Intrige des *Times*-Herausgebers. Er schickt Kopien eines angeblichen Leserbriefs an den Premierminister und den Erzbischof von Canterbury. Der anonyme Schreiber, möglicherweise ist es der *Times*-Chef selbst, wirft dem König vor, er würde die Grundfesten der Moral und der Monarchie erschüttern.

Es folgt der Gerichtstag in Ipswich. Hotelangestellte sagen aus, sie hätten beim Servieren des Frühstücks den Ehemann von Wallis Simpson nackt im Bett mit einer anderen Dame gesehen. Klarer Fall: Der Ehebruch durch Ernest Simpson ist erwiesen. Richter John Hawke entscheidet zugunsten der Klägerin und erfüllt seine Rolle in einem abgekarteten Spiel. Herr Simpson hat sich die »schuldige« Scheidung durch sehr viel Geld abkaufen lassen. Für 150 000 Pfund – heute wären das mehrere Millionen Euro – spielt der mehrfach betrogene Ehemann bei diesem Betrug mit. Wenige Tage nach der Scheidung erscheint Englands König Edward VIII. mit Wallis Simpson als Begleiterin bei einem offiziellen Empfang. Das ist ein klares Signal. Die Aristokratie ist alarmiert. Premierminister Stanley Baldwin wagt die offene Konfrontation mit dem König. Er erzwingt eine Audienz: Das Volk werde eine zwei Mal geschiedene Amerikanerin nicht als Königin akzeptieren. Mit Volk meint der Regierungschef offenkundig die politische Kaste der Monarchie. Denn das Volk weiß wenig über die Liaison und die Pläne des Königs. Edward betrachtet den Widerstand seines Regierungschefs als Ansporn. Noch am gleichen Abend provoziert er Mutter und Schwester mit der Erklärung, er plane, Wallis Simpson zu heiraten.

Die beiden Damen wissen von der Affäre, aber das Thema Heirat war bisher tabu. Die Königin lehnt den Vorschlag ihres Sohnes, Wallis Simpson zu empfangen und sich ein Bild von ihr zu machen, rundweg ab. Das Ansinnen, aus Liebe zu heiraten, erscheint ihr absurd. Wallis Simpson ist für sie als Ehefrau ihres Sohnes und als Königin unmöglich.

Weil der König selbst Argumenten kein Gehör schenkt, wird jene Frau eingeschaltet, auf die er hört: Wallis Simpson. Sie soll einer sogenannten morganatischen Ehe zustimmen. Dabei würde sie zwar die offizielle Ehefrau, ihre Kinder könnten aber keinen Anspruch auf die Krone erheben. Angesichts des doch schon fortgeschrittenen Alters der künftigen Braut war das ohnehin nur eine theoretische Option.

Ein Kompromiss scheint sich anzubahnen. Der Monarch empfängt seinen Premierminister und sondiert, ob dieser mit einer solchen Regelung leben könne. Baldwin macht Edward einen Strich durch seine Pläne. Eine morganatische Ehe erfordere die Zustimmung des Parlaments. Und dafür sehe er keine Mehrheit. Der König macht jetzt einen fatalen Fehler: Er beauftragt den Premierminister – ungeachtet seiner bereits geäußerten Ablehnung – offiziell, einen solchen Antrag zu prüfen. Damit ist der konservative Politiker Herr des Verfahrens. Baldwin wird die Zügel nicht mehr loslassen.

Der König kann sich noch auf einige mächtige Freunde stützen: Lord Beaverbrook, der Zeitungsmagnat, versucht seine Kollegen von der Londoner Presse auf Edward einzuschwören. Er eilt noch einmal ins königliche Privatschloss Fort Belvedere und drängt den König, seine offizielle Anfrage an den Premierminister zurückzuziehen. Edward folgt dem gut gemeinten Rat des Zeitungsherausgebers. Es ist zu spät.

Die Nachricht ist schon ins politische Establishment durchgesickert. Die Kettenreaktion beginnt. In Bradford leitet der konservative anglikanische Bischof Alfred Walter Blunt eine Diözesankonferenz. Dort erfährt der Kirchenmann von der Absicht des Königs, der ja auch nominelles Oberhaupt der anglikanischen Kirche ist, eine geschiedene Amerikanerin zu heiraten. Der Bischof einer Kirche, die ja von Heinrich VIII. gerade deswegen gegründet worden war, damit er, der König, sich wiederverheiraten konnte und dafür den Bruch mit dem römischen Papsttum in Kauf nahm, kritisiert die Pläne seines Königs in wohlgesetzten Andeutungen. Die Dämme brechen. Am 1. Dezember berichtet ein unbedeutendes Regionalblatt, die *Yorkshire Post*, über die kritischen Anmerkungen des Bischofs von Bradford am Verhalten des Königs. Jetzt gibt es kein Halten mehr. Viele Zeitungen betrachten die Meldung in der *Yorkshire Post* als Aufforderung, über die Staatsaffäre zu schreiben. Und die »Regierung Seiner Majestät« spitzt den Konflikt zu. Die Pläne Edwards für eine morganatische Ehe werden offiziell abgelehnt. Stanley Baldwin geht persönlich zum König und stellt ihm ein Ultimatum: Verzicht auf die Heirat oder Abdankung.

Für Wallis Simpson wird der Druck zu groß. Eine Liebschaft, die zur Affäre wurde, ist jetzt eine »Verfassungskrise«. Wallis will nur noch weg. Es wird eine Flucht. Das Ziel ist die französische Riviera: Cannes. Dort besitzt die befreundete amerikanische Familie Katherine und Herman Rogers eine Villa in den Bergen. Lou Viei ist ein umgebautes Kloster aus dem 12. Jahrhundert. Der Abschied zwischen Wallis und Edward entspricht melodramatischen Filmklischees. Die Abschiedsworte des Königs: »Du musst auf mich warten, wie lange unsere Trennung auch dauert. Ich werde dich niemals aufgeben.«

In der großen Tragödie steckt auch eine kleine. Wallis muss ihren Cairn Terrier »Slipper« zurücklassen. Während die Geliebte – ohne Hund – buchstäblich in einer Nacht-und-Nebel-Aktion und unter falschem Namen von Newhaven nach Frankreich übersetzt, starten Freunde des Königs einen weiteren Versuch. Edward soll überredet werden, auf die Ehe mit Mrs. Simpson zu verzichten und die Krone retten.

Vor ihrer Abreise hatte Wallis ihren Edward gedrängt, sich direkt an das britische Volk zu wenden und in einer Radioansprache seine Gefühle und Beweggründe zu erklären. Die Amerikanerin hoffte dadurch, die öffentliche Stimmung gegen den Premierminister und den Klerus mobilisieren zu können. Rundfunkansprachen waren überaus beliebt und das moderne Mittel der Kommunikation. Edwards Vater König George V. hatte die Herzen seiner Untertanen durch die berühmten Weihnachtsansprachen erreicht. Und Edward hatte Erfahrung mit dem Medium. Schon als Prince of Wales sprach er 75 Mal über die Sender der BBC. Deren Generaldirektor Sir John Reith unterstützte das königliche Vorhaben ebenso wie Winston Churchill, der damals schon einflussreich, aber erst in drei Jahren Regierungschef werden sollte.

Edward begibt sich in den Buckingham Palace und teilt dort dem Premierminister mit, er beabsichtige, sich via BBC an sein Volk zu wenden. Baldwin belehrt den König, dass er ohne Zustimmung des Kabinetts keine öffentlichen Erklärungen abgeben dürfe. Jedes Wort, jeder Satz müsse per Regierungsbeschluss sanktioniert sein. Winston Churchill bereitet in der Zwischenzeit den Text der Ansprache vor. Im Redeentwurf spricht der König: »Ich kann die schweren Lasten, die auf mir als König lasten, nicht mehr weitertragen, ohne in dieser Aufgabe durch ein glückliches Eheleben gestärkt zu werden. Daher bin ich fest entschlossen, die Frau zu heiraten, die ich liebe, wenn sie frei ist, mich zu heiraten.«

Kein Wort über seine Abdankung. Kein Wort über einen Verzicht auf die Eheschließung. Die Regierung schleudert dem Souverän ein Wort hin: »Nein!«

Für Wallis ist das alles zu viel. Sie will gar nicht mehr heiraten. Sie flieht vor einer Hundertschaft von englischen Journalisten, muss das Hotel auf dem Weg nach Cannes schon um drei Uhr früh verlassen. Es ist eine Hetzjagd. Als Wallis Simpson endlich das Refugium oberhalb des mondänen Badeorts erreicht, kann sie sich nur noch erschöpft hinter die Gitterzäune retten. Vor den Toren lagern schon wieder Dutzende Presseleute.

In London versucht Winston Churchill mit einer Rede im Unterhaus die Stimmung zugunsten des Königs zu drehen. Doch der konservative Politiker hat in seiner eigenen Partei keine Chance. Churchill kann nicht einmal seine Rede beenden. Er wird durch Zwischenrufe am Weiterreden gehindert.

Die Staatskrise spitzt sich in einer Parallelaktion zu. Hier London, da Cannes. An ihrem Fluchtort verfasst Wallis eine Presseerklärung. Sie sei bereit, Edward aufzugeben, um die Krone nicht zu gefährden. Das Drängen ihrer Begleiter, mit klaren Worten auf eine Hochzeit zu verzichten, ignoriert sie. Vom Flughafen Croydon im Süden von London startet ein Regierungsflugzeug Richtung Côte d'Azur. Ein Advokat soll Wallis überreden, ihr Scheidungsbegehren gegen den Herrn Simpson zurückzuziehen. Keine Scheidung von Mr. Simpson, keine Ehe mit Edward VIII. Das Problem wäre gelöst. Doch die Amerikanerin lehnt auch diesen Vorstoß ab.

Sie zieht ihre Scheidungsklage nicht zurück, erklärt allerdings in einem Telefonat ihrem geliebten König, dass sie ihn aufgeben werde, damit er die Krone behalten könne. Alles zu spät. Edward VIII. hat seinen Rücktritt längst beschlossen. Erst sieben Jahrzehnte später taucht ein handgeschriebenes Dokument auf, das die Einschätzung des Londoner Advokaten unterstützt. »Mit dem tiefsten persönlichen Schmerz wünscht Wallis Simpson bekannt zu geben, dass sie jede Absicht, seine Majestät zu ehelichen, aufgegeben hat.« Dieser Satz, mit Bleistift von Lord Brownlow geschrieben, hätte den Lauf der Geschichte verändert. Zu spät.

Edward VIII. wollte nicht mehr. Er entsagte der Krone nach kaum einem Jahr als König. »Nach langer und sorgfältiger Überlegung habe ich mich entschlossen, auf den Thron zu verzichten, auf den ich nach dem Tod meines Vaters nachgefolgt bin. Ich teile das als meine endgültige und unumstößliche Entscheidung mit. Weil ich mir der Bedeutung dieses Schrittes bewusst bin, kann ich nur der Hoffnung Ausdruck verleihen, dass ich das Verständnis des Volkes für diese Entscheidung und die Überlegungen, die mich dazu führten, finde. Ich möchte nicht meine privaten Gefühle offenlegen, aber ich ersuche um Verständnis dafür, dass ich die schwere Last, die ein Souverän ständig auf seinen Schultern spürt, nur in Umständen ertragen kann, die sich von jenen unterscheiden, in denen ich mich jetzt befinde.«

Regierung und Oberschicht des Königreichs waren durch die Abdankung erleichtert. Der beim Volk beliebte, aber unberechenbare König war endlich aus dem Amt geschieden. Sein nicht besonders loyaler Privatsekretär Alan Frederick »Tommy« Lascelles, dessen Beobachtungen über die Sympathien des Königs und vor allem seiner Geliebten zum deutschen Nazi-Regime erst im Jahr 2006 veröffentlicht werden durften, hatte aus seinem Herzen keine Mördergrube gemacht. Dem Premierminister sagte er: »Das Beste, was ihm und dem Land passieren kann, ist, dass er sich beim Hindernisreiten den Hals bricht.«

Nach seinem Rücktritt und der Degradierung zum Herzog von Windsor konnte ihm der Premierminister eine öffentliche Erklärung nicht versagen. Der nunmehrige Herzog von Windsor trat im königlichen Schloss vor die Mikrofone der BBC und hielt eine Rede an seine (ehemaligen) Völker: »Sie müssen mir glauben, wenn ich Ihnen sagen, dass es für mich unmöglich war, die schwere Last der Verantwortung zu tragen und die Pflichten eines Königs so zu erfüllen, wie ich es wollte, ohne die Hilfe und die Unterstützung der Frau, die ich liebe. The woman I love.«

Die Schuld an der Verfassungskrise und dem Verlust von Thron und Krone musste natürlich der mondänen und »unmoralischen« Amerikanerin in die Stöckelschuhe geschoben werden. Wallis, die nicht gerade eine konventionelle Schönheit war, wurde von der englischen Boulevardpresse zur männermordenden Femme fatale stilisiert. Männerfantasien beflügelten die Berichte und Kommentare der Gesellschaftsjournalisten. Wallis habe den König sexuell hörig gemacht, mit ausgefeilten Techniken, die sie in einem Bordell in Hongkong gelernt hätte. Der König habe nur bei ihr sexuelle Erfüllung gefunden. Außerdem wurde die Geliebte des Königs als lesbisch und/oder nymphoman dargestellt, wie man es eben brauchte.

Frau Simpson war tatsächlich eine sexuell selbstbestimmte Dame. Während ihrer Affäre mit dem Thronfolger hatte sie auch ein Verhältnis mit dem englischen Autohändler Guy Trundle, das penibel von einer Spezialeinheit der englischen Polizei dokumentiert wurde. Weltpolitische Dimensionen erreichte ihre angebliche sexuelle Beziehung zum damaligen deutschen Botschafter in London, Joachim von Ribbentrop. Der spätere Außenminister von Reichskanzler Adolf Hitler soll Wallis Simpson täglich einen Strauß mit 17 Nelken geschickt haben – für jede Liebesnacht eine. Verbreitet und genährt wurde dieser Verdacht während des Krieges durch das amerikanische FBI. Diese Anschuldigungen könnten aber aus politischen Gründen fabriziert gewesen sein. Die Amerikaner hatten höchstes politisches Interesse, den Exkönig, der Sympathien für Nazi-Deutschland hegte, zu verunglimpfen.

Nach seiner Abdankungsrede verlässt der König sein Land. Er geht de facto ins Exil. Und kommt wieder nach Österreich. Der nunmehrige Herzog von Windsor wählt das Schloss Enzesfeld im Triestingtal als Logis. Das Schloss gehört Louis Nathaniel von Rothschild, einem der reichsten Männer Europas. Rothschild wird nach dem Einmarsch der Deutschen Armee in Österreich noch am frühen Morgen des 12. März 1938 von SS-Schergen verhaftet und erst Monate später, nachdem ihm sein gesamtes österreichisches Vermögen von den Nazis abgepresst worden war, aus der Gestapo-Haft im ehemaligen Hotel Metropol entlassen.

Diese weltpolitische Entwicklung ist im Winter 1936/37 noch nicht absehbar. Edward darf seine Geliebte so lange nicht sehen, solange die Scheidung nicht rechtskräftig ist. Sollte eine ehebrecherische Beziehung zwischen den beiden nachgewiesen werden, dürften Edward und Wallis nicht heiraten. Es sind Monate der Demütigung. Der ehemalige König von England und Kaiser von

Indien muss sich in sicherer Entfernung seiner Geliebten aufhalten. So verbringt der Herzog von Windsor Monate in Österreich, wartend und jeden Tag mit Wallis in Cannes telefonierend. Ende März 1937 quartiert sich Edward im Landhaus zu Appesbach am Wolfgangsee im Salzkammergut ein. Er wählt sein Exil mit Bedacht. Die kleine Villa wurde von seinen Besitzern ganz im Stil eines englischen Landhauses gestaltet, britischer Rasen inklusive. Und vom Balkon kann Edward den Blick über den See und die Bergwelt schweifen lassen und damit sein Empire vergessen. »Ein herrliches Fleckchen Erde«, schreibt er in einem Brief an Wallis Simpson.

Der englische Adelige ist mittlerweile zur Sehenswürdigkeit und Modeikone geworden. Die von ihm getragene Schweizer Uhr der Marke Vacheron Constantin wird weltbekannt. Fotos des eleganten Herrn mit seiner speziellen Pfeifenkreation Prince gehen um die Welt. Endlich: Anfang Mai 1937 ruft Wallis Simpson an. Die Scheidung ist rechtsgültig. Edward darf nach Frankreich reisen. Schon am nächsten Tag verlässt er die Landidylle am Wolfgangsee, besteigt den Orient-Express in Salzburg und dampft nach Paris.

Im neugotischen Schloss Candé, das einem begüterten französisch-amerikanischen Ehepaar gehört, heiratet Edward seine Wallis. Das Foto der – nicht mehr ganz jung – Vermählten geht um die Welt. Die Hochzeitsnacht kann das Paar gleich im Schloss Candé verbringen, es ist mit allem modernen Luxus ausgestattet. Die Art-dèco-Badewanne kann in einer Minute mit heißem Wasser gefüllt werden. Hier fühlt sich die »Herzogin von Windsor« standesgemäß untergebracht. Warum das Paar dann aus dem Loiretal ins Gailtal fuhr? Die beiden Celebritys fühlen sich auf Schloss Wasserleonburg augenscheinlich wohl. Der geschwätzige Chauffeur verrät Journalisten, Edward und Wallis hätten den Urlaub in Kärnten zu zahlreichen Ausflügen benützt, und »der Herzog wie seine Gemahlin hatten seit ihrem Aufenthalt in Österreich nicht eine Minute schlechte Laune und waren immer zu Scherzen und zu fröhlichen Bemerkungen aufgelegt«. Erst ein paar Regentage beschleunigen die Abreise nach Wien, wo der Herzog »in einem dunkelbraunen Anzug, einen hellen Mantel über den Arm« aus dem Wagen steigt – und zwar ohne Hut. Der Wiener *Morgen* berichtet detailgenau: »Er sieht gut und frisch aus, leicht von der Sonne gebräunt. Galant hilft er seiner Gattin aus dem Wagen. Die Herzogin ist in ihr schon berühmt und vielkopiertes Wallisblau gekleidet, sie trägt ein Kleid in dieser Farbe mit hellen Tupfen und einen dazu passenden, aus der Stirn gerückten Hut. Die wenigen Passanten auf der Straße begrüßten ihn herzlichst, wofür er freundlich dankte.«

In Wien trifft das Paar Freunde, lässt sich vom Direktor Primus des Hotel Bristol zugesandtes Gepäck aushändigen und fährt mit dem Nachtzug von Wien weiter nach Budapest. Die *Kleine Volkszeitung* berichtet am 8. September 1937, der Herzog und seine Gattin würden den Fürsten Dietrichstein auf seinem Nikolsburger Schloss besuchen und anschließend zur Rebhühnerjagd in den Auen der Theiß bei Borsodivánka erwartet. Der örtliche Bürgermeister habe die lokale Bevölkerung angewiesen, fürs englische Herzogspaar die ungarische Nationaltracht anzulegen.

Nach der herbstlichen Jagd unterstreicht der Herzog von Windsor seine mangelnde politische Weitsicht. Er lässt sich im Oktober 1937 vom deutschen Reichskanzler Adolf Hitler auf den Obersalzberg bei Berchtesgaden einladen. Im Ferienrefugium des Nazi-Diktators werden der frühere König und seine Frau wie Staatsgäste empfangen. Die Sympathie des britischen Aristokraten für den Emporkömmling Hitler verstört London. Der Nazi-Führer nutzt den Besuch des Exkönigs weidlich zur Propaganda. Der Adjutant des Exkönigs, Sir Dudley Forwood, spottet Jahrzehnte nach dem Ereignis: »Ich muss Mrs. Simpson ein ›Dankeschön‹ dafür sagen, dass sie einen Mann vom Thron geholt hat, der ein wankelmütiger König hätte werden können.« Hitlers Propagandaminister Joseph Goebbels sah die Sache fundamental anders. »Dieser tragische Mensch hätte Europa vor dem Verhängnis bewahren können.«

Edward und Wallis passten mit ihren Sympathien für Deutschland und die deutsche Machtpolitik ins strategische Konzept Hitlers. Der »Führer« hatte seine gesamte expansionistische Politik in Europa auf eine stillschweigende Duldung Englands aufgebaut. Aus der Erfahrung des Ersten Weltkrieges wollte Hitler bei seinem Angriff auf Polen und später die Sowjetunion keineswegs wieder einen Zweifrontenkrieg riskieren. Für die Naziführer war der britische Thronfolger nach 1933 ein Märchenprinz, von dem sie – in Verkennung der wahren Machtverhältnisse in der britischen Politik – außenpolitische Wunder erhofften. London und das Empire sollten Großdeutschland und seine Eroberungen in Osteuropa wohlwollend hinnehmen, dafür würde das Nazi-Reich Englands Vorherrschaft auf den Weltmeeren inklusive der Kolonien akzeptieren. Der Kurzzeitkönig war freilich im Herbst 1937 nicht mehr in der Position, über eine Aufteilung der Welt nach den Ideen Hitlers zu verhandeln. Edward fand es nur unlogisch, dass Großbritannien mit den Deutschen nicht zurechtkommen sollte, obwohl er doch in Deutschland mehr Verwandtschaft hatte als in England. »Fast jeder Tropfen Blut in meinen Adern ist deutsch. Die Deutschen und die Briten sind eine Rasse. Sie sollten immer einig sein.« Mit solchen Erkenntnissen begeisterte der Engländer seinen Gastgeber.

Von seiner Angetrauten Wallis war kaum Widerstand gegen das politische Gedankengebäude des ehemaligen Königs zu erwarten. Der europäische Faschismus in all seinen Spielarten schien die feine Lebensart vorm Zugriff des bolschewistischen Proletariats zu schützen. Und gerüchteweise hatte Wallis auch in den 1920er-Jahren intime Beziehungen zu italienischen Diplomaten im Dienste des »Duce« Benito Mussolini.

Für die Parteiendemokratie hegte Edward ohnehin nur geringe Sympathien. Als Kronprinz hatte er sich selbst bei Besuchen in den walisischen Stahl- und Kohlerevieren einen Eindruck von der Verarmung breiter Bevölkerungskreise als Folge des wirtschaftlichen Niedergangs in der »Großen Depression« gemacht. In einer seiner Radioansprachen hatte er die englische Regierung aufgefordert, endlich etwas gegen das Massenelend der Industriearbeiter zu tun. Sein Satz »Something must be done!« brachte ihm

Sympathien bei der arbeitenden Bevölkerung, aber Ablehnung der konservativen Politiker, die sich ausgerechnet von einem spleenigen Hocharistokraten keine sozialen Ratschläge geben lassen wollten.

Edward war mit seiner deutschfreundlichen Haltung freilich nicht allein. Die Appeasement-Politik von Premierminister Neville Chamberlain, die im Münchner Abkommen vom September 1938 offiziell besiegelt wurde, hatte keinen anderen Zweck, als die Machtansprüche Hitlers zu befriedigen, um den europäischen Frieden (»Peace in our time«) zu retten. Beste Absichten können weltpolitisch fatal enden.

Der Herzog von Windsor und seine Gemahlin benehmen sich nach Kriegsbeginn eigenartig. Obwohl er als britischer Generalmajor einen hohen militärischen Rang bekleidet, bleibt das Paar vorerst in Paris. Nach dem Einmarsch deutscher Truppen ziehen sich die Windsors in den baskischen Badeort Biarritz an der französischen Atlantikküste zurück. Napoleon III. hat dort auf einem Felsvorsprung für seine Frau Eugénie ein prachtvolles Palais erbauen lassen, das in den 1930er-Jahren als fashionables Hotel betrieben wird. Den zurückgelassenen Hausrat lassen sie von deutschen Armee-Lastwagen nach Biarritz bringen. Von Südfrankreich reisen sie schließlich ins faschistische Spanien und weiter nach Portugal. London meiden sie. Dort regiert Winston Churchill, Edwards politischer Freund aus früheren Tagen. Der Premierminister versucht, den Herzog von Windsor nach England zurückzubeordern. Doch das Paar findet immer wieder Ausflüchte, nicht auf die Insel heimkehren zu müssen.

227

Der englische Exkönig mit eindeutigen Sympathien für den Nationalsozialismus in den Händen der Deutschen, das wäre eine schwere propagandistische Niederlage für die Alliierten gewesen. Edward und Wallis müssen aus Europa fort. Im Sommer 1940 gibt der Herzog endlich dem Drängen von Premierminister Winston Churchill nach. Er wird zum Gouverneur der damaligen britischen Kronkolonie Bahamas ernannt. Dieser neue Job garantiert ein Luxusleben in der Karibik, fernab vom Weltkrieg und ohne die

Belastung eigentlicher Arbeit, aber auch mit der Leere von Bedeutungslosigkeit. Edward räumte nach dem Krieg ein, die Deutschen bewundert zu haben, leugnete aber, den Nationalsozialismus nahegestanden zu sein. Über Adolf Hitler schrieb er: »Der Führer schien mir eine etwas lächerliche Figur zu sein mit seinen theatralischen Posen und seinen bombastischen Behauptungen.«

Ende November 2010 wurden im Auktionshaus Sotheby's in London 20 Schmuckstücke aus dem Besitz der Herzogin von Windsor versteigert, ein letzter Restposten. Die von Edward seiner Wallis geschenkten Preziosen erzielten einen Erlös von 31 Millionen britische Pfund. Das schönste Stück der Londoner Auktion war ein Cartier-Armband mit neun kleinen Kreuzen. Wallis Simpson trug es am Handgelenk, als das Paar einander in Frankreich das Jawort gab. »God Save the King for Wallis« lauteten die Worte, die auf dem Kreuz aus Aquamarin zu lesen sind. Mehr Romantik ging gar nicht. Die Herzogin von Windsor zog hingegen Jahre nach dem Beginn der Affäre eine durchaus nüchterne Bilanz: »Sie können sich gar nicht vorstellen, wie schwer es ist, eine große Romanze zu leben.«

Edward – ein starker Raucher – stirbt 1972 an Kehlkopfkrebs in Paris. Seine Tante Queen Elizabeth II. hatte ihn noch am Rande einer Staatsvisite privat besucht. Der Monarch für 326 Tage wird am Friedhof Frogmore bei Windsor beigesetzt. Wallis Simpson überlebt ihren König in Paris um 14 Jahre. Die Herzogin leidet an Alzheimer. Alles vergessen.

# Geertruida Wijsmuller-Meijer

*»Unglaublich, so rein arisch und doch so verrückt«*

Geertruida Wijsmuller-Meijer bringt Adolf Eichmann zum Staunen. »Unglaublich, so rein arisch und doch so verrückt.« Der »bedingungslose Nationalsozialist« Eichmann residiert im Wiener Palais Rothschild, das nach dem sogenannten »Anschluss« Österreichs an das nationalsozialistische Deutsche Reich seinen jüdischen Besitzern entzogen wird. Statt des Bankiers Rothschild, den der Sicherheitsdienst der SS am frühen Morgen des 12. März 1938 am Flughafen Wien-Aspern verhaftet hat, amtiert in den prächtig ausstaffierten Räumlichkeiten des reichsten Österreichers ein SS-Unterscharführer. Der geborene Rheinländer Eichmann, der aber seine Jugend in Linz verbracht hat, gilt in der SS als »erfahrener Praktiker«, ein Bürokrat und ein verlässlicher Nationalsozialist. Er wird später ein Technokrat des Massenmords an Millionen Juden. Diesen Mann besucht die Holländerin Wijsmuller-Meijer am 3. Dezember 1938, wenige Wochen nach der Pogromnacht im November, die den nationalsozialistischen Terror gegen die jüdische Bevölkerung auf eine neue Stufe der Gewalt hebt, in Wien.

Sie will von ihm die Erlaubnis, Hunderte jüdische Kinder nach Holland ausreisen zu lassen.

Schon vor Hitlers Machtergreifung im September 1933 schließt sich Adolf Eichmann in Linz der damals noch nicht verbotenen österreichischen NSDAP an. 1933 verliert der Realschul-Abbrecher seinen Posten als Reisevertreter bei der Vacuum Oil Company. Er verlässt Linz und geht nach Bayern. Dort durchläuft Eichmann eine paramilitärische Ausbildung durch die SS und wird schon 1934 im »Sicherheitsdienst SD des Reichsführers SS« angestellt. Die SS-Männer sehen sich als nationalsozialistische Elite und wollen ihre vermeintlichen Gegner »ohne Gefühle bekämpfen«. Der

*Geertruida Wijsmuller-Meijer. Eine Holländerin besucht SS-Mann Adolf Eichmann im Palais Rothschild in Wien. Sie will Hunderte jüdische Kinder nach England in Sicherheit bringen. Eichmann weigert sich zunächst, sie zu empfangen. Dann ist er von ihrer Entschlossenheit beeindruckt. Innerhalb von drei Tagen soll sie die ersten Kindertransporte aus Wien organisieren. Die Bankiersfrau schafft es.*

gekündigte Handelsvertreter Eichmann ist am Beginn seiner SS-Karriere kein großes Licht. Er sortiert Karteikarten und sammelt Objekte für das Freimaurer-Museum des SD.

Nach dem Einmarsch deutscher Truppen in Österreich und der Machtübernahme der Nazis in Wien wird auch Adolf Eichmann im März 1938 nach Wien beordert. Der Mob in Wien hat in den Stunden und Tagen nach der deutschen Besetzung die jüdische Bevölkerung terrorisiert, Menschen werden unter Beifallsgejohle zum »Straßenwaschen« gezwungen. Jüdisches Eigentum wird gestohlen, Menschen geschlagen, Hunderte in den Selbstmord getrieben. Nach den wüsten Ausschreitungen in der sogenannten »Reichskristallnacht«, bei der beinahe alle Synagogen zerstört und Hunderte jüdische Bürger getötet werden, ist eine neue Eskalationsstufe des Regimes erreicht. Die Juden wissen jetzt, sie müssen weg, oder sie werden sterben. Eichmann soll die Vertreibung der rund 200 000 österreichischen Juden bürokratisch geordnet organisieren. Er schafft die »Zentralstelle für jüdische Auswanderung«, vertreibt die Bankiersfamilie Rothschild aus ihrem Palais in der Prinz-Eugen-Straße und kontrolliert als gnadenlos effizienter Bürokrat die weitgehende Enteignung der jüdischen Bevölkerung unter Vorwänden und Schikanen. Noch setzt die NS-Politik auf Vertreibung, noch nicht auf Auslöschung.

Zu diesem Mann will im Dezember 1938 die holländische Bankiersfrau. Geertruida Wijsmuller-Meijer handelt. Sie fährt nach Wien und will aus der einstigen österreichischen Hauptstadt wenigstens jüdische Kinder nach Holland in Sicherheit bringen.

In den Tagen nach der wilden Pogromnacht werden in England die Voraussetzungen für eine Evakuierung von jüdischen Kindern getroffen. Sie sollen ohne Visum Deutschland verlassen können. Die englische Regierung erlaubt die Einreise von Kindern, wenn für jedes Kind eine Kaution von 50 Pfund (heute in etwa 1500 Euro) hinterlegt wird. Kein Steuergeld soll für die Rettung österreichischer und deutscher Kinder ausgegeben werden. Auch die Zahl der jüdischen Kinder wird beschränkt, maximal 5000 will London auf der britischen Insel aufnehmen. Frau Wijsmuller-Meijer wartet nicht auf irgendeine Regierungsinitiative, sie geht in Wien ins Palais Rothschild und verlangt, Adolf Eichmann zu sprechen. Sie wartet lange und beharrlich, bis sie zum SS-Mann vorgelassen wird: »Man kam von der Stirnseite hinein, und Dr. Eichmann saß am anderen Ende in einer schwarzen Uniform, mit einer großen Lampe und einem riesigen Hund. Ich ging zu ihm hin und sagte: ›Doktor, ich bin Frau Wijsmuller und möchte gern mit Ihnen sprechen.‹«

Eichmann ist offenkundig von der resoluten Holländerin beeindruckt, und sie kann ihm ihr Anliegen vortragen. Sie wolle jüdische Kinder aus Wien nach Holland bringen. Der SS-Mann reagiert wie ein Bürokrat, der er ja ist, und fragt Wijsmuller-Meijer, ob sie einen Auftrag oder eine Legitimation habe. Den hat die Bankiersfrau nicht. In ihrer Familie sei es üblich, Kinder in Not zu unterstützen. Das habe ihre Familie auch schon 1918 getan und hungrigen Kindern aus Deutschland geholfen. Und dann kommt es zu einer – gelinde gesagt – befremdlichen Situation. Eichmann fordert Geertruida Wijsmuller-Meijer auf, ihm ihre Hände zu zeigen: »Ziehen Sie bitte Ihre Handschuhe aus, damit ich Ihre Hände gut sehen kann.« Sie zeigt ihm ihre Hände. Dann sagte er zu der 42-Jährigen: »Ziehen Sie Ihre Schuhe aus, gehen Sie vor mir auf und ab, und heben Sie Ihren Rock über Ihre Knie an.«

Die Bankiersgattin reagiert verwundert, zögert, weiß nicht, ob dieses Verlangen irgendetwas mit sexuellen Avancen zu tun hat, findet den SS-Mann in seiner schwarzen Uniform zumindest merkwürdig, tut es dann doch. Eichmann ist von der Holländerin, die sich wieder vor ihn setzt, beeindruckt. »Unglaublich, so rein arisch und doch so verrückt.«

Geertruida ist nicht nur »arisch«, sie ist auch eine durchsetzungskräftige Frau, ihr Spitzname Tante Truus oder weniger charmant »die Dampfwalze« beschreibt das. Und sie hat Erfahrung in der Organisation humanitärer Hilfe. Schon in den 1930er-Jahren arbeitet Wijsmuller-Meijer für das Niederländische Komitee für jüdische Belange und organisiert Medikamententransporte in verschiedene Regionen vor allem Osteuropas, in denen die jüdische Bevölkerung unter unbeschreiblichen Umständen lebt. Sie hat in Berlin Recha Freier kennengelernt und unterstützt die Gattin eines Rabbi. Diese hat am 30. Jänner 1933 ein Hilfskomitee für jüdische Jugendliche gegründet. Es ist der Tag, an dem Adolf Hitler als deutscher Reichskanzler die Macht übernimmt.

Recha Freier organisiert in Berlin Geld und Einreisezertifikate nach Palästina, wo die Jugendlichen im landwirtschaftlichen Kibbuz Ein Harod arbeiten sollen. Wijsmuller-Meijer will die Wiener jüdischen Kinder aber nicht nach Palästina bringen, sie ist keine Zionistin. Sie will den Kindern eine Zukunft ohne Angst schenken. Ihre Erfahrungen in der Fluchthilfe aus dem Dritten Reich sind ein wesentlicher Grund, dass britische Hilfsorganisationen sie Anfang Dezember 1938 um Hilfe bitten. Die nationalsozialistischen Machthaber weigern sich, mit jüdischen Hilfsorganisationen offiziell zu verhandeln. Wijsmuller-Meijer ist nicht jüdisch.

Nachdem sie Eichmann ihre Hände, Füße und Knie gezeigt hat, befiehlt der SS-Offizier Desider Friedmann, den Präsidenten der Israelitischen Kultusgemeinde Wien, in den Raum. Ihm erklärt Eichmann, was Frau Wijsmuller-Meijer wolle und dass sie für ihr Vorhaben, jüdische Kinder nach England zu bringen, keine ordnungsgemäßen Dokumente habe. Friedmann ist verwundert, hält die Aktion von Adolf Eichmann zunächst für einen makabren Scherz, aber der Wille des SS-Bonzen ist in diesen Tagen Befehl. Eichmann meint es ernst. Die Holländerin soll in seinem Auftrag die Ausreise von bis zu 600 jüdischen Kindern organisieren. Die Nazis wollen Wiens Juden möglichst schnell und möglichst einfach loswerden. Da passt die Initiative der Niederländerin ins Konzept. Wijsmuller-Meijer erläutert dem Präsidenten der Israelitischen Kultusgemeinde Wien ihren Plan, Friedmann begleitet die holländische Dame zum Südbahnhof, der nur ein paar Hundert Meter vom Palais Rothschild entfernt ist. Die beiden haben für die Organisation des ersten Kindertransports nur wenige

Tage Zeit. Eichmann macht Druck. In den Synagogen werden Eltern gesucht, die bereit sind, ihre Kinder allein in die Fremde zu schicken.

Die Abreise der Kinder soll bereits am Samstag derselben Woche erfolgen. Samstag ist Sabbat, aber das ist Eichmann egal. Die Holländerin und der Wiener Kultusgemeinde-Chef sammeln Namen von rund 500 Wiener jüdischen Kindern, die über Deutschland und Holland nach England gebracht werden sollen. Ein Sonderzug wird organisiert, die christlichen Quäker helfen bei der Finanzierung. Dann geht sie in ihr Hotel, telefoniert von ihrem Zimmer aus mit Mitgliedern des Komitees für besondere jüdische Angelegenheiten in Amsterdam. Eine Stunde später erhält sie telefonisch die Nachricht, dass das Dampfschiff »Prag« am Samstag, dem 11. Dezember, nachts im Hafen von Hoek van Holland für die Aufnahme von 500 Kindern bereitliegen werde. Sie wird versuchen, für die zurückbleibenden 100 Kinder in den Niederlanden eine vorübergehende Bleibe zu finden. Sie sollen im Bürgerwaisenhaus in Amsterdam auf eine spätere Schiffspassage warten.

Die in Alkmaar geborene Geertruida Meijer hat Erfahrung mit sogenannten Kindertransporten. Schon nach dem Ersten Weltkrieg hat die Tochter eines Drogisten österreichische Kinder zum Aufpäppeln in ihre Heimat geholt. Geertruida oder Gertrud Meijer besucht eine Handelsschule und arbeitet später in einer niederländischen Bank. Dort lernt sie ihren späteren Mann kennen. Johannes Franciscus Wijsmuller ist Prokurist der Javasche Bank, die im Geschäft mit den niederländischen Kolonien in Asien gutes Geld verdient. 1922 wird geheiratet. Das junge Paar bleibt aber – unfreiwillig – kinderlos. Geertruida wird die »Mutter« Tausender Flüchtlingskinder oder, wie ihr Spitzname sagt, ihre »Tante«.

Tante Truus ist buchstäblich eine herausragende Person. Inmitten des Trubels am Bahnsteig dirigiert sie die Kinder und ihre Begleiter mit einem großen Regenschirm. Er ist ihr Markenzeichen. Am 10. Dezember, wenige Tage nach dem Treffen mit Adolf

Eichmann, fährt schon der erste Kindertransport ab. Die Eltern dürfen ihre Kleinen nicht bis auf den Bahnsteig begleiten, viele verabschieden sich in nahegelegenen Gasthäusern oder Hotels. Die *New York Times* berichtet: »Der Zug fuhr von der Station Hütteldorf ab und brachte 530 Kinder nach England, 100 in die Niederlande.« Zwischen dem 10. Dezember 1938 und dem Beginn des Zweiten Weltkrieges am 1. September 1939 rollen insgesamt 22 Züge gen Westen, Richtung England. Sie dampfen von Wien ab und nehmen an deutschen Stationen weitere Kinder auf. Ungefähr 3000 Mädchen und Burschen aus Wien verlassen bis zum Ausbruch des Zweiten Weltkrieges Österreich. Insgesamt entkommen etwa 10 000 jüdische Kinder durch diese Kindertransporte der Deportation und sehr oft dem sicheren Tod.

Nach Kriegsausbruch sind keine weiteren Transporte mehr möglich. Die Bahnverbindungen in den Westen werden gekappt. Tante Truus geht nach Paris und versucht dort, Menschen zu helfen. Als sie im Mai 1940 von der bevorstehenden Invasion ihres Heimatlandes durch Nazi-Deutschland erfährt, reist sie stante pede nach Amsterdam.

Das Ehepaar Wijsmuller hat in den vergangenen Monaten zu den jüdischen Kindern eine persönliche Beziehung aufgebaut. Truus besucht das Waisenhaus in der Kalverstraat häufig, sie begleitet die Kinder in den Zoo »Artis« und lädt einige Kinder auch zu sich nach Hause ein. Praktisch in letzter Stunde will Tante Truus ihre Schützlinge vor den heranrückenden deutschen Truppen in Sicherheit bringen. Sie nützt alle ihre Beziehungen und kann auf dem niederländischen Frachter »SS Bodegraven« 74 Plätze für die Kinder aus Wien organisieren. Der Dampfer wird vom Hafen von Ijmuiden als eines der letzten Schiffe über den Ärmelkanal entkommen, gerade eine Stunde vor der Kapitulation der Holländer. Wijsmuller-Meijer hat schon ihr Gepäck aufs Schiff bringen lassen, sie geht aber nicht mit an Bord. Sie will bei ihrem Mann im jetzt von den Deutschen besetzten niederländischen Königreich bleiben und dort ihre humanitäre Hilfe unter gefährlicheren Bedingungen fortsetzen.

Wijsmuller-Meijer überlebt den Krieg, sie übersteht Verhöre der Gestapo, und sie wird nach 1945 für Jahrzehnte Abgeordnete im Amsterdamer Rathaus. Ihre Lebenserinnerungen erscheinen 1950. Das Buch wird weder ins Deutsche noch ins Englische übersetzt. Über viele Jahre bleiben die Leistungen von Tante Truus weitgehend unbedankt. Heute wird sie in Israel als eine der »Gerechten« geehrt.

# Lise Meitner

*»Herzlich liebe ich die Physik wie einen Menschen,
dem man sehr viel verdankt«*

Große Ideen entstehen oft im Gehen. Otto Robert Frisch hat seine Langlaufski angeschnallt und gleitet gemächlich durch den Wald rund um das kleine südschwedische Städtchen Kungälv. Seine Tante Lise Meitner stapft neben ihm her. Sie ist keine Freundin der schmalen Holzlatten, aber gut zu Fuß, und obwohl Kettenraucherin, geht ihr die Luft in der kalten schwedischen Dezemberluft nicht aus. Seit den 1920er-Jahren ist das Bergkraxeln für die geborene Wienerin ein Lieblingshobby. Ausflüge in die Berge, Wandern und Gipfelerlebnisse sind für die zierliche »Frau Doktor« willkommene Ablenkung von der Arbeit im Labor. Lise und Otto besprechen bei ihrer Winterwanderung einen Brief aus Berlin, der Meitner nach nur einem Tag Postweg erreicht hat. Der Absender: Otto Hahn.

Der Chemiker und Leiter des renommierten Kaiser-Wilhelm-Institutes für Chemie in der deutschen Reichshauptstadt ist irritiert und bittet seine frühere Kollegin um Rat. Am 19. Dezember 1938 schreibt Professor Hahn an Meitner: »Es ist jetzt 11 Uhr abends; um 11.30 Uhr will Straßmann wiederkommen, so daß ich nach Hause kann allmählich. Es ist nämlich etwas bei dem ›Radiumisotop‹, was so merkwürdig ist, daß wir es vorerst nur Dir sagen … Es könnte noch ein höchst merkwürdiger Zufall vorliegen. Aber immer mehr kommen wir zu dem schrecklichen Schluß: unsere Radium-Isotope verhalten sich nicht wie Radium, sondern wie Barium. Ich habe mit Straßmann verabredet, daß wir vorerst nur Dir dies sagen wollen. Vielleicht kannst Du irgendeine phantastische Erklärung vorschlagen. Wir wissen dabei selbst, daß es eigentlich nicht in Barium zerplatzen kann … Jetzt kommen die Weihnachtsferien, und morgen ist die übliche Weihnachtsfeier, nach so langer Zeit ohne Dich.«

*Lise Meitner. Die Wienerin liebt die Physik wie einen Menschen, dem man sehr viel verdankt. Gemeinsam mit ihrem Berliner Forschungspartner Otto Hahn entdeckt und erklärt Lise Meitner die Atomspaltung. Es ist eine bahnbrechende Entdeckung. Er wird dafür den Nobelpreis bekommen. Und sie in seiner Dankesrede nicht erwähnen.*

Der letzte Satz ist das einzig Private im Brief Otto Hahns an die damals schon 60-jährige Wienerin, die seit ein paar Monaten im schwedischen Exil lebt und forscht. Die Beziehung zu Hahn ist eine Forschungs-, aber keine Liebes-, gar Lebensgemeinschaft. Seit 31 Jahren wohnt die Wiener Physikerin in Berlin, am Beginn des 20. Jahrhunderts ist die deutsche Hauptstadt ein Zentrum der physikalischen und chemischen Forschung mit Weltgeltung. Lise Meitner hat mit dem Chemiker Otto Hahn das Element 91 entdeckt. Es ist der Schlüssel zur Klärung von Zerfallserscheinungen radioaktiver Elemente.

Die Physikerin Meitner wird 1878 in Wien als drittes von acht Geschwistern geboren. Ihr Vater ist ein angesehener jüdischer Advokat, der seine Kinder fördert und fordert und auch den eher ausgefallenen Berufswunsch seiner Tochter akzeptiert. Lise will Physik studieren und Mathematik, als Frau. Wien um 1900 ist nicht nur der Rahmen, in dem der Jugendstil ornamental wächst, nicht nur die – nach Karl Kraus – »Versuchsstation für den Weltuntergang«, die k. u. k. Metropole ist auch fruchtbarer Boden für bahnbrechende Wissenschaft. Die Universität ist ein Zentrum der physikalischen Forschung. Fräulein Meitner besucht bis 1906 die Vorlesungen des großen Physikers Ludwig Boltzmann. Sie wird das später als den »Glücksfall« ihres Lebens beschreiben. Boltzmann ist Wegbereiter der »Atomtheorie« und begeistert in seinen Vorlesungen die Hörer und einige wenige Hörerinnen. Meitner erzählt 1946 in einem Interview mit dem *Wiener Kurier*, der damals amerikanischen Besatzungszeitung: »Ich erinnere mich sehr lebhaft, mit welcher Begeisterung er uns die Bedeutung des Atombegriffes auseinandersetzte. Und er sprach mit einem Ausdruck dankbarer Freude von dem experimentellen Beweis, den die Entdeckung der Radioaktivität für die reale Existenz der Atome geliefert hatte. Er ahnte nicht, daß dieser Beweis zugleich zu einer völligen Revolutionierung des Atombegriffes führen sollte.«

Professor Boltzmann unterstützt die junge Studentin, die als eine von drei Frauen überhaupt 1906 an der Wiener Universität

promovieren darf. Ihre Doktorarbeit über die »Wärmeleitung inhomogener Körper« erstellt sie beim Experimentalphysiker Franz Exner. Das *Zentralblatt des Bundes der österreichischen Frauenvereine* berichtet über die Promotion an der Universität: »Frl. Hedwig Stern erhielt den Doktorgrad auf Grund einer Dissertation auf dem Gebiet der Chemie, Frl. Selma Freud und Frl. Lise Meitner erhielten ihn auf Grund experimentell-physikalischer Arbeiten.« Schon nach ihrer Promotion publiziert »Frau Doktor Meitner« über α- und β-Strahlen.

Die Wissenschaft ist schon damals international. Meitner geht nach Berlin, weil sie sich im Mekka der Physik bessere Forschungsmöglichkeiten erhofft. Dabei ist die akademische Welt in Preußen deutlich frauenfeindlicher als in der k. u. k. Hauptstadt Wien. Weibliche Forscher sind nicht an den Universitäten zugelassen, aber in Berlin wirkt der begnadete Chemiker Otto Hahn, der oft neue Wege beschreitet. »Er verstand es, mit einfachsten Hilfsmitteln an die schwierigsten Probleme heranzugehen, geleitet von seiner ungewöhnlichen intuitiven Begabung und seinen ebenso ungewöhnlichen, vielseitigen chemischen Kenntnissen«, wird Lise Meitner Jahrzehnte später in ihren Erinnerungen an Otto Hahn schreiben. Der Chemiker braucht für seine radiochemischen Experimente physikalische Unterstützung. Meitner wird ihm empfohlen.

Anfangs arbeitet die junge Wienerin ohne Bezahlung in der »Holzwerkstatt« im Souterrain des Instituts, weil Direktor Emil Fischer eine »Kontaminierung« des Instituts durch die Anwesenheit von Frauen fürchtet. Sie darf das Kaiser-Wilhelm-Institut für Chemie in Berlin-Dahlem nur durch einen Hintereingang betreten. Diese Form von dümmlicher Diskriminierung ignoriert die junge Frau. Für sie zählt die Physik, sonst gar nichts. Innerhalb kürzester Zeit erkämpft sich Lise Meitner den Respekt der Kollegen. Hahn und Meitner« werden ein Forschungsgespann.

Der Ausbruch des Weltkrieges unterbricht die Wissenschaftskarriere. Meitner stellt sich freiwillig in den Militärdienst und arbeitet als Röntgenschwester in einem österreichischen Frontspital. Auch ihre französische Forscherkollegin Marie Curie stellt ihr Wissen in den Dienst der Armee. Sie lässt im Oktober 1914 zwei Lastwagen mit Röntgengeräten ausstatten und fährt selbst mit den mobilen Untersuchungseinheiten an die Front. Die von Wilhelm Conrad Röntgen 1895 entdeckte Strahlung wird schon kurz nach ihrer Beschreibung für medizinische Zwecke eingesetzt. Erstmals ist es möglich, ins Innere eines lebenden Körpers zu blicken. Bis zum Kriegsende wird Marie Curie 20 mobile Röntgen-Lastwagen betreiben und selbst in einer Röntgeneinheit hinter der Front in Begleitung ihrer Tochter bei der Behandlung der furchtbaren Kriegsverletzungen helfen.

Meitner kehrt schon vor Kriegsende 1917 nach Berlin zurück und übernimmt die Leitung einer eigenen »physikalisch-radioaktiven« Abteilung im Kaiser-Wilhelm-Institut für Chemie. 1919 wird ihr der Professorentitel verliehen. In der Weimarer Republik gilt Meitner bald als eine der wichtigsten Wissenschaftlerinnen. Sie trifft die bekanntesten Forscher des beginnenden 20. Jahrhunderts, diskutiert und korrespondiert mit Niels Bohr und Albert Einstein, der sie »unsere deutsche Marie Curie« nennt. Meitner ist Jüdin, jedoch längst, wie viele Wiener Juden das getan haben, zum Protestantismus konvertiert. Aber Religion spielt in ihrem Leben ohnehin keine Rolle, ihr Judentum auch nicht. Sie fühlt sich in Berlin sicher, selbst als die Nationalsozialisten immer stärker auf der Straße und bei Wahlen Macht demonstrieren. Auch nach Adolf Hitlers Machtergreifung im Herbst 1933 und der immer stärker werdenden Diskriminierung der deutschen jüdischen Bevölkerung forscht Meitner weiter. Als österreichische Staatsbürgerin und anerkannte Koryphäe fühlt sie sich am Kaiser-Wilhelm-Institut für Chemie unangreifbar. Das ändert sich schlagartig nach der Annexion Österreichs im März 1938. Über Nacht ist Meitner keine Österreicherin mehr, sondern eine deutsche Jüdin. Freunde und Kollegen überreden sie, Berlin zu verlassen. Ohne gültigen Reisepass, nur mit einem Köfferchen flieht Lise im Juli 1938 über die deutsch-niederländische Grenze und von dort weiter nach Stockholm.

Der Physiker Max Planck setzte sich nach der Machtergreifung der Nazis bei Hitler persönlich für die jüdischen Wissenschaftler am Kaiser-Wilhelm-Institut, besonders für Fritz Haber, ein. Der Nobelpreisträger hatte durch seine Forschung und die Entwicklung eines Verfahrens zur Ammoniaksynthese die Munitionsproduktion für die deutsche Armee während des Weltkrieges ermöglicht. Seine Argumente für den Verbleib der jüdischen Intelligenz und seine Warnung, dass deren Wissen dem Ausland entscheidend helfen könnte, prallten an Hitler ab: »Ein Jude bleibt ein Jude.« Mehr als 126 Forscher des Kaiser-Wilhelm-Instituts wurden entlassen, vertrieben, vier in Vernichtungslagern ermordet.

Otto Hahn und sein Mitarbeiter Fritz Straßmann bleiben und forschen. Am späten Abend des 19. Dezember 1938 gelingt den beiden die erste Kernspaltung. Das Atomzeitalter hat begonnen. Die Forscher können freilich mit den Messergebnissen nichts anfangen. Statt mit Freude über das Experiment reagieren Hahn und Straßmann mit Entsetzen. Sie können sich die Ergebnisse nicht erklären. Stimmen sie, würden alle ihre Theorien über den Haufen geworfen. Lise Meitner soll helfen. In ihrem Hotel in Kungälv liest sie Hahns Schreiben immer wieder: »Ich war ganz aufgeregt und verwundert, ich fühlte mich unbehaglich, um die Wahrheit zu sagen. Diese Resultate – so wurde mir klar – öffneten ganz neue wissenschaftliche Wege, und ich sah, wie sehr wir mit unseren früheren Arbeiten in die Irre gegangen waren.«

Bei der Skiwanderung diskutieren Tante und Neffe Otto Robert Frisch, der aus Kopenhagen zu Besuch gekommen ist, die Forschungsergebnisse aus Berlin. Damals herrscht die Vorstellung, dass sich ein Atomkern wie ein Flüssigkeitstropfen verhält. Vielleicht konnte sich ein Tropfen auch stufenweise in zwei kleinere Tröpfchen teilen, indem er zuerst länglich wird, sich dann einschnürt und schließlich eher zerrissen als zerbrochen wird. »Als wir an diesem Punkt angelangt waren, setzten wir uns auf einen Baumstamm. Dann begannen wir auf kleinen Zettelchen zu rechnen und fanden, daß die Ladung des Urankerns tatsächlich genügte, um die Oberflächenspannung fast vollständig zu überwinden.«

Bei den Zettelberechnungen am Baumstamm in der schwedischen Winterlandschaft kommen Lise Meitner und Otto Robert Frisch zur Erkenntnis, dass ein Urankern beim Aufprall eines einzigen Neutrons in zwei Teile zerfallen kann. Diese Teile werden durch die gegenseitige Abstoßung in rasender Geschwindigkeit getrennt. Lise Meitner hat die passende Formel zur Berechnung von Kernmassen im Kopf. Das Forscherpaar rechnet nach. »Wir fanden heraus, daß die zwei Kerne, die sich bei der Spaltung des Urankerns bildeten, insgesamt leichter als der ursprüngliche Urankern sein würden; der Unterschied betrug etwa 1/5 Protonenmassen.«

Meitner und ihr Neffe bringen ein ganzes wissenschaftliches Theoriegebäude zum Einsturz. Hinter den gebrochenen Mauern wird eine neue Welt sichtbar. Bei der Spaltung von Urankernen wird ungeheure Energie frei. Meitner liefert die wissenschaftliche Erklärung für das Experiment ihres Kollegen Otto Hahn. Auf dem Postweg kommt die Theorie der Kernspaltung zur Praxis nach Berlin. Es braucht eine Physikerin, um den Prozess zu erklären. Hahn ist Chemiker. Lise Meitner hat ihren Kollegen in Briefen liebevoll korrigiert: »Hähnchen, das ist Physik, davon verstehst Du nichts.«

1939 berichtet Otto Hahn in der Zeitschrift *Naturwissenschaft* von der ersten erfolgreichen Kernspaltung. Im nationalsozialistischen Deutschland kann die Mitwirkung einer Jüdin an dieser bahnbrechenden Entdeckung nicht erwähnt werden. Die Machthaber hätten die Forschungsergebnisse als »jüdische Wissenschaft« abgelehnt und verworfen. Jenseits von Nazi-Deutschland bleibt die Forschungsleistung von Lise Meitner nicht unbekannt. Sie und Otto Robert Frisch veröffentlichen im Februar 1939, sechs Wochen nach ihrer Wanderung im Schnee, die erste theoretischphysikalische Erklärung zur Entdeckung von Hahn und Straßmann im englischen Wissenschaftsjournal *Nature*. Frisch prägt in diesem Artikel erstmals den Begriff »Kernspaltung« (»nuclear fission«) und schätzt die dabei frei werdende Energie auf etwa 200 Millionen Elektronenvolt.

Mit Beginn des Zweiten Weltkrieges im September 1939 endet die internationale Zusammenarbeit der Forscher. Die Wissenschaft wird kriegswichtig. Schon bald nach der Entdeckung der Kernspaltung und des Energiepotenzials beginnen Spekulationen, ob die Kernspaltung militärisch eingesetzt werden könnte. Auch Lise Meitner beschäftigt sich in Stockholm mit dieser Frage. Das Gespenst der Atombombe beginnt zu geistern.

Meitner lehnt Angebote ab, nach England und in die USA zu gehen. Sie bleibt in Stockholm und wird in die wissenschaftlichen Akademien der nordischen Länder aufgenommen. Die westlichen Alliierten argwöhnen, Nazi-Deutschland arbeite an einer Geheimwaffe. Doch während die Amerikaner ein massives Atomprogramm starten und es mit schier unerschöpflichen Finanzmitteln anreichern, übersehen die NS-Machthaber das militärische Potenzial der Kernspaltung. Sie fantasieren eher von Fliegerabwehrkanonen mit Röntgenstrahlen und lassen Wernher von Braun Raketen bauen, die militärisch bedeutungslos bleiben. Dabei arbeiten Wissenschaftler wie Heisenberg am Kaiser-Wilhelm-Institut in der Atomforschung. Während die Amerikaner allein 1944 und 1945 mehr als eine Milliarde Dollar investieren, stehen den deutschen Forschern während des Krieges nur ein paar Millionen Reichsmark zur Verfügung. Berlin verliert den Vorsprung in der Atomforschung. Amerika baut und setzt die ersten Atomwaffen ein.

Nach dem Zusammenbruch Nazi-Deutschlands reist Meitner 1946 auf Einladung amerikanischer Freunde in die USA. Sie soll an der Katholischen Universität von Washington Vorlesungen halten. Nach dem Abwurf der beiden Atombomben über Hiroshima und Nagasaki im August 1945 wird die kleine »österreichische Physikerin« in manchen Medien zur »Mutter der Atombombe« gemacht. Es ist eine unsinnige Zuschreibung. Die Pazifistin Meitner leidet unter den falschen Berichten und dementiert. »Ich habe keine Ahnung, wie man eine Atombombe bauen könnte.« Der Besuch in Amerika wird zu einem persönlichen Triumph. Der

Presse-Club der amerikanischen Journalistinnen wählt Meitner zur »Frau des Jahres«. Sie erhält zahlreiche Doktorate honoris causa. Ihr zu Ehren gibt der amerikanische Präsident Harry S. Truman ein festliches Galadinner und lobt die geborene Wienerin mit einem verunglückten Scherz: »Also Sie sind die kleine Lady, die uns diesen atomaren Saustall eingebrockt hat!« Lise Meitner übergeht diese sexistische Bemerkung mit Gelassenheit. Anspielungen auf ihre Körpergröße und ihr Geschlecht begleiten sie seit Jahrzehnten. Schon im Zeitungsbericht über ihre Antrittsvorlesung in Berlin hat der Redakteur gewitzelt, Meitner habe über »kosmetische Physik« referiert. Sie selbst erzählt diese Anekdote und lächelt.

Die vielfache Ehrendoktorin bleibt auch ruhig, als ihr Forschungspartner 1946 mit dem schon 1939 verliehenen Nobelpreis für die Entdeckung der Kernspaltung ausgezeichnet wird. Meitner ist bei der Zeremonie anwesend, sie freut sich für Otto Hahn. In seiner Dankesrede erwähnt er Lise Meitner nicht. Sie erwähnt dieses Faktum in einem Nebensatz eines Briefes, mehr nicht. Doch die Enttäuschung sitzt tief. Es wird Jahre dauern, ehe sie, und wieder sie zuerst, einen Schritt auf Otto Hahn zugeht und den unterbrochenen Kontakt wiederaufnimmt.

Insgesamt 47 Mal wird Meitner für den Nobelpreis nominiert. Sie wird ihn nie bekommen. Das Preiskomitee erfindet immer wieder eigenartige Begründungen, warum eine der bedeutendsten Wissenschaftlerinnen trotz massiver Unterstützung aus der internationalen Forschungsgemeinschaft immer wieder übergangen wird.

Vielleicht zeitigt eine alte Rivalität mit dem schwedischen Physiker und Nobelpreisträger Manne Siegbahn Spätfolgen. Als Meitner als Flüchtling 1938 an das neu errichtete Nobel-Institut für Physik kommt, glaubt sie, ihr Wissen sei in Schweden willkommen. Meitner ist selbstbewusst und weiß über ihre herausragende Position in der Wissenschaft. Sie erwartet sich durchaus eine Erste-Klasse-Behandlung, die sie aber nicht bekommt. Die Wienerin fühlt sich in Stockholm isoliert und wenig geschätzt. Das Berliner

Kaiser-Wilhelm-Institut war und bleibt für Meitner wissenschaftliche und emotionale Heimat. Manne Siegbahn fürchtet wohl auch die Konkurrenz der berühmten Kollegin und hofft, sie würde sich, da schon über 60 Jahre alt, mit einer Pension begnügen. Das wäre freilich nicht Lise Meitner gewesen. Sie verlässt das Nobel-Institut und bekommt an der Technischen Universität in Stockholm angemessene Forschungsmöglichkeiten. Freunde werden Meitner und Siegbahn nicht mehr. Er wird als Mitglied des Nobel-Komitees ihre Nominierung blockieren, immer wieder.

Schon 1946 kehrt Meitner wieder nach Deutschland und in ihre alte Heimat Österreich zurück. Sie hält Vorträge in Wien und in Salzburg. Das kommunistische *Salzburger Tagblatt* versucht nach einer Vorlesung der »großen Österreicherin« eine Charakterisierung: »Die Wiener Physikerin Dr. Lise Meitner, die sich durch ihre Forschungen über Atomenergie auf der ganzen Welt einen Namen gemacht hat, ist eine zarte, kleine Frau mit einem zurückhaltenden, fast scheuen Wesen. Nur wenn das Gespräch auf ihr Arbeitsgebiet kommt, wenn von Atomen und Atomzertrümmerung die Rede ist, wird sie gesprächig.«

Im Gegensatz zu vielen anderen vertriebenen Wissenschaftlern (beiderlei Geschlechts) wird Meitner in Wien mit offenen Armen empfangen. Zwei Jahre nach Kriegsende bekommt sie einen Preis der Stadt Wien für »praktische Wissenschaften«, eine Ehrung, aber doch kein Vergleich mit einem Nobelpreis. In der Begründung heißt es: »Ihre Arbeiten am Kaiser-Wilhelm-Institut in Berlin, gemeinsam mit dem Chemiker Otto Hahn, waren bahnbrechend auf dem Gebiet der radioaktiven Forschung.«

1948 wird sie als erste Frau überhaupt in die Österreichische Akademie der Wissenschaften aufgenommen. Heimkehren wird sie nicht mehr, obwohl sie nie ihre Wiener Sprachfärbung verlieren und ihre Liebe zu Wien aufgeben wird. Meitner, die ihr ganzes Leben unverheiratet und kinderlos bleibt, übersiedelt im hohen Alter von Schweden nach Cambridge. Dort stirbt sie 1968. In England ist sie auch begraben. Auf ihrem Grabstein steht: »Lise Meitner, eine Physikerin, die nie ihre Menschlichkeit verlor.«

# Beate Uhse

....................................

*»Ich fühle mich nicht einer prüden Gesellschaft verpflichtet«*

Beate Köstlin ist ein Kind des Optimismus. Sie wird im Oktober 1919 als dritter Spross ihrer Familie in Ostpreußen geboren, gezeugt in den finstern Stunden der deutschen Niederlage am Ende des Weltkrieges. Ihr Vater Otto Köstlin stammt eigentlich aus Schwaben und ist im Weltkrieg verwundet worden. Seine aus Berlin gebürtige und sehr wohlhabende Ehefrau Margarete macht ihn zum Besitzer eines Rittergutes mit 450 Hektar Grundbesitz. Das Gutshaus liegt in einem gepflegten Park, hinterm Haus leuchten rote Äpfel von den Bäumen. Für die eher kleine und zarte Beate sind die Kindertage wahrlich glücklich, sie darf auf ihrem Pferd ausreiten, Lederhosen tragen, sich die strohblonden Haare streichholzlang schneiden und – was für sie wichtig ist – mit Buben raufen. Ihre Mutter Margarete versorgt als Kinderärztin den ganzen ostpreußischen Bezirk Wargenau.

Beate hat auch ihre Eltern »glücklich« gewählt. Die Mutter ist – für die damalige Zeit ungewöhnlich – Ärztin, sie spielt Klavier und spricht Latein und Altgriechisch, kümmert sich um die Verwaltung des Gutes und dirigiert die zahlreichen Bediensteten. Der Vater ist alles andere als ostpreußisch streng – lebenslustig, kultiviert und liberal. Seine Kinder werden so erzogen. Durchaus konsequent, aber mit einem Lächeln.

Sie besucht bis zur Schließung durch die Nationalsozialisten das Landschulheim auf der ostfriesischen Insel Juist und später die elitäre Odenwaldschule. Die sportbegeisterte junge Frau wird Fähnleinführerin beim Bund Deutscher Mädel und mit 16 Jahren Speerwurfmeisterin in Hessen. Die höhere Schule schließt sie nicht ab, denn Beate Köstlin träumt vom Fliegen, schon seit Kindheitstagen. Fliegen wie ein Vogel. Flugzeuge waren anno 1919 in

*Beate Uhse. Die junge Frau aus Ostpreußen will fliegen. Sie bastelt sich Flügel und stürzt vom Scheunendach auf einen Misthaufen. Es ist der Beginn einer Karriere als Pilotin für die Deutsche Luftwaffe im Weltkrieg. Nach ihrer Flucht aus Berlin im April 1945 landet Beate Uhse im norddeutschen Bauernland. Um zu überleben, verkauft sie selbst verfasste Aufklärungsbroschüren. So beginnt die sexuelle Befreiung in Deutschland, so wird der Name Beate Uhse zum Synonym für Erotik als Geschäftsmodell.*

Ostpreußen am Himmel nicht alltäglich. Die Zehnjährige versucht ihren Traum eigenhändig zu verwirklichen. Wie Otto Lilienthal baut sie ein Fluggestell, aus Peddigrohr und Leinen, das sie aus der Kleiderkammer borgt. So ausgestattet, klettert das Mädchen aufs Verandadach und springt runter. Klugerweise hat sich Beate zur Landung einen Erdhaufen ausgesucht. Denn der angestrebte Höhenflug endet dank Schwerkraft mit Abschürfungen, Prellungen, aber keinem Beinbruch. Die ob der harten, aber glimpflich erfolgten Bruchlandung erleichterten Eltern versprechen ihrer Tochter, sie dürfe später mal eine Pilotenausbildung machen, müsse jedoch unbedingt bis dahin von weiteren Flugexperimenten Abstand nehmen. Das tut Beate auch.

Ihre fliegerische Sehnsucht gewinnt erst nach der Visite zweier junger Piloten am Gut Wargenau Höhe. Die beiden Herren ersuchen den Gutsbesitzer, auf einem abgeernteten Feld mit einer kleinen Propellermaschine für Rundflüge starten und landen zu dürfen. Beate stellt sich sofort in den Dienst der beiden Piloten und lungert auf dem Feld als Bodenpersonal herum. Natürlich darf sie ein paar Mal mitfliegen. Doch erst nach Abschluss der für eine Tochter aus gutbürgerlichem Gutshaus vorgesehenen Ausbildung und Sprachferien in England darf sie sich ihren Mädchentraum erfüllen.

Beate Köstlin beginnt 1937 mit der Flugausbildung in der größten deutschen Flugschule Rangsdorf. Auf den Feldern des ehemaligen Spiekermann'schen Rittergutes im Süden von Berlin hat das Reichsluftfahrtministerium von Hermann Göring einen Land- und Wasserflugplatz für Sportflieger bauen lassen. Im Rahmen der Olympischen Sommerspiele 1936 finden in Rangsdorf »flugsportliche« Veranstaltungen statt. Der Flugplatz wird vom Bauhaus-Chefarchitekt Otto Meyer-Ottens geplant. Die noch heute erhaltenen Gebäude atmen den Geist von Walter Gropius. Nachdem dem Deutschen Reich nach der Niederlage von 1918 mit Ausnahme des Segelflugs jede fliegerische Betätigung verboten worden war, förderten die Militärs in der Weimarer Republik den Segelflug. Er ist eine gute Schule zur Pilotenausbildung. Wer nur mit dem Wind fliegen kann, tut sich auch später in einem Motorflugzeug nicht schwer.

Die Nationalsozialisten unterstützen ab 1933 massiv das Flugwesen. Segelfliegen wird zum ideologisch gewünschten Massensport. Zu den Wettkämpfen kommen Zehntausende auf die »Wasserkuppe« an der Rhön. Die filigranen Fluggeräte können um vergleichsweise wenige Reichsmark als Bausatz zum Basteln gekauft werden.

Beate Köstlin, Hanna Reitsch, Elly Beinhorn. Drei Frauen, drei Fliegerinnen, drei höchst unterschiedliche Karrieren. Alle begannen in Nazi-Deutschland. Und alle drei Frauen interessierten sich nicht in erster Linie für die nationalsozialistische Ideologie, sie ergriffen begeistert die ihnen gebotenen Möglichkeiten, ohne lange zu reflektieren. Für die Machthaber dienten sie als Aushängeschilder, waren sie doch absolute Ausnahmen. Bis 1939 erhielten nur zehn Frauen einen Flugschein. Beate Köstlin war eine davon. Fliegen wird für die junge Ostpreußin bald zum Beruf.

Das 18-jährige, offenbar sehr talentierte Mädchen wird bei der Firma Bücker-Flugzeugbau angestellt. Die Firma hat ihre Fabrikation und Zentrale auf Geheiß der NS-Machthaber nach Rangsdorf verlegt. Und es ist das einzige Unternehmen, das Frauen als Pilotinnen beschäftigt. Beate wird als Ein- und Überführungsfliegerin angestellt. Der Aero-Club von Deutschland entwickelt sich zur Startrampe für Fliegerpioniere und Prominente, die für die Nationalsozialisten zu Reklamemodels der Moderne werden. Elly Beinhorn fliegt in Rangsdorf ebenso wie ihr Ehemann Bernd Rosemeyer, der als Autorennfahrer seinen 16-Zylinder-»Auto Union Typ C« auf der Reichsautobahn von Frankfurt nach Darmstadt mit 406 Kilometern/Stunde zum Weltrekord peitscht. Rosemeyer und seine Ehefrau Elly Beinhorn sind in den Jahren vor dem Krieg bejubelte Stars in Hitler-Deutschland. Die Nazis investierten viel Geld in den Rennsport und in die Fliegerei und erwarteten von ihren Superstars internationale Rekorde. Fliegen gilt als Ausdrucksform der Moderne. Die 24-jährige Hanna Reitsch wird als erste Frau der Welt zum Flugkapitän ernannt, nachdem sie etliche Weltrekorde im Segelflug gebrochen hat. In der Öffentlichkeit jener Tage gehört die Pilotin zu »Hitlers Idolen«, wie die Filmemacherin Leni Riefenstahl oder die Fliegerin Elly Beinhorn.

Im Frühjahr 1938 tritt Reitsch in der Berliner Deutschlandhalle auf. Sie soll den ersten Helikopterflug im Rahmen der Varieté-Show *Kisuaheli* wagen. Auf dem Fluggerät steht in roten großen Buchstaben »Deutschland«. Die von Adolf Hitler besonders geschätzte Fliegerin schwelgt noch in ihren in den 1960er-Jahren verfassten Memoiren in pathetischer Erinnerung: »Meine Augen grüßten die Inschrift, und mein Herz grüßte das Land, ehe ich einstieg und meine erste Vorführung flog.«

Zu solcher Berühmtheit bringt es die junge Beate Köstlin nicht, obwohl auch sie Filmluft schnuppert. Sie doubelt in Kinofilmen männliche Filmschauspieler. Piloten werden als Projektionsflächen des Erfolgs und der technischen Moderne heroisiert. Hans Albers singt schon 1932 im *Fliegerlied*: »Flieger, grüß mir die Sonne, grüß mir die Sterne und grüß mir den Mond.« Die disziplinierte Beate Köstlin setzt sich als eine der wenigen Frauen in dieser absoluten Männerdomäne durch. Beim Fliegen ist die Freiheit zwar nicht grenzenlos, aber Piloten ist nichts verboten: »Drum gib Vollgas und flieg um die Welt. Such dir die schönste Sternschnuppe aus. Und bring sie deinem Mädel mit nach Haus'.« Getreu diesem Spruch verliebt sich der Fluglehrer Hans-Jürgen Uhse in seine kecke Schülerin. Im September 1939 heiraten der Flieger und die junge Ostpreußin. Es ist eine Kriegshochzeit, rasch geschlossen, ehe der Kunstflugmeister nach Kriegsbeginn zur Luftwaffe eingezogen wird. Auch Beate meldet sich freiwillig für den Militärdienst. Nicht einmal ein Jahr nach Geburt des gemeinsamen Sohnes verunglückt ihr Ehemann Hans-Jürgen Uhse als Staffelkapitän eines Nachtfluggeschwaders. Der Hauptmann wird auf dem Boden von einem anderen Flugzeug gerammt, ein Unfall, kein »Heldentod«.

Den Namen Uhse behält die junge Witwe nach der kurzen Ehe. Er wird später eine gewisse Berühmtheit erlangen. Zuerst muss die Pilotin den Krieg überleben. Sie überstellt bis in den April 1945

Jagdflugzeuge wie die »Messerschmitt 109« an ihre jeweiligen Einsatzorte. Dabei gerät sie oft unter Feindbeschuss, fliegt waghalsige Tiefflugmanöver, um den alliierten Jägern zu entkommen. Die Bedingungen werden immer wahnwitziger und gefährlicher. Berlin ist schon von sowjetischen Truppen eingekesselt. Im Führerbunker fantasiert Adolf Hitler noch immer vom Endsieg. Und wieder nähern sich die Luftkoordinaten von Beate Uhse und Hanna Reitsch an. Während die junge Witwe eine halbe Stunde, ehe sowjetische Panzer den Flughafen Gatow bei Berlin erobern, eine zweimotorige Maschine startet und mit ihrem Sohn, einem Kindermädchen, zwei Verwundeten und dem Bordmechaniker mit waghalsigen Flugmanövern Richtung dänischer Grenze entkommt, fliegt Hanna Reitsch von Gatow nach Berlin und landet vor dem Brandenburger Tor. Ihr Wahn: Sie will den »Führer« aus der umzingelten Stadt ausfliegen. Als eine der Letzten entkommt Fräulein Reitsch aus dem Berliner Führerbunker, rettet sich und einen verletzten General vor den Sowjets in den noch nicht besetzten Norden.

Als Beate Uhse der Treibstoff ausgeht, kann sie ihr Flugzeug auf einem Feld in Schleswig-Holstein notlanden. Die Maschine rumpelt über einen Kartoffelacker. Englische Soldaten nehmen sie gefangen, aber entlassen sie bald wieder aus der Kriegsgefangenschaft. Das Dörfchen Braderup wird ihre neue Heimat. Beate Uhse quartiert sich und ihr Kind bei Bauern ein und arbeitet dafür am Feld: Kartoffelernte. Die Frau aus der Großstadt versucht sich als Handelsreisende und wird bei ihren Hausbesuchen zur Vertrauten der Landfrauen, die sie um Rat fragen. Ein Thema bewegt viele: Wie kann ich eine ungewollte Schwangerschaft vermeiden?

Das Unwissen über Sexualität auf dem »flachen Land« ist aus heutiger Rückschau unverständlich. Beate Uhse erinnert sich bei den Gesprächen mit den Frauen in den Dörfern an die freimütige Aufklärung durch ihre Mutter. Sie erzählt den Bäuerinnen und den vielen Flüchtlingsfrauen, die in der Gegend einquartiert sind, von der Knaus-Ogino-Methode zur Bestimmung der fruchtbaren Tage. Und erklärt triviales Grundwissen. Nein, vom Küssen kann man keine Kinder bekommen, und nein, Babys krabbeln bei der Geburt nicht aus dem Bauchnabel.

In der öffentlichen Bücherhalle des Örtchens Niebüll informiert sie sich genauer, schreibt das Wichtigste zusammen und erstellt eine Tabelle zur Berechnung der fruchtbaren Tage. Zuerst verteilt sie ein hektografiertes Heftchen gratis an die Frauen des Ortes. Dann hat Beate Uhse die Geschäftsidee ihres Lebens. Sie lässt eine kleine Broschüre in Flensburg drucken. Die Druckerei produziert 10 000 Werbezettel und 2000 Heftchen. Frau Uhse bezahlt den Drucker mit zweieinhalb Kilo Butter. Die Flugblätter verteilt die ehemalige Gutsbesitzers-Tochter eigenhändig. Bald trudeln Bestellungen ein. Für zwei Reichsmark verschickt Beate Uhse ihre *Schrift X*. Die dezente Aufklärungsbroschüre wird ein Bestseller, diesen Begriff gibt es selbst in deutschen Wörterbüchern schon seit den 1940er-Jahren.

Mit dem Essen kommt der Appetit. Die Nachfrage nach noch mehr Information, nach Präservativen und Anregungsmittelchen steigt. Empfängnisverhütung ist in der Nachkriegszeit bei jungen Paaren das Beziehungsthema. Zuerst muss aufgebaut werden, ehe in den 1960er-Jahren die Zeit des Babybooms folgen wird. Beate Uhse lernt, welchen Wachstumsmarkt sie eröffnet hat. Natürlich ist unter der Ladentheke jede Form sexuell anregender bis zu pornografischen Schriften erhältlich, diese Dinge lagern allerdings in einer gesellschaftlichen Schmuddelecke. Brave Frauen wagen nicht, danach zu fragen. Das Erfolgsrezept von Frau Uhse besteht darin, dass sie dieses Thema, das doch alle Menschen irgendwie bewegt, aus ebender anrüchigen Ecke holt. Sie betreibt keinen schmuddeligen »Eros«-Versandhandel, sondern schreibt ihren Namen auf den Katalog, der immer noch eher verschämt »Produkte für Ehehygiene« anbietet. Die burschikose Frau, Mutter eines Sohnes, wirbt mit dem eigenen Foto für ein immer größer werdendes Sortiment an einschlägigen Produkten. Kondome machen den größten Teil des Umsatzes aus. Sie verkauft Bücher wie *Die vollkommene Ehe* von Theodoor Hendrik van de Velde, die in ihrer bemüht wissenschaftlichen Aufmachung schon wieder prüde sind, aber das erotische Bedürfnis vieler Paare doch befriedigen. Das erste Warenlager befindet sich auf dem Balkon eines Zimmers im Flensburger Pastorat Sankt Marien. Dort lebt Beate Uhse ab Sommer 1947 zusammen mit Ernst-Walter Rotermund. Er bringt zwei Kinder aus erster Ehe in die Beziehung mit. Kennengelernt haben sich die beiden am Sylter FKK-Strand. Das, immerhin, passt schon wieder.

Der Kaufmann kümmert sich fortan ums Geschäft und vormittags um den Haushalt. Das Paar macht halbe-halbe. In Flensburg wird der Beate Uhse Versandhandel gegründet. Und ein erster Katalog in Massenauflage unters Volk gebracht. Beate Uhse fährt ihn selbst in einem alten Opel Blitz zu den Postämtern der größeren deutschen Städte. So kann sie den Katalog zum Ortsporto von zehn Pfennig versenden. Erfolg hat auch etwas mit Fleiß und Knausrigkeit zu tun. Allerdings werden bald die bundesdeutschen Behörden auf die expliziten Produkte des Versandhauses aufmerksam (gemacht). Noch immer gilt in Westdeutschland eine strafgesetzliche Bestimmung aus dem Jahr 1919, die außerehelichen Geschlechtsverkehr und sogar die Beihilfe dazu mittels Verbreitung unzüchtiger Schriften unter Strafe stellt. Der »Pornoparagraf« wird Beate Uhse Jahrzehnte begleiten. Staatsanwälte klagen die Firma und ihre Eigentümerin an, sie verbreite »schleichendes Gift zur Versuchung der sexuellen Fantasie« und leiste der »Enthemmung und Entsittlichung« Vorschub. Solche Attacken einzelner Justizfunktionäre sind ein Gleitmittel fürs Geschäft, unbezahlbare Reklame. Die Geschäftsfrau wird zu einer Vorkämpferin der sexuellen Freiheit einer damals noch in weiten Teilen prüden Nation. »Die Unkenntnis und Fantasielosigkeit vieler war beängstigend«, schreibt sie in ihrer Autobiografie. »Hunderte, Tausende von Briefen schrieb ich, und in jeder Zeile war ich bemüht, zu vermitteln, dass Sex nichts Böses ist, sondern ein wichtiger Bestandteil des menschlichen Zusammenlebens ist ... Ich fühle mich nicht einer prüden Gesellschaft verpflichtet. Ich wollte etwas Sinnvolles machen – und ich wollte nicht mehr arm sein.«

Dieses Vorhaben gelingt Beate Rotermund-Uhse. Obwohl sie sich in fast 2000 Strafverfahren verteidigen muss. Irgendwie verlaufen alle im Sande. Ihre Produktpalette verschiebt sich Jahr für Jahr von der »Ehehygiene« in Richtung expliziterer Produkte. 1962 sperrt Beate Uhse in Flensburg das erste »Fachgeschäft für Ehehygiene« auf. Es ist trotz seines eher medizinischen Namens der erste Sexshop der Welt. Damit beginnt der Aufstieg von Beate Rotermund-Uhse zur erfolgreichsten Unternehmerin der Bundesrepublik Deutschland. Sie, beziehungsweise ihr Unternehmen, steigt in die Produktion von Pornofilmen und Dutzenden einschlägigen Magazinen ein. Im feministischen Diskurs ist die Rolle von Beate Uhse durchaus umstritten. Hat sie die Frauen befreit und ihnen das Recht auf selbstbestimmte Sexualität erkämpft? Oder war sie eine tüchtige Geschäftsfrau, die mit den sexuellen Bedürfnissen von Männern und Frauen viel Geld verdient hat? Sie selbst hat diese Fragen immer offengelassen, es hat sie kaum interessiert. Erfolg schon.

Mit der sexuellen Revolution der post-1968er-Jahre, die sie und bald auch andere Unternehmen befeuern, erreicht ihr wirtschaftlicher Erfolg einen Höhepunkt. Es ist die Zeit der Aufklärungsfilme des Boulevardjournalisten Oswalt Kolle *(Die Frau, das unbekannte Wesen)*, der 1969 mit einem blanken Busen die deutschen Moralisten in Wallungen versetzt. Dennoch, oder gerade deshalb, sehen sechs Millionen Deutsche, Österreicher und Schweizer im Kino Kolles Aufklärungslektionen *Wunder der Liebe*.

Das deutsche Nachrichtenmagazin *Der Spiegel* bemerkt: »Die sexuelle Befreiung wird massentauglich. Sex und Lust werden ab Mitte der Sechzigerjahre öffentlich verhandelt wie der Vietnamkrieg oder die Mode des Minirocks.« Die in den USA entwickelte hormonelle Antibabypille schützt Frauen erstmals zuverlässig vor ungewollter Schwangerschaft. Der spröde wissenschaftliche *Kinsey-Report*, eine empirische Untersuchung des Sexualverhaltens in den 1940er- und 1950er-Jahren, wird nun von den Medien popularisiert und findet große Resonanz. Das Jahrzehnt der sexuellen Freizügigkeit ist freilich konservativer, als es scheint. 1968 veröffentlicht das Magazin *Twen* eine empirische Untersuchung unter Jugendlichen. Die Hälfte findet es keineswegs altmodisch, vor der Ehe auf Sex zu verzichten, und 25 Prozent der Jungen wollen ihre Jungfräulichkeit für die Hochzeitsnacht aufheben.

Beate Uhse profitiert von der im Kern weiter konservativen Einstellung der Babyboomer-Generation. Das in der Hippie-Bewegung so romantisch und scheinbar so naiv gelebte Bekenntnis zur freien Liebe und Sexualität findet nur langsam den Weg in die Lebenswirklichkeit von Millionen. Auch davon profitiert Beate Uhse. Ihr Versandhandel wird zum europäischen Marktführer. Beate kann sich jetzt endlich wieder das Fliegen leisten, und zwar in der eigenen zweimotorigen Piper Cheyenne, die sie selbst pilotiert. Privat scheitert ihre zweite Ehe. Ernst-Walter Rotermund verabschiedet sich mit dem Erfolg aus der Firma und widmet sich eher den im eigenen Sexladen propagierten erotischen Freuden, abseits der Ehe, was wiederum Beate – bei aller Bekenntnis zur sexuellen Selbstbestimmung – mit einer Scheidung beantwortet. Sie selbst wird nicht mehr heiraten. Die Beziehung zu einem deutlich jüngeren Afroamerikaner wird von den einschlägigen Blättern skandalisiert, was Beate Uhse nicht hindert, sich zu dieser Liebe zu bekennen.

# Rosa Parks

......................................

*»Wir haben noch einen langen Weg zu gehen«*

Move you all!« Ein Mann und zwei Frauen stehen auf. Eine Frau bleibt sitzen: Rosa Parks. Sie weigert sich, ihren Sitzplatz in einer der vorderen Reihen des städtischen Busses einem Weißen anzubieten. Der weiße Fahrer James F. Blake beschimpft die Frau, bleibt in der Station stehen und ruft Polizisten. Die nehmen Rosa Parks fest, führen sie aus dem Bus und bringen sie ins Rathaus von Montgomery, der Hauptstadt von Alabama.

James F. Blake und Rosa Parks sind einander schon einmal begegnet. In einem Bus. Zwölf Jahre zuvor hat der Busfahrer die damals 30-Jährige aus dem überfüllten Fahrzeug gezerrt, weil sie nicht in dem für Schwarze »reservierten« Teil stehen wollte. Rosa Parks musste damals fünf Meilen zu Fuß heimgehen. Diese Erniedrigung bestärkt sie in ihrem Kampf gegen diskriminierende Gesetze.

Am späten Nachmittag des 1. Dezember 1955 wird die 42-jährige Näherin wieder von James F. Blake aus einem Bus der Stadtgemeinde Montgomery geworfen, von Polizisten abgeführt, für Stunden inhaftiert und wie eine Verbrecherin fotografiert.

Zufall oder kalkulierte politische Aktion? Es ist jedenfalls ein Datum, das in die Geschichte eingeschrieben wird. Die Nachricht von der Verhaftung Rosa Parks' hat sich rasch in der Kleinstadt herumgesprochen. Passanten alarmieren den bekannten Bürgerrechtsanwalt Clifford Durr. Er kann eine Freilassung der Afroamerikanerin gegen eine Kaution von 100 Dollar durchsetzen. Rosa Parks darf endlich ihren Ehemann anrufen, der mit einem geliehenen Auto zum Rathaus kommt und seine Frau abholt. Ein Gerichtstermin wird schon vier Tage später festgesetzt. Der Richter verhängt eine eher symbolische Strafe. Die Näherin muss zehn

*Rosa Parks. Die Näherin bleibt in einem städtischen Bus von Montgomery auf einem für Weiße reservierten Platz sitzen. So beginnt eine politische Kampagne gegen die Rassendiskriminierung in den USA. Ein junger Prediger wird zum Anführer: Martin Luther King. Rosa Parks hört Kings berühmte Rede I have a dream, und sie sagt: »Wir haben noch einen langen Weg zu gehen.«*

Dollar bezahlen. Das ist aber längst nur noch Nebensache. Ein Stein ist ins Rollen gekommen.

Rosa Parks wird als Rosa Louise McCauley im Jahr vor Beginn des Ersten Weltkrieges in Tuskegee, einer Kleinstadt mit heute knapp 11 000 Einwohnern, knapp 30 Meilen von Montgomery in Alabama geboren. Das ehemalige Dorf der Cherokee wird in den 1930er-Jahren zum Namensgeber eines der größten medizinischen Verbrechen. 399 Afroamerikaner aus Macon County in Alabama, die an der Geschlechtskrankheit Syphilis leiden, werden Opfer eines über Jahre angelegten Menschenversuchs unter der Aufsicht offizieller amerikanischer Behörden. In so einer Stadt, in so einer Atmosphäre wächst Rosa Louise McCauley auf. Der Vater verlässt ihre Mutter, da ist Rosa kaum zwei Jahre alt. Die neuerlich schwangere Mutter zieht mit ihrer Tochter zu den Eltern auf deren Farm. Unterrichtet wird das Mädchen zunächst von ihrer Mutter, die ausgebildete Lehrerin ist. Später wird Rosa auf eine Highschool in Montgomery gehen, diese aber nicht abschließen. Schon mit 19 Jahren heiratet sie den zehn Jahre älteren Friseur Raymond Parks. Er engagiert sich politisch in der National Association for the Advancement of Colored People (NAACP) für ein Ende der Rassendiskriminierung.

In den 1950er-Jahren beginnen die Rassenschranken in Amerika langsam zu fallen. Immer wieder entscheiden das amerikanische Höchstgericht und Washington gegen einzelne Gesetze in den meist südlichen Bundesstaaten, die eine offene Rassendiskriminierung legitimieren. Aber jedes Gerichtsurteil muss erst in der Alltagspraxis gegen zynische Behördenwillkür und den Widerstand der weißen Bevölkerung durchgesetzt und erkämpft werden.

Bis zum Ende des Zweiten Weltkrieges war die Rassentrennung in der damals mehrheitlich weißen amerikanischen Bevölkerung von vielen akzeptiert. Nach den Erfahrungen des Weltkrieges, in dem schwarze amerikanische GIs »gleichberechtigt« sterben durften, wird es aber immer schwieriger, die rechtliche Benachteiligung irgendwie zu begründen. Dabei werden farbige Soldaten selbst im Weltkrieg diskriminiert, sie dürfen oft nur in »schwarzen« Einheiten kämpfen, werden systematisch benachteiligt und gering geschätzt. Rosa Parks kennt die Erfahrungen von »schwarzen« Piloten, die in ihrem Geburtsort Tuskegee stationiert und ausgebildet werden. Die Tuskegee Airmen sind eine Gruppe von meist in der Karibik geborenen Militärfliegern, die im Zweiten Weltkrieg als 332. Fighter Group der US-Army Air Forces in Nordafrika und später über Italien eingesetzt werden. Auf dem Flugplatz in Tuskegee werden in den 1940er-Jahren etwa 1500 Piloten trainiert, nachdem die Armeeführung jahrelang den Zugang von Afroamerikanern zu technisch qualifizierten Waffengattungen blockiert hat.

Rechtlich stützte sich die Rassendiskriminierung in den USA auf ein Gerichtsurteil aus dem Jahr 1896. Demnach seien alle Amerikaner vor dem Gesetz zwar gleich, die Lebensbereiche von Schwarzen und Weißen könnten aber getrennt sein (»separat, but equal«). Das »separat, but equal«-Urteil rechtfertigte eine immer weiter gehende diskriminierende Gesetzgebung, vor allem in den Südstaaten. Krankenhäuser, Universitäten, Verkehrsmittel, öffentliche Toilettenanlagen, sogar Wasserspender wurden segregiert. Der Grundsatz »separat, but equal« sollte für Weiße und Schwarze gleiche Leistungen des Staates und eine gleiche Qualität der Einrichtungen garantieren. Das Urteil erreichte aber das Gegenteil. Die staatlichen Einrichtungen für Schwarze wurden bald massiv schlechtergestellt. Es gab keine Kontrollen für die Umsetzung von »separat, but equal« und keine Strafen fürs Zuwiderhandeln. Der Kampf gegen dieses legalisierte Prinzip der Rassentrennung sollte ein zentraler Bestandteil der Bürgerrechtsbewegung der 1950er- und 1960er-Jahre werden.

Die Lehrerin Jo Ann Robinson leitet den Women's Political Council in Montgomery und plant schon lange einen Busboykott. Jahre, ehe Rosa Parks am 1. Dezember 1955 aus einem Bus geworfen wird, hat Jo Ann Robinson die gleiche Situation erlebt. Auch sie wird zum Aussteigen gezwungen, weil sie sich auf einen Sitzplatz in einer der leeren »Whites only«-Reihen gesetzt hat. Sie hat damals den Bus freiwillig nach rüden Drohungen des Busfahrers verlassen. Diese Erniedrigung wird sie ihr ganzes Leben begleiten und zum Widerstand gegen die Rassendiskriminierung motivieren. Die Tochter eines schwarzen Farmer-Ehepaares hat an zahlreichen Universitäten studiert. Seit Jahren ist sie in der Bürgerrechtsbewegung in Alabama aktiv. Sie macht das rüpelhafte Verhalten der weißen Busfahrer zum Thema und kann zumindest erreichen, dass sich städtische Bedienstete auch zu Schwarzen korrekt verhalten müssen. Eine Selbstverständlichkeit als Erfolg. Mit ihrem Bemühen, auch andere Bürgerrechtsorganisationen zu einem Boykott der Busse zu überreden, scheitert sie jedoch – bis zum Donnerstag, dem 1. Dezember 1955, bis zur Verhaftung von Rosa Parks.

Noch am selben Abend werden im Alabama State College 50 000 Flugzettel gedruckt, die zum Boykott der öffentlichen Verkehrsmittel aufrufen. In der Nacht versammeln sich führende Vertreter der schwarzen Community in einem Saal der African Methodist Episcopal Zion Church. Es ist der Kern der späteren Bürgerrechtsbewegung. Sie beraten das weitere Vorgehen. Auch der junge Reverend Dr. Martin Luther King Jr. ist anwesend. In dieser Nacht wird der Montgomery-Bus-Boykott organisiert. Es ist die Geburtsstunde einer neuen Bürgerrechtsbewegung, der Montgomery Improvement Association. Sie wählen einen charismatischen 26 Jahre jungen Pastor zum Vorsitzenden. Der Geistliche wohnt erst seit ein paar Monaten in Alabama: Martin Luther King Jr.

In vielen kirchlichen Gemeinden mobilisieren die schwarzen Prediger die Gläubigen. Der *Montgomery Advertiser* berichtet von Rosa Parks' Inhaftierung auf der Titelseite: »Negro Jailed Here for Overlooking Bus Segregation«. So startet eine lang geplante politische Kampagne. Und sie funktioniert. Die Busse fahren weitgehend leer, die meist von Schwarzen gelenkten Taxis verlangen nur noch den Bustarif. Die schwarze Bevölkerung geht wochenlang zu Fuß zur Arbeit. Die Busunternehmen verlieren zwei Drittel ihres Jahresumsatzes.

Die Weißen reagieren auf die unerwartet aufgeflammten Proteste mit weiterer Repression. Das Kaufhaus auf der High Street von Montgomery schließt seine Näherei und entlässt Rosa Parks, auch ihr Mann verliert den Job im Friseurladen. Das Auto von Jo Ann Robinson wird mit Säure übergossen und Martin Luther King wird – unter dem Vorwand, er sei mit dem Auto um fünf Meilen zu schnell gefahren – festgenommen und inhaftiert. Der Pastor erhält zahlreiche Morddrohungen, die in einem Bundesstaat, der für seine rassistische Lynchjustiz bekannt sind, tödlich ernst genommen werden müssen. Ein paar Tage später verüben Unbekannte einen Sprengstoffanschlag auf Luther Kings Haus.

Rosa Parks ist mittlerweile durch ihre Aktion zur Berühmtheit geworden. Sie wird landesweit zu Vorträgen über den Busboykott eingeladen, der von der schwarzen Bevölkerung Montgomerys über Monate durchgehalten wird. 1956 urteilt schließlich der Oberste Gerichtshof, dass die Rassentrennung in öffentlichen Verkehrsmitteln gesetzwidrig ist. Die Näherin (und ihre Unterstützer) haben sich das Recht auf Sitzplätze in den vorderen Busreihen erkämpft. Darum ging es aber längst nicht mehr.

Der erfolgreiche Boykott von Montgomery ist ein Wendepunkt im Ringen gegen die Rassentrennung. Aber: Weder die Näherin Rosa Parks noch Jo Ann Robinson werden zu Leitfiguren der Bürgerrechtsbewegung, sondern Martin Luther King.

Der Prediger hält allein 1957 mehr als 200 Reden in ganz Amerika, nachdem er sein erstes Buch über den Bus-Boykott *Stride Toward Freedom: The Montgomery Story* geschrieben hat. 1957 organisieren sich schwarze Kirchenführer in der Southern Christian Leadership Conference (SCLC) und legen so auch die organisatorische Basis für den Kampf um die Gleichberechtigung. Martin Luther King wird Präsident der SCLC. Ihren politischen Kampf konzentriert die Bürgerrechtsbewegung auf Alabama. In diesem Südstaat der USA mit seiner langen Tradition der Sklaverei marschieren und protestieren die Bürgerrechtskämpfer gegen die brutale Rassendiskriminierung. Bis in die 1960er-Jahre ist Birmingham die Stadt, in der die Trennung der Schwarzen und

Weißen rigoros durchgesetzt wird. Selbst vor Gott sind nicht alle Rassen gleich: In »weiße« Kirchen werden Schwarze nicht eingelassen.

1963 führten Martin Luther King und zwei weitere Geistliche einen Protestmarsch in Birmingham an. Die lokalen Behörden gingen mit Wasserwerfern und Hundestaffeln auf die friedlichen Demonstranten los. Die Stadt Birmingham wurde so zum Fanal des gewalttätigen Rassismus. In ganz Amerika wurden die Bilder der Ereignisse von Birmingham in der Frühzeit des Fernsehens verbreitet – und sie zeigten Wirkung. Ein lokaler Protest in der tiefsten Südstaatenprovinz wurde zum nationalen Ereignis. Birmingham bereitete den Boden für den großen Marsch auf Washington, bei dem Martin Luther King die meistzitierte Rede des 20. Jahrhunderts halten sollte. Am 28. August 1963 findet der Marsch auf Washington vor dem Lincoln Memorial im Zentrum der amerikanischen Hauptstadt sein Ziel. Martin Luther King spricht vor geschätzten 250 000 Menschen, darunter auch fast 90 000 weißen Teilnehmern des Protestmarsches. Im Publikum ist Hollywoodprominenz versammelt: Marlon Brando, Charlton Heston und Sammy Davis Jr. Präsident John F. Kennedy beordert 19 000 Soldaten nach Washington. Das weiße politische Establishment hat Angst vor dem Massenaufmarsch in der Hauptstadt. Gewalttätige Ausschreitungen werden befürchtet. Ein Reporter der *New York Times* schreibt: »Keiner konnte sich je daran erinnern, dass je eine Armee so friedlich und sanftmütig einmarschierte wie die 250 000 Bürgerrechtler, die Washington besetzten.« An diesem heißen Sommertag wird der Baptistenprediger als »moralischer Führer der Nation« angekündigt. Seine 14-minütige Ansprache ist mehr Predigt als politische Rede. Sie steht ganz in der religiösen Tradition des amerikanischen Südens. Und Martin Luther King singt die abschließenden »I have a dream«-Passagen im Originalton beinahe mehr, als er sie spricht: »I still have a dream. It is a dream deeply rooted in the American dream. I have a dream that one day this nation will rise up and live out the true meaning of its creed.«

Rosa Parks steht nicht auf dem Podest, sie wird die Träume des schwarzen Predigers am Fuße des monumentalen Lincoln-Denkmals hören. Martin Luther Kings Ansprache steht, so wird man damals glauben, am Ende eines jahrzehntelangen Kampfes gegen die institutionalisierte Rassendiskriminierung in den USA.

Acht Jahre nach dem Beginn des Montgomery-Bus-Boykotts erringt King den angestrebten politischen Erfolg. Präsident Lyndon B. Johnson unterzeichnet den Civil Rights Act, der jede Diskriminierung verbietet, die allen Heilsversprechungen der amerikanischen Verfassung hohngesprochen hat. Aber Martin Luther King überlebt seinen Triumph nur einige Jahre. Er wird am Vorabend eines Protestmarsches auf dem Balkon des Lorraine Motels in Memphis, Tennessee, von einem weißen Rassisten erschossen. Es sind gewalttätige Jahre. Auch John F. Kennedy ist tot, auch er ermordet, in Dallas.

Rosa Parks, die an einem Dezembertag des Jahres 1955 einfach sitzen blieb, wird John F. Kennedy und Martin Luther King lange überleben. Die Näherin bleibt Jahrzehnte im Schatten der afroamerikanischen Führer. Sie arbeitet als Sekretärin für den Kongressabgeordneten John Conyers und stirbt 2005 in Detroit. Nach ihrem Tod wird ihr Leichnam für zwei Tage im Washingtoner Kapitol öffentlich aufgebahrt. 50 000 Menschen ziehen an ihrem Sarg vorbei. Sie ist die erste Frau, der diese Ehre, die sonst nur Präsidenten vorbehalten ist, zuteilwird. Seit 1789 regierte im Weißen Haus noch nie eine Frau. Alle – bisher – 45 amerikanischen Präsidenten waren Männer.

Die Geschichte der mutigeren, der klügeren und (auch) der verrückteren Frauen wird weitergeschrieben.

# Dank

Dieses Buch kommt um ein paar Jahre zu spät. Meine Mutter hätte die Geschichten aus der Geschichte mit Vergnügen gelesen, und sie hätte da und dort noch das eine oder andere amüsante oder gar amouröse Detail ergänzt. Sie war es wohl, die mir Interesse für Historie mitgegeben hat. Dafür habe ich ihr nie gedankt. Das sei hiermit nachgeholt.

Ohne Verlag kein Buch. Ohne begleitende, ermutigende, fordernde und kluge Mitarbeiterinnen (und das ist jetzt nicht mit Binnen-I gemeint) beim Amalthea Verlag würden viele kluge, amüsante, spannende und hoffentlich erfolgreiche Bücher nie erscheinen. Dafür Dank an Katarzyna Lutecka, Madeleine Pichler und die Mitarbeiterinnen des Amalthea Verlages. Sie haben mir auch den von mir ursprünglich geplanten Titel »Wahnsinnsfrauen« ausgeredet, und sie haben damit recht gehabt. Ein gewissenhafter Lektor ist jedem gedruckten Werk zu empfehlen. Martin Bruny macht jedes Buch besser und damit Menschen ein bisschen klüger, ein bisschen nachdenklicher, gar ein bisschen mutiger.

Zwei Frauenporträts verdanken ihr Erscheinen in diesem Buch meinem jüngeren Sohn, Johannes, der aus Berlin zweckdienliche Vorschläge gemacht hat. Eine »seiner« Frauen war die chinesische Piratin, was auch schon wieder zu ihm passt.

Und: Ohne die kritische Begleitung meiner Frau Martina Salomon, die eine ungemein strenge »Gegenleserin« ist, wären manche Geschichten zu sehr ausgeufert und hätten sich in noch mehr historischen Nebenwegen verloren. Dann wäre das Buch noch dicker als geplant geworden. Zwei zusätzliche Druckbögen (danke Amalthea) haben die ärgsten Kürzungen verhindert. Mehrwert für die Leserin und den Leser. So musste ich – schweren Herzens – nur zwei Porträts höchst interessanter Frauen (die eine klüger, die andere verrückter) für einen allfälligen zweiten Teil aufheben.

Der abschließende Dank gebührt aber der/dem Leser(in), die/der das Buch – hoffentlich mit einigem Genuss – bis zur letzten Seite gelesen hat. Danke.

# Literatur

**Lilith**

Barthel, Manfred: Was wirklich in der Bibel steht. Wien/Düsseldorf 1989.

Die Bibel. Einheitsübersetzung. Stuttgart 2016.

Chorherr, Christa: Wer wirft den ersten Stein? Graz 2010.

Jelinek, Gerhard: Affären, die die Welt bewegten. Salzburg 2011.

Zingsem, Vera: Lilith. Adams erste Frau. Stuttgart 2005.

https://www.bibelwissenschaft.de/wibilex/das-bibellexikon/
lexikon/sachwort/anzeigen/details/lilit/ch/
11c6138522d1ea062da8cec6b2f8bcb1/


**Kleopatra**

Massie, Allan: Cäsar. Brutus erzählt. München 1993.

Schiff, Stacy: Cleopatra. A Life. New York 2010.


**Maria Magdalena**

https://anthrowiki.at/Nag-Hammadi-Schriften

https://www.bibelwerk.ch/d/m68430

https://www.bibelwissenschaft.de/wibilex/das-bibellexikon/
lexikon/sachwort/anzeigen/details/maria-aus-magdala/ch/
103e6ae8e0d8aa6bdd1659293d1481e3/#h14


**Boudicca**

Cassius Dio Cocceianus: Historia Romana. (http://penelope.uchicago.
edu/Thayer/E/Roman/Texts/Cassius_Dio/62*.html)

Schmitz, Patrick: Der Aufstand der Icener und Trinovanten unter
Boudicca im Britannien des Jahres 60/61 nach Christus. München
2012.

Tacitus, Publius Cornelius: Annales ab excessu divi Augusti.
(http://www.thelatinlibrary.com/tac.html)

Tacitus, Publius Cornelius: De vita et moribus Iulii Agricolae.
(http://www.thelatinlibrary.com/tacitus/tac.agri.shtml)

Uebel, Katharina: Boudicca – Verlauf und Hintergrund einer Rebellion

gegen die römische Herrschaft und ihre Darstellung in den Quellen. Diplomarbeit. Wien 2012.
https://www.ancient.eu/article/100/tacitus-on-boudiccas-revolt/
http://www.kaiserin.de/biographien/koenigin-boudicca.htm

## Mathilde von Quedlinburg
Althoff, Gerd: Gandersheim und Quedlinburg. Ottonische Frauenklöster als Herrschafts- und Überlieferungszentren. In: Frühmittelalterliche Studien. Band 25. Heft 1. Berlin 1967. (https://doi.org/10.1515/9783110242232.123)

Freise, Eckhard: Mathilde. In: Neue Deutsche Biographie 16 (1990). S. 376–378. (https://www.deutsche-biographie.de/pnd122112598.html#ndbcontent)

Marlow, Christian: Augusta und »funkelnder Edelstein« – Äbtissin Mathilde von Quedlinburg zum 1020. Todesjahr (999–2019). (http://journal.lhbsa.de/cpt-articles/augusta-und-funkelnder-edelstein-aebtissin-mathilde-von-quedlinburg-zum-1020-todesjahr-999%E2%80%8A-2019/#articlestart)

http://www.manfred-hiebl.de/genealogie-mittelalter/ekkehardiner/liutgard_graefin_von_walbeck_1012/liutgard_von_meissen_graefin_von_walbeck_+_1012.html

https://de.wikisource.org/wiki/ADB:Mathilde_(Äbtissin_von_Quedlinburg)

https://www.zeit.de/2011/45/Aebtissin-Mathilde

## Artemisia Gentileschi
Artcyclopedia: Artemisia Gentileschi. (http://www.artcyclopedia.com/artists/gentileschi_artemisia.html)

DNB, Katalog der Deutschen Nationalbibliothek: Artemisia Gentileschi. (https://portal.dnb.de/opac.htm?query=Artemisia+Gentileschi&method=simpleSearch)

Migge, Thomas: Karrierefrau des 17 Jahrhunderts. Eine große Ausstellung in Mailand erinnert an die Malerin Artemisia Gentileschi. Deutschlandfunk 2011. (https://www.deutschlandfunkkultur.de/karrierefrau-des-17-jahrhunderts.1013.de.html?dram:article_id=172320)

Parker, Christine: The Life and Art of Artemisia Gentileschi. 1999. (www.artemisia-gentileschi.com/)

Rolke, Lina: Inwiefern lassen sich in dem Thema »Susanna und die beiden Alten« und seiner Darstellung von Artemisia Gentileschi Bezüge zu Phänomenen der Gegenwart herstellen? Facharbeit. Berlin o. o. J. (https://docplayer.org/20689956-Eine-facharbeit-von-lina-rolke-klasse-40e4-profilkurs-kunst-frau-dr-kirsten-zenns-charlotte-wolff-kolleg-pestalozzistr-40-41-10627-berlin.html)

Ruscher, Uta: Artemisia Gentileschi. (www.fembio.org/biographie.php/frau/biographie/artemisia-gentileschi)

### Dorothea Christiane Erxleben

Burchhardt, Anja: Blaustrumpf – Modestudentin – Anarchistin? Stuttgart/Weimar 1997.

Bußmann, Hadumod: Stieftöchter der Alma Mater? München 1993.

Bolognese-Leuchtenmüller, Birgit; Horn, Sonia: Töchter des Hippokrates. 100 Jahre akademische Ärztinnen in Österreich. Wien 2000.

https://www.aerzteblatt.de/archiv/137624/Dorothea-Christiane-Erxleben-Doktor-der-Arzeneygelahrtheit

https://www.bfg.ovgu.de/Förderangebote Dorothea_Erxleben_Gastprofessur/Dorothea+Christiane+Erxleben

http://www.gabrielepossanner.eu/gabriele-possanner

https://geschichte.charite.de/aeik/biografie.php?ID=AEIK00644

https://geschichte.univie.ac.at/de/personen/gabriele-possanner-von-ehrenthal-dr-med

http://www.kaiserin.de/dorothea-christiane-erxleben

https://www.welt.de/geschichte/article148797858/Was-Sie-ueber-Dorothea-Christiane-Erxleben-wissen-sollten.html

### Olympe de Gouges

Geier, Manfred:  Olympe de Gouges. In: Groenewold, Kurt; Ignor, Alexander; Koch, Arndt (Hrsg.): Lexikon der Politischen Strafprozesse. (http://www.lexikon-der-politischen-strafprozesse.de/glossar/gouges-olympe-de)

Noack, Paul: Olympe de Gouges. 1748–1793. Kurtisane und Kämpferin für die Rechte der Frau. München 1992.

Schröder, Hannelore: Zur politischen Theorie des Feminismus. Die Deklaration der Rechte der Frau und Bürgerin von 1791 (deutsche Erstveröffentlichung). In: Aus Politik und Zeitgeschichte. Beilage zu: Das Parlament. B 48. Bonn 1977.

Schröder, Hannelore (Hg.): Olympe de Gouges. Mensch und Bürgerin. Aachen 1995.

Thiele-Knobloch, Gisela: Vorwort. In: Olympe de Gouges. Théâtres politique II, côté-femmes. Paris 1993.

Wachter, Gabriele (Hg.): Olympe de Gouges. Die Rechte der Frau und andere Schriften. Berlin 2006.

Wolters, Margarete; Sutor, Clara. In: Olympe de Gouges. Politische Schriften in Auswahl. Marie Olympe de Gouges (1748–1793). Hamburg 1979.

http://olympe-de-gouges.info/lebenslauf/

https://www.zeit.de/1987/11/zweimal-hingerichtet/komplettansicht

## Sophie Blanchard

Keen, Paul: The »Balloonomania«: Science and Spectacle in 1780s England. Eighteenth Century Studies. Vol. 39. Nr. 4. Baltimore 2006.

Keen, Paul: Literature, Commerce, and the Spectacle of Modernity, 1750–1800. Cambridge 2012.

King, Gilbert: Sophie Blanchard – The High Flying Frenchwoman Who Revealed the Thrill and Danger of Ballooning. Smithsonianmag. com 2012. (https://www.smithsonianmag.com/history/sophie-blanchard-the-high-flying-frenchwoman-who-revealed-the-thrill-and-danger-of-ballooning-89106237/)

The Washington Post: How Man Has Learned to Fly. 10. Oktober 1909.

http://fly.historicwings.com/2012/07/sophie-blanchard-first-woman-balloon-pilot/

## Ching Shih

www.edition.cnn.com/2007/LIVING/worklife/08/27/woman.pirate/ index.html

www.thewayofthepirates.com/famous-pirates/ching-shih/

## Jane Elizabeth Digby

Lovell, Mary S.: A Scandalous Life. London/New York 1996.

Mann, Golo: Ludwig I., König von Bayern. Frankfurt/M. 1999.

Oelwein, Cornelia: Lady Jane Ellenborough. Eine Frau beeindruckt ihr Jahrhundert. München 1996.

Blanch, Lesley: Nomadin des Herzens. Jane Digby – ein Porträt. Berlin 2005.

Brencken, Julia von: Die Wüstenschwalbe. Heilbronn 1993.

Schweers, Andrea: Jane Digby. (https://www.fembio.org/biographie. php/frau/biographie/jane-digby)

Strohmeyr, Armin: Abenteuer reisender Frauen: 15 Porträts. München 2012.

### Ada Lovelace (Augusta Ada Byron, Countess of Lovelace)

https://www.bartleby.com/205/20.html

https://www.deutschlandfunk.de/vor-225-jahren-geboren-erfinder-der-ersten-modernen.871.de.html?dram:article_id=374757

https://www.heise.de/newsticker/meldung/Ich-bin-ein-v-t-SCHRAeGES-Tier-Zum-200-Geburtstag-von-Ada-Lovelace-3038581.html

https://www.hnf.de/dauerausstellung/ausstellungsbereiche/galerie-der-pioniere/charles-babbage-1791-1871.html

https://www.mpg.de/frauen-in-der-forschung/ada-lovelace

https://www.spektrum.de/magazin/der-mechanische-computer-des-charles-babbage/820781

https://www.zeit.de/2014/05/ada-lovelace-programmiererin/seite-3

### Lola Montez (Maria Dolores Elisa Gilbert)

Brown, Frederick: Flaubert. Cambridge 2007.

Jelinek, Gerhard: Affären, die die Welt bewegten. Salzburg 2011.

Mann, Golo: Ludwig I., König von Bayern. Frankfurt/M. 1999.

Seymour, Bruce: Lola Montez. Eine Biographie. München/Zürich 2000.

Rauh, Reinhold: Lola Montez. Die königliche Mätresse. München 1996.

https://www.hdbg.eu/koenigreich/index.php/themen/index/herrscher_id/2/id/21

https://www.welt.de/geschichte/article155476315/Laszive-Stripperin-kostete-Bayerns-Koenig-den-Thron.html

### Bertha von Suttner

Jelinek, Gerhard: Sternstunden Österreichs. Wien 2015.

Suttner, Bertha von: Memoiren. Stuttgart/Leipzig 1906.

Literatur

**Emmeline Pankhurst**
https://spartacus-educational.com/PRmill.htm
https://www.youtube.com/watch?v=TH_r6-JpO9Q

**Nellie Bly**
Nasko, Siegfried: Karl Renner. Salzburg/Wien 2016.
https://archive.org/stream/americanjournali16amer#page/n241/
    mode/2up
https://www.womenshistory.org/education-resources/biographies/
    nellie-bly

**Elise Ottesen-Jensen**
Lindner, Doris: Crusader for sex education. Elise Otttesen-Jensen
    (1886–1973). Landham/London 1996.
Rydström, Jens: Sinners and Citizens. Bestiality and Homosexuality in
    Sweden, 1880–1950. Chicago 2003.
https://libsoc-wiki.fandom.com/wiki/Elise_Ottensen
https://www.rfsu.se/om-rfsu/om-oss/in-english/about-rfsu/our-
    history/
https://web.archive.org/web/20070216153704/http://www.hemlin.
    pp.se/USottesen.html

**Eugenie Schwarzwald**
Das jüdische Echo. Nr. 1, Vol. XXXII. Wien, September 1983, S. 113–115.
Herberg, Heike; Wagner, Heidi: Wiener Melange – Frauen zwischen
    Salon und Kaffeehaus. Berlin 2002.
Göllner, Renate: Kein Puppenheim: Genia Schwarzwald und die
    Emanzipation. Europäische Hochschulschriften. Band 853.
    Frankfurt/M./Wien 1999.
Keintzel, Brigitta: Wissenschafterinnen in und aus Österreich:
    Leben – Werk – Wirken. Wien/Köln 2004.
Staudigl-Ciechowicz, Kamila: Zwischen Wien und Czernowitz –
    österreichische Universitäten um 1918. In: BRGÖ 2014. Beiträge zur
    Rechtsgeschichte Österreichs. (https://www.austriaca.at/
    0xc1aa5576%200x0032050f.pdf)
Stefan, Paul: Frau Doktor. Ein Bildnis aus dem unbekannten Wien.
    München 1922.
Streibl, Robert (Hg.): Das Vermächtnis der Eugenie. Wien 2017.

http://anno.onb.ac.at/cgi-content/anno?apm=0&aid=bzt&datum=
    19290803&seite=6&zoom=2
http://dieletztentagedermenschheit.at/qr-codes/PDF-sites/
    0-10-1.pdf
http://literaturlexikon.uni-saarland.de/index.php?id=1840
https://www.bmeia.gv.at/oesterreich-bibliotheken/kaffeehaus-
    feuilleton/detail/article/eugenie-schwarzwald-im-portraet/
https://www.wien.gv.at/actaproweb2/benutzung/archive.
    xhtml?id=Best++++00001381ma8Invent#Best____
    00001381ma8Invent

**Pola Negri (Barbara Apolonia Chałupiec)**

Dröscher, Daniela: Pola. Berlin 2012.
Cossart, Axel von (Hg.): Pola Negri: Leben eines Stars. Hanau 1988.
Probst, Ernst: Pola Negri. Der Stummfilmstar aus Polen. Norderstedt
    2012.
Werner, Paul: Die Skandalchronik des deutschen Films von 1900 bis
    1945. Frankfurt/M. 1990.
https://www.dw.com/de/ein-stummfilmstar-als-romanfigur-pola-
    negri/a-16195272
https://www.moma.org/calendar/film/888
https://sophie.byu.edu/texts/pola-negri-interview
https://www.zukunft-braucht-erinnerung.de/ns-pressepolitik-in-
    oesterreich-ab-1938-am-beispiel-eines-wiener-verlagshauses/

**Eleanor Roosevelt**

Willis, Resa: FDR and Lucy: Lovers and Friends. New York 2004.
https://fdrlibrary.wordpress.com/tag/1918/
https://www.fembio.org/biographie.php/frau/biographie/eleanor-roo-
    sevelt/
https://www.nytimes.com/2008/04/20/weekinreview/20mcgrath.html
https://www.nytimes.com/2018/05/15/books/review/white-houses-
    amy-bloom.html
https://www.planetwissen.de/geschichte/menschenrechte/geschichte_
    der_menschenrechte/pwieeleanorroosevelfirstladydermenschenrech-
    te100.html Julia Lohrmann

**Wallis Warfield Simpson**

Doyle, Ursula: Love Letters of Great Men. London 2008.

Hart-Davis, Duff: King's Counsellor: Abdication and War. The Diaries of Sir Alan Lascelles. London 2006.

Jelinek, Gerhard: Affären, die die Welt bewegten. Salzburg 2011.

Salzburger Volksblatt. Montag, 7. Dezember 1936.

Williams, Susan: The Peoples's King. The True Story of the Abdication. London 2004.

Ziegler, Philip: King Edward VIII. The official biography. New York 1991.

http://www.dieterwunderlich.de/Eduard_viii_Wallis_Simpson.htm

http://www.guardian.co.uk/uk/2002/jun/29/research.monarchy

http://www.guardian.co.uk/uk/2000/mar/02/monarchy. richardnortontaylor

https://www.independent.co.uk/life-style/royal-albums-the-kings-favourite-mrs-simpson-moves-to-the-heart-of-edwards-life-1144665. html

http://www.royal.gov.uk/pdf/edwardviii.pdf

http://www.royal.gov.uk/historyofthemonarchy/ kingsandqueensoftheunitedkingdom/thehouseofwindsor/ edwardviii.aspx

http://einestages.spiegel.de/static/topicalbumbackground/22609/ zwei_herzen_keine_krone.html

http://www.wasserleonburg.at/windsor/

http://de.wikipedia.org/wiki/Wallis_Simpson

**Geertruida Wijsmuller-Meijer**

Keesing, Miriam; Tammes, Peter; Simpkin, Andrew J.: Jewish Refugee Children in the Netherlands during World War II: Migration, Settlement, and Survival. Cambridge 2019. (https://doi.org/10.1017/ssh.2019.27)

Schart, Aaron: Kindertransporte. SS 2001. Universität Duisburg-Essen. Institut für Evangelische Theologie. (https://www.uni-due.de/Ev-Theologie/courses/course-stuff/kinderD5.htm)

https://www.fozmuseum.com/explore-foz/the-unknown-dutch-holocaust-hero-who-saved-over-10000-children/

http://www.hagalil.com/deutschland/berlin/frauen/freier.htm

https://righteous.yadvashem.org/?searchType=righteous_
  only&language=en&itemId=4018228&ind=NaN
https://science.orf.at/stories/2993899/
https://www.timesofisrael.com/truus-wijsmuller-saved-1000s-of-jews-
  in-wwii-so-why-has-no-one-heard-of-her/
https://www.truus-children.com/whos-truus-wijsmuller

**Lise Meitner**
Lemmerich, Jost (Hrg.): Lise Meitner zum 125. Geburtstag. Berlin 2003.
Osiezki, Maria: Lise Meitner. In: Neue Deutsche Biographie 16 (1990),
  S. 731–734. (https://www.deutsche-biographie.de/pnd118580477.
  html#ndbcontent)
Rennert, David; Traxler, Tanja: Lise Meitner: Pionierin des Atomzeit-
  alters. Wien 2018.
Rife, Patricia: Lise Meitner: Ein Leben für die Wissenschaft. Hamburg
  1992.
Schroeder, Manfred Robert: Lise Meitner zur 125. Wiederkehr ihres
  Geburtstages. (http://webdoc.sub.gwdg.de/ebook/rd/2003/meitner.
  pdf)
https://www.focus.de/kultur/kino_tv/medien-mutter-der-atombombe_
  aid_911297.html
https://www.hdg.de/lemo/biografie/otto-hahn
https://www.mpg.de/geschichte/kaiser-wilhelm-gesellschaft

**Beate Uhse**
Gloth, Gudrun: Ich dachte, das sei mein Ende ... München 2015.
Kahlweit, Cathrin (Hg.): Jahrhundertfrauen. München 1999.
Propst, Ernst: Beate Uhse: Deutschlands erste Stuntpilotin. München
  2010.
Rönicke, Katrin: Beate Uhse. Ein Leben gegen Tabus. Salzburg/Wien
  2019.
https://www.grin.com/document/145260
http://www.spiegel.de/spiegel/print/d-41121768.html
https://www.welt.de/regionales/hamburg/article202447104/Beate-
  Uhse-Die-Frau-die-Beihilfe-zur-Unzucht-leistete.html
https://www.zeit.de/2003/13/Uhse/seite-2

**Rosa Parks**

Beck, Barbara: Die berühmtesten Frauen der Weltgeschichte. Wiesbaden
   2014.
Jelinek, Gerhard: Reden, die die Welt veränderten. Salzburg 2009.
Wunderlich, Dieter: Außerordentliche Frauen. München 2007.
https://www.civilrightsmuseum.org
https://www.history.com/topics/world-war-ii/tuskegee-airmen

# Bildnachweis

Archiv Amalthea Verlag (14, 36, 60, 71, 84, 100, 114, 124, 215, 248),
mauritius images/Pitopia/Arab Images (22), mauritius images/Chris
Lawrence/Alamy (44), Stadtverwaltung Quedlinburg (52), mauritius
images/ART Collection/Alamy (76), mauritius images/Science Source/
New York Public Library (92), mauritius images/ARCHIVIO GBB/Alamy
(138), mauritius images/Science Source/LOC (150), mauritius images/
ClassicStock/American Stock (160), ULF STRÅLE US/TT News Agency/
picturedesk.com (170), ullstein bild/Ullstein Bild/picturedesk.com (176),
mauritius images/Archive PL/Alamy (186), mauritius images/IanDag-
nall Computing/Alamy (198), mauritius images/Classic Image/Alamy
(206), mauritius images/Auk Archive/Alamy (230), mauritius images/
Keystone Press/Alamy (238), mauritius images/World Book Inc. (258)

275

# Namenregister

# Der Autor

Gerhard Jelinek, Prof., Dr., arbeitete von
1989 bis 2019 beim ORF, unter anderem als
Leiter der Abteilung »Dokumentation und
Zeitgeschichte« und der Sendungen
»Report« und »Newton«. Der Jurist und
erfahrene Journalist gestaltete an die
50 politische und zeitgeschichtliche Doku-
mentationen und Porträts, von Helmut Zilk,
Jörg Haider, Sebastian Kurz und anderen.
Zahlreiche TV-Produktionen und Bücher.

# LESERIN, ICH LIEBE DICH!

LESERINICHLIEBEDICH.AT
#LESERINICHLIEBEDICH
#AMALTHEAVERLAG

Ohne dich, liebe Leserin, lieber Leser, gäbe es keine Bücher, keine Buchhandlungen und auch keine Verlage.

Daher wollen wir, unsere Autorinnen und Autoren dir mit unseren Liebeserklärungen DANKE sagen!

Möchtest auch du uns eine Liebeserklärung an ein Buch, an eine Autorin, an einen Autor oder an den Verlag schicken, freuen wir uns über Post an leserinichliebedich@amalthea.at.

Amalthea berührt, amüsiert und verführt.

## Ende oder Anfang?

Der Erste Weltkrieg ist zu Ende, die Donaumonarchie existiert nicht mehr. 1919 bildet den turbulenten Auftakt des jungen Staates Österreich: Er beginnt mit Hunger, der Spanischen Grippe, dem Elend der Kriegsversehrten, einer Kohlenkrise und Angst vor einer Revolution. Frauen erhalten politische Gleichberechtigung und werden doch von Entscheidungen ferngehalten. Die vagen Hoffnungen auf Frieden zerbersten im Entsetzen über die Bedingungen des Vertrages von St. Germain, in dem der Name »Österreich« den Österreichern aufgezwungen werden muss. Und doch wird der Spatenstich zum ersten Wiener Gemeindebau gesetzt, der 8-Stunden-Arbeitstag wird eingeführt, die Todesstrafe wird abgeschafft. Es ist der Beginn einer neuen Zeit …

Gerhard Jelinek schildert in leuchtenden Farben ein Jahr zwischen Zuversicht und Ungewissheit, Freude und Leid, Hoffnung und Entsetzen.

.............................................

Gerhard Jelinek

# Neue Zeit 1919

Ein Jahr zwischen Hoffnung und Entsetzen

256 Seiten, mit zahlreichen Abbildungen
ISBN 978-3-99050-150-4
eISBN 978-3-903217-36-2

## Amalthea    amalthea.at

*Ein Jahrzehnt zwischen Glamour und Börsenkrach*

Die »Roaring Twenties« – wer denkt da nicht an rauschende Partys, strahlende Revuetänzerinnen, Glitzer & Glamour, Champagner im Überfluss? An eine Zeit hemmungsloser Unterhaltungssucht und atemloser Rekordjagden, gemäß dem Motto »schneller, höher, weiter«? Die 1920er sind eine Zeit der Extreme, in der sündhaft teure Feste, Hyperinflation und politisches Chaos nebeneinander existieren. Während Komponisten wie Strauss, Strawinsky, Schönberg und Ravel die klassische Musik revolutionieren, setzen sich in Italien und Russland totalitäre Regime durch. Die Menschen feiern Charles Lindberghs Atlantikflug, den Vormarsch des Automobils und die Emanzipation der Frau, gleichzeitig kämpfen Staaten wie Deutschland und Österreich mit der Notwendigkeit einer politischen Neuordnung nach dem Ersten Weltkrieg.

Walter Rauscher beleuchtet die Entwicklungen in Politik, Gesellschaft, Wirtschaft, Sport, Musik und Literatur von Paris bis Moskau und skizziert auf eindrucksvolle Weise ein faszinierendes Jahrzehnt.

...........................................

Walter Rauscher

## Charleston, Jazz & Billionen

Europa in den verrückten Zwanzigerjahren

256 Seiten, mit zahlreichen Abbildungen
ISBN 978-3-99050-146-7
eISBN 978-3-903217-48-5

**Amalthea**  amalthea.at